Margret E. Arminger

Der sexte Sinn

Margret E. Arminger

Der sexte Sinn

Die Kunst, Erotik und Lebenslust
zu wecken

Verlag Hermann Bauer
Freiburg im Breisgau

Die Deutsche Bibliothek – CIP-Einheitsaufnahme

Ein Titeldatensatz für diese Publikation ist bei
Der Deutschen Bibliothek erhältlich

1. Auflage 2001
ISBN 3-7626-0797-4
© 2001 by Verlag Hermann Bauer GmbH & Co. KG,
Freiburg i. Br.
www.hermann-bauer.de
Das gesamte Werk ist im Rahmen des Urheberrechtsgesetzes
geschützt. Jegliche vom Verlag nicht genehmigte Verwertung ist
unzulässig. Dies gilt auch für die Verbreitung durch Film, Funk,
Fernsehen, photomechanische Wiedergabe, Tonträger jeder Art,
elektronische Medien sowie für auszugsweisen Nachdruck und
die Übersetzung.
Satz: Fotosetzerei G. Scheydecker, Freiburg i. Br.
Umschlaggestaltung:
Marketing Design Service GmbH, Hamburg
Druck und Bindung:
Freiburger Graphische Betriebe, Freiburg i. Br.
Printed in Germany

Inhalt

DIE SIEBEN GESETZE DES EROS 11

Das erste Gesetz:
DER EROTISCHE MAGNETISMUS 27
Das Spiel der Götter 39
Das Spiel der Menschen 44
Übungs-Zyklus: Der Lustballon 50

Das zweite Gesetz:
DER WEIBLICHE POL 63
Die Göttinnen 76
Ekstatische Welten 82
Übungs-Zyklus: Atem und Energie 86

Das dritte Gesetz:
DER MÄNNLICHE POL 99
Heilige Hochzeiten auf der Erde 113
Das erotische Gehirn 121
Übungs-Zyklus: Lustbahnen im Gehirn 129

Das vierte Gesetz:
DIE UMKEHR 141
Die Mysterien 153

| *Unsere erotischen Anlagen* | 159 |
| *Übungs-Zyklus: Der Dämonen-Tanz* | 164 |

Das fünfte Gesetz:
DER DOPPELGÄNGER 177
Die Troubadoure 190
Der erotische Körper 196
Übungs-Zyklus: Der Liebespunkt 200

Das sechste Gesetz:
DAS ENERGIE-RECYCLING 213
Tantrismus als Sprengsatz für Körper, Geist und Seele 228
Das Geheimnis der Unsterblichkeit 236
Übungs-Zyklus: Der Energiekreislauf 240

Das siebte Gesetz:
DIE MAGISCHE KRAFT 253
Die Sexualmagie 263
Befreiung oder Versklavung 270
Übungs-Zyklus: Das dritte Auge 277

EROTISCHE MACHT 291

IHR META-SEX-PROGRAMM 297

Anmerkungen 301
Literatur 303

Die sieben Gesetze des Eros

Im Garten der Göttin
wandelt er,
der die Geheimnisse
der Götter hütet.
Eine himmlische Tafel
gab sie ihm,
die strahlend macht,
die Stumpfheit
des Fleisches überwindet.

Die Pflanze der Geburt
ist allen gegeben.
Die Pflanze der Leidenschaft
nur den wenigen.
In sieben mal sieben Tagen
von der Erde zum
strahlenden Glanz
des Himmels
erhebt sie sich
für den,
der die heiligen
Gesetze kennt.

Sieben Gesetze
kennt der Lebensbaum,
sieben Stufen zur Freude,
zur Leidenschaft,

zum Planen und Streben.
Zu Füßen des Baumes
Meister und Geliebte zugleich.

Zwei Schlangen
umwinden den Baum.
Mach zur Dienerin dir
die mondgekrönte
und die Rätsel
der Erde.
In die Tiefe lass dich führen!

Sonnengekrönt
grüßt der zweite
Schlangengott.
Seine Weisheit
verbindet Höhe und Tiefe
und öffnet das Haus
des Lernens.

Sind die Baumgötter
in Eintracht,
erheben sich
die bunten Falter
in den Himmel.
Sind Mond und Sonne
in Zwietracht,
fallen nur Larven
vom Baum.
Geheime Dinge sieht,
der sie zusammenhält.
Darum wechsle die Kräfte

und gib dich dem
Kuss der Schlangen hin.

Der Mittelpunkt
des Baumes,
das Herz des
Heiligen Ortes.
Seine Lichter und Schatten
fallen mächtig über den Baum.
Im Traum sah ich dort
Mann und Frau
im strahlenden Licht
des Juwels.

Im Baum leben
Götter und Dämonen,
Leben und Tod.
Möge das Licht
der Freude gefallen
und Leidenschaft sie vereinen.
Die Fürsten des Baumes
entrinnen dem Reich des Todes.

Große Weisheit
gibt er ihnen.
Früchte, die in einem
Gott gereift sind.
Einen Ort zu ihrer Freude.
Die die sieben Stufen
des Baumes kennen,
sie sind die Mächtigen der Zeiten.

Einführung

Die sieben Gesetze des Eros

Die Wurzeln zu den Ursprüngen dieses Buches reichen weit in die Vergangenheit, weit in die mythischen Anfänge der Menschheitsgeschichte zurück. Und wie ein mythischer Baum ist die darin enthaltene Botschaft über die Jahrtausende hinweg herangereift. Nun endlich entfaltet er seine Krone, streckt sein Geäst durch die Gegenwart in die Zukunft und bietet seine Früchte zur Ernte dar.

Manche Wurzeln dieses in vielerlei Hinsicht symbolträchtigen Baumes sind möglicherweise bereits fünftausend, vielleicht sogar siebentausend Jahre alt – manche Äste aber werden wohl erst im neuen Jahrtausend an Kraft und Saft gewinnen. Die Botschaft jedoch oder – um beim Bild zu bleiben – der Baum existiert sei eh und je und hat während seines jahrtausendelangen Wachstums immer wieder Triebe angesetzt, zuweilen vielleicht sogar geblüht und die eine oder andere Frucht getragen. So kündet dieser Baum sowohl aus der Vergangenheit wie auch aus der Zukunft von einem Geheimnis, um das bis heute nur eine verschwindend kleine Zahl von Menschen wusste, obwohl es sich wie ein roter Faden durch alle Symbole und Mythen der Menschheit zieht: das geheime Wissen, dass es schon immer zwei Formen von Sexualität gab – eine äußere, die der Evolution diente, und eine innere, die der Mensch für seine eigene Entwicklung nutzen konnte.

Auf die Spuren dieser nach innen gerichteten Erotik stieß ich zufällig vor einigen Jahren in einem Hotel in Toledo. Nach einer ebenso langen wie heißen Fahrt durch den Süden Spaniens wollte ich eigentlich nur noch schlafen, um dann am nächsten Morgen diese vielleicht schönste aller spanischen Städte zu genießen – ich weiß nicht, zum wievielten Male. Nachdem ich mein Gepäck verstaut hatte, blickte ich gähnend auf den Paseo de Recaredo hinunter und nahm das nächtliche Panorama mit schon schlafverhangenem Blick in mich auf. Da entdeckte ich auf dem Fensterbrett ein ziemlich schmutziges und abgegriffenes Notizheft.

Es war sozusagen eine schicksalhafte Begegnung in diesem Zimmer des Hotels Cardenal, denn das, was ich an jenem Abend entdeckt hatte, beschäftigt mich bis heute, ließ mich nie mehr los. In dem Notizheft war nämlich genau jene Seite aufgeschlagen, auf der in ziemlich schwer zu entzifferndem Spanisch stand: *Die sieben Gesetze des Eros*. In einer kleineren Schrift und in Klammer war hinzugefügt: *des Lebensbaumes*.

Eher gelangweilt begann ich in den Notizen zu blättern. Müde oder nicht müde – an *Sieben Gesetzen des Eros* kommt man natürlich nicht so leicht vorbei. Auch dann nicht, wenn die »erotische Gesetzgebung« keinem richtigen Buch entstammt, sondern dem Tagebuch eines spanischen Studenten. Denn genau als solches entpuppte sich das ziemlich verschmierte Heft. Es war voller persönlicher Notizen; die einzige Ausnahme bildeten *Die sieben Gesetze des Eros* und die darauf folgenden Zeichnungen der verschiedensten Bäume. Die uralte Darstellung der Paradiesschlange und des Baumes der Erkenntnis tauchte ebenso darin auf wie der kabbalistische Lebensbaum.

An jenem Abend waren es wohl nur die Macht der Gewohnheit, mir Dinge zu notieren, die aus dem Rahmen des Üblichen fallen, und ein eher unbewusster Antrieb, die mich schnell die einzelnen Verse, die anscheinend zu diesen *Sieben Gesetzen des Eros* gehörten, in mein eigenes Notizbuch kritzeln ließen. Offenbar hatte mich die Reise wirklich geschafft. Denn im Rückblick betrachtet, hätte mich doch schon an jenem Abend der erste dieser Verse wie elektrisiert aufhorchen lassen müssen:

> *Im Garten der Göttin*
> *wandelt er,*
> *der die Geheimnisse*
> *der Götter hütet.*
> *Eine himmlische Tafel*
> *gab sie ihm*
> *die strahlend macht,*
> *die Stumpfheit*
> *des Fleisches*
> *überwindet.*

Ja, an jenem Abend hatte ich bereits das herrlichste Mittel gegen Müdigkeit und Erschöpfung, den Schlüssel zum Lebenselixier schlechthin, buchstäblich in der Hand. Es brauchte aber noch einige Jahre und ausgedehnteste Nachforschungen, bis mir bewusst wurde, welchen Schatz ich an jenem heißen Abend in dem profanen Hotelzimmer in Toledo gefunden hatte. Ich schrieb die Verse zwar gewissenhaft auf, blätterte noch eine Weile in den Zeichnungen, zwischen die immer wieder wie eine Art Ausrufungszeichen *Arbol de la vida*, also »Lebensbaum«, gekritzelt war, schlief dann aber ungeachtet all dieser scheinbar göttlichen Geheimnisse erschöpft ein.

Am nächsten Morgen dachte ich zunächst gar nicht mehr an diesen seltsamen Fund. Ausgeruht und tatendurstig machte ich mich gleich nach dem Frühstück auf zu einem Stadtbummel – zu einer Zeit, zu der ich Toledo am liebsten habe: wenn die Stadt erwacht. Dann ist es, als würde man selbst noch mit einem Fuß in jener glorreichen Vergangenheit wandeln, als Toledo das jüdisch-christlich-arabische Kulturzentrum des Abendlandes war, jenes Zentrum von Geistigkeit und Toleranz, wo etwa ein Pedro de Toledo den Koran für den Heiligen Bernhard von Clairvaux übersetzt hat. Im Nachhinein besehen, scheint es fast unglaublich, ja nahezu kurios, dass ich keine Sekunde lang an meine abendlichen Notizen dachte, während ich den Paseo de Recaredo hinunterschlenderte. So wanderte ich vorbei an San Juan de los Reyes Catolicos, an der Sinagoga del Transito und dem Museo Sefardi, dann die Calle Trinidad hinauf, an der Kathedrale vorbei bis zur Plaza de Zocodover und von dort über die Puerta del Sol zurück zu meinem Hotel.

Selbst als ich in mein Zimmer zurückkehrte, dachte ich zunächst nicht an *Die Sieben Gesetze des Eros*. Erst als ich in meinem Notizblock blätterte, um die letzten Stationen meiner Reise zu rekapitulieren, erinnerte ich mich wieder an den nächtlichen Fund. Seltsamerweise war das Notizheft jedoch aus der Fensternische, in der ich es am Abend zuvor gefunden und in die ich es auch wieder zurückgelegt hatte, verschwunden. Ich durchsuchte zwar das ganze Zimmer und stellte sogar das Bett auf den Kopf – allerdings weniger, weil ich dem Notizbuch eine übertriebene Bedeutung beimaß, sondern weil ich einfach wütend werde, wenn ich etwas nicht finden kann.

Da daran nun einmal nichts zu ändern war, suchte ich schließlich Abkühlung bei einer *Cerveza*, einem Bier. Aus heutiger Sicht gesehen, schenkte ich all diesen Umständen wohl viel zu wenig Beachtung. Während ich das kühle Bier trank, war mir beispielsweise wieder eingefallen, dass sich schon bei meiner Ankunft ein schlaksiger Junge vor dem Zimmer herumgedrückt hatte. Ich dachte sogar daran, dass er es gewesen sein könnte, dem das Heft gehörte, und es sich vielleicht einfach während meiner Abwesenheit zurückgeholt hatte. Tatsächlich hatte ich sogar ein schlechtes Gewissen, weil ich so ohne jede Scheu in den Tagebuchaufzeichnungen eines Fremden geblättert hatte. Später dachte ich dann gar nicht mehr daran. Ich vergaß *Die Sieben Gesetze des Eros*, bis ich am Ende der Reise meine Notizen in den Computer eingab.

Dann war ich jedoch wie elektrisiert. Schon bei der zweiten Strophe der Gesetze wurde mir auf eine unbestimmte Weise bewusst, dass ich hier auf etwas ganz Besonderes gestoßen war, etwas, das – wie es mir damals heiß durch den Kopf schoss – tatsächlich an die Geheimnisse von Göttern rührte.

Die Pflanze der Geburt
ist allen gegeben.
Die Pflanze der Leidenschaft
nur den wenigen.
In sieben mal sieben Tagen
von der Erde zum
strahlenden Glanz
des Himmels
erhebt sie sich
für den,
der die heiligen
Gesetze kennt.

Die Pflanze der Leidenschaft, die *sieben mal sieben Tage*, *die heiligen Gesetze* – plötzlich war ich mir sicher, dass dies alles kein Zufall gewesen war. Dass ein Zusammenhang bestand, irgendein vielleicht nie offenkundig werdender Zusammenhang, zwischen dieser Übersetzung eines offenbar uralten Textes im schmuddeligen Notizheft eines Studenten und Toledo, dieser uralten Stadt des Wissens, diesem einstigen Treffpunkt uralter maurischer und jüdischer Gelehrsamkeit! Ich war nahe daran, zu packen und nach Toledo zurückzufahren. Eine innere Stimme sagte mir dann jedoch, dass es letzten Endes nicht auf die Umstände ankam, unter denen dieser Text in meine Hände gelangt war, sondern auf seinen Inhalt. Ich las die Verse immer wieder und erkannte mit wachsendem Erstaunen, dass es sich dabei um ein Thema handelte, das mich seit eh und je insgeheim beschäftigt hatte. Der Baum der Erkenntnis, der Sündenfall ... In diesem Text, das wusste ich plötzlich, war eine Botschaft enthalten – eine Botschaft nicht nur für mich –, und wer auch immer mit den Würfeln des Zufalls gespielt hatte: Der Text war in meine Hände gelangt, und meine Aufgabe würde es sein, ihn in eine für unsere Zeit verständliche Sprache zu übersetzen.

Ja, das war es. Schon immer hatte ich mich gefragt, warum die Menschen für das harmlose Naschen von einem Baum mit einer Erbsünde belastet und bestraft werden sollten. Und schon immer gab es neben dem Baum der Erkenntnis den rätselhaften Baum des Lebens.

»Er, Gott, pflanzte einen Garten in Eden nach Osten hin und versetzte dorthin den Menschen, den er gebildet hatte. Dann ließ Gott, der Herr, allerlei Bäume auf dem Erdboden hervorwachsen, die lieblich anzusehen waren und wohlschmeckende Früchte trugen, dazu auch den Baum des Lebens mitten im Garten und den Baum der Erkenntnis des Guten und Bösen.«

Der Baum der Erkenntnis des Guten und Bösen war laut Genesis uns allen beschieden, der Baum des

Lebens aber glich der *Pflanze der Leidenschaft*, die *nur den wenigen gegeben* wird. Denn nach dem sogenannten Sündenfall fürchtet Gott

> »… dass er nur nicht seine Hand ausstreckt und auch (Früchte) vom Baum des Lebens nimmt und (sie) isst und unsterblich wird! So stieß ihn denn Gott der Herr aus dem Garten Eden hinaus … und ließ östlich vom Garten Eden die Cherube sich lagern und die Flamme des kreisenden Schwertes, damit sie den Zugang zum Baume des Lebens bewachten.«[1*]

Das Rätseln um das Geschehen im Paradies ging also weiter; allerdings hatte sich jetzt das Bild vollkommen verändert. Lange Zeit war der Mythos von der Schlange, die die Menschen verführt und dadurch Eva und in ihrer Nachfolge alle Frauen benachteiligt, eine Geschichte vom Wechsel des ursprünglichen Matriarchats zum Patriarchat gewesen. Auch der erotische Aspekt dieser Geschichte war allgemein bekannt: die Schlange als Phallus-Symbol, der Baum in der Mitte des Gartens als Symbol für die Kundalini-Kraft.

Der Hinweis auf *die Pflanze der Leidenschaft*, die *in sieben mal sieben Tagen* zum Himmel wächst, veränderte all dies für mich: Wenn in einem möglicherweise uralten Text ebenso wie in der Genesis auf zwei Bäume und damit auf zwei mögliche Formen der

---

*Anmerkungen siehe Seite 301

Sexualität hingewiesen wird, so bedeutet dies, dass ein winzig kleiner Teil der Menschheit schon immer um dieses »Geheimnis der Geheimnisse« wusste – und dass er dieses Geheimnis in Mythen und Symbolen auch weitergab. Die Macht der Schlange, die Rätsel des Lebensbaumes und die sieben Gesetze dieses Baumes ließen mich seit damals nicht mehr los.

Bei meiner nächsten Spanienreise versuchte ich den Jungen ausfindig zu machen. Ich hatte von einem der ältesten kabbalistischen Texte, dem *Buch Bahir*, gehört, in dem vom Bewusstsein in Form von Ästen eines Baumes die Rede war. Dieses Buch war um 1180 in Südfrankreich entstanden, und ich vermutete, dass meine *Sieben Gesetze des Lebensbaumes* aus einem ähnlichen kabbalistischem Buch in Toledo stammen könnten. Die Kabbalisten, die um diese Zeit die Geheimlehre des Judentums niederschrieben, trugen uraltes Wissen zusammen, und der Fund eines Buches über altüberlieferte erotische Gesetze wäre natürlich eine Sensation gewesen. Aber der junge Mann war nicht zu finden.

Eigentlich spielte das damals auch keine so große Rolle mehr. Rundherum schien nämlich das, was man als Leidenschaft zu bezeichnen pflegte, dahinzuwelken. Die sexuelle Revolution der Sechzigerjahre lag in den letzten Zügen. Singles, die genug hatten von der aufregenden Jagd nach einem Partner, Verheiratete, die nach drei, vier Ehejahren mit der Langeweile zu kämpfen begannen, Jugendliche, die der sexuelle Überfluss abstieß – die Revolution schien ihre Kinder auszuspucken. Einige prophezeiten gar den Tod des

Eros. Genau der richtige Zeitpunkt also, um sich zu fragen, ob wir diesen Eros, *die Pflanze der Leidenschaft* in uns allen, bis heute vielleicht noch gar nicht wirklich entdeckt und verstanden haben.

Die Revolution des Sexus hatte zweifellos ihre Verdienste. Sie hat uns befreit von uralten Tabus, von Hemmungen und Ängsten – sie war aber nur eine quantitative Revolution, die qualitative stand noch aus. Das Geheimnis des Eros war zwar entschleiert und verwässert worden, entschlüsselt aber hatten wir es nicht. Es schien so, als ob die Lebenskraft des Eros in Form der biblischen Schlange dem Menschen zwar alle Türen und Tore zur Erkenntnis geöffnet hätte, der Zugang zum Baum der Geheimnisse der Leidenschaft ihm jedoch weiterhin von den Cherubim mit ihren Schwertern verwehrt würde.

Die meisten von uns wissen heute mehr als genug über Sex-Akrobatik, über diese oder jene erotische Finesse, aber kaum etwas über das eigentliche und umfassende Wesen des Eros selbst. Und während ich mich – wie viele andere auch – zu fragen begann, wer und was wir als sexuelle Wesen überhaupt sind, dämmerte immer mehr die Ahnung auf, dass der Mensch zu erotischen Erfahrungen fähig ist, die weit über alle Formen der Sexualität hinausgehen, die wir bislang kennen – dank eines brachliegenden »sexten« Sinnes, den es (wieder?) zu entwickeln gilt.

Über Jahre hinweg sammelte ich Material über die Macht des Sexus. Ich hatte herausgefunden, dass die Wortwahl, die Themen und die Stellung der Sätze in den *Sieben Gesetzen des Eros* auf eine uralte babylonische Schrift hinwiesen, auf Erkenntnisse, die an die fünftausend Jahre älter sein könnten als die Genesis. Ich hatte die Spuren aller nur möglichen erotischen Geheimgesellschaften verfolgt, als ich endlich begriff, dass das erste und wichtigste Gesetz des Lebensbaumes der »erotische Magnetismus« ist. Die übliche Sexualität war eine Form von »elektrischem« Eros, bei dem viel Energie nach außen abfloss. Die Erotik, die das Geheimnis der Götter war und angeblich *strahlend* machte, stellte eine Form des Magnetismus dar – ein uns im Gegensatz zum »einseitig« fließenden Strom ganz durchdringendes und umgebendes Kraftfeld, von dem wir bis heute im Westen noch kaum etwas wissen.

Plötzlich wurde mir auch der eigentlich augenscheinliche Unterschied zwischen den verschiedenen »Bäumen« klar: *Die Pflanze der Geburt,* der Baum der Erkenntnis, sie alle gleichen einem riesigen Lebensbaum, durch den sich die biologische Evolution mit unserer Hilfe ihren Weg bahnt. Die Sexualität als psycho-physische Triebkraft lässt uns für diesen Baum Kinder zeugen und gebären, sie erschafft Geschichte, Kunst und Kultur – am Baum der Geburt und der Erkenntnis ist sie die Kraft, die uns nach außen wirken lässt. Das Geheimnis der *Pflanze der Leidenschaft,* jenes Lebensbaumes also, der in der Genesis in der Mitte des Paradieses steht und schwer bewacht wird, kannten aber anscheinend nur diejenigen, die schon in Babylon *die Geheimnisse der Götter hüteten*.

Jahrtausendelang streckten tatsächlich nur wenige Menschen die Hand nach den Früchten des Lebensbaumes aus, die nicht zuletzt auch die Früchte der Unsterblichkeit sind. Denn auch das ist ein Geheimnis wahrer Erotik, und viele unserer großen Mythen berichten davon. Die Giganten des alten Griechenland, von denen schon in den Schriften Babylons zu lesen war, hatten nicht zufällig Schlangen als Füße und suchten gleichzeitig nach dem »Kraut der Unsterblichkeit«. Gilgamesch war ebenfalls auf der Suche nach dem »ewigen Leben« – die Arznei, die Männer wieder jung macht, wird ihm aber von einer Schlange gestohlen. Herakles machte sich auf, um die »Äpfel der Unsterblichkeit« zu finden, und auch dies war – ebenso wie die viel spätere Suche nach dem Gral – einer der großen Versuche der Menschheit, sich zum Baum des Lebens zurückzukämpfen.

Auf einer Vase im Louvre kann man noch heute die Darstellung eines sumerischen Königs bewundern, der sich im Jahre 2025 vor unserer Zeitrechnung als »Herr des Lebensbaumes« rühmte. All dies deutete also darauf hin, dass eine Minderheit innerhalb der Menschheit schon immer von der doppelten Rolle der Sexualität wusste, dass dieses Wissen im Westen aber mit Hilfe der Schöpfungsgeschichte zumindest verschlüsselt wurde. Hinter der »offiziellen« Sexualität gab es aber immer wieder Formen des Eros, die das Geheimnis der Schlange und des Baumes des Lebens weitergaben. Die Verehrung der Göttin und des Gottes in der »Himmlischen Hochzeit« auf den Türmen Babylons gehörte ebenso dazu wie die erotischen Mysterien, in die manche Menschen noch zu Beginn unseres Zeitalters eingeweiht wurden – obwohl der Großteil der Menschheit längst aus dem möglichen Paradies vertrieben worden war. Im Mittelalter erinnerten die Troubadoure mit ihrer nach innen gerichteten »Minne« den Westen an die gewaltige Psychoenergie des Eros. Im Osten pflegten der Taoismus und der Tantrismus die Kunst der Energieumwandlung, und im Westen der Neuzeit entwickelte sich schließlich die Sexualmagie.

Die Kunst des Sexus hinter der Sexualität, die ich fortan »Meta-Sex« nannte, beinhaltet also nichts Neues. Neu daran ist nur die Tatsache, dass die erotischen Geheimnisse früher einer verschwindenden Minderheit vorbehalten waren, während heute ein Großteil der Menschheit reif ist für die Geheimnisse des Eros. Denn eines war mir auf meiner langen Suche klar geworden: Wir alle sind »erotische Magnete«, deren Ausstrahlung davon kündet, welch ekstatisches oder freudloses Lebensgefühl wir selbst pflegen. Dieser ganz besondere Magnetismus bestimmt auch darüber, welche Partner wir anziehen, wie lange eine Beziehung dauert, wie erfüllt unser Sexualleben ist. Noch immer rätseln wir viel und gern über die Liebe. Nur sehr wenige erkennen jedoch, dass Liebe durch ein ganz besonderes Fluidum entsteht und auch wieder schwindet, wenn sich dieses Fluidum zu verflüchtigen beginnt.

Unsere wissenschaftsgläubige Welt, die ziemlich erfolgreich vom Baum der Erkenntnis gekostet hat und immer und überall die Wirkung der Ursache folgen lässt, geht davon aus, dass wir uns verlieben, in der Folge happy sind und in der weiteren Folge eine durchaus befriedigende Sexualität auskosten. Oder man hechtet sogleich ins Bett, und möglicherweise ergibt sich aus tollem Sex auch eine tolle Liebesbeziehung. Beides geht jedoch in vielen Fällen schief – die steigenden Scheidungsraten sind ebenso ein Beweis dafür wie die wachsende Anzahl frustrierter Singles.

Meta-Sex-Künstler dagegen wussten schon vor Tausenden von Jahren, dass an allererster Stelle die eigene erotische Ausstrahlung steht. Ungefähr in dem Sinn: Man fühlt sich nicht großartig, weil man tolle Typen als Freunde hat, sondern man hat tolle Typen als Freunde, weil man selbst großartig ist. Eigentlich eine ziemlich einleuchtende Tatsache, wenn man bedenkt, dass jeder Mensch seine ganz besonderen Schwingungen hat, die wir alle auch spüren. Dass sich diese Schwingungen unsere ganz besonderen Partner, unsere mehr oder eher weniger befriedigenden Formen der Sexualität gleichsam »selbst aussuchen«, daran denken wir Nachkommen des Baumes der Erkenntnis nur selten.

Viele der Anhänger des uralten Kults der Schlange, der in allen alten Religionen des Orients gepflegt wurde, betrachteten die Ekstase als das Göttliche im Menschen – für sie war Gott Orgasmus und Lebenskraft; dann wurden Engel mit flammenden Schwertern vor das Tor zu den Wonnen des Paradieses gestellt. Dies war für die Entwicklung des Denkens vielleicht sogar notwendig. Heute aber hat uns dieses Denken so weit von uns selbst weggeführt, dass wir nur mit Hilfe einer völlig neuen und doch uralten Form des Eros wieder zu uns selbst zurückfinden können.

Eine Erotik, die weit über die Sexualität hinausgeht, der Gebrauch eines »sexten« Sinnes, der sich in jeder unserer Handlungen ebenso widerspiegelt wie in unserer Form des Denkens, könnte die Religion des neuen Jahrtausends sein. Denn *die Pflanze der Leidenschaft* lebt in uns allen. Ob sie zum Baum des Lebens heranreift, liegt an uns selbst, daran, wie gut oder schlecht wir die Gesetze des Eros verstehen. Denn diese lassen sich viel eher »erfühlen« als erlernen – und darin sind wir inzwischen keine besonderen Künstler mehr. All dies wussten die Verfasser der sieben Gesetze anscheinend, denn sie versprachen, dass *die Pflanze der Leidenschaft sich in sieben mal sieben Tagen von der Erde zum strahlenden Glanz des Himmels erheben* würde.

Heute auf ihren Spuren zu wandeln, ist nicht leicht. Dies wurde mir in dem Augenblick klar, als ich daran dachte, dass die sieben Gesetze auch oder gerade heute eine wertvolle Hilfe für die Menschen sein könnten. Wir verfügen über sehr viel mehr an Wissen, dafür sind unsere Gefühle und *die Pflanze der Leidenschaft* jedoch ziemlich verkümmert. Zudem muss man nur für einen kurzen Moment die Augen schließen und sich eine erotische Situation in allen Einzelheiten vorstellen, um zu erkennen, dass Wissen allein der Erotik nie gerecht wird.

Darum beschloss ich, es zu halten wie vor Jahrtausenden jener unbekannte Wandler *im Garten der Göttin*, und vieles zwischen den Zeilen offen zu lassen. Alle, die sich für die Gesetze des Eros interessieren, sollten Gelegenheit haben, eine möglichst moderne und knappe Deutung der uralten Gesetze des erotischen Magnetismus kennen zu lernen. Sie sollten etwas über die Geschichte der Schlange, der Meta-Sexualität erfahren; vor allem aber sollten sie in Form von speziellen Übungen, die auf zahlreichen alten wie auch modernen Bewusstseins-Techniken basieren, die Möglichkeit bekommen, selbst Meister in der Kunst der Ekstase zu werden.

Ich weiß nicht, ob mir der Versuch gelungen ist, die in Toledo auf so geheimnisvolle Weise aufgetauchten Gesetze dem neuen Jahrtausend anzupassen. Ich weiß nur, dass ich mir wünsche, es möge diesem Buch gelingen, in den Lesern jenen Ort der Freude und der Leidenschaft zu schaffen, der im letzten Gesetz denen versprochen wird, die *die sieben Stufen des Baumes kennen* und die dadurch zu den *Mächtigen der Zeiten* werden.

Das erste Gesetz:

Der erotische Magnetismus

*Sieben Gesetze
kennt der Lebensbaum,
sieben Stufen zur Freude,
zur Leidenschaft,
zum Planen und Streben.
Zu Füßen des Baumes
Meister und Geliebte zugleich.*

*F*reude – *Leidenschaft* – *Planen* – *Streben* ... Lassen wir uns diese Worte »auf der Zunge zergehen«. Spüren wir sie in unserem Körper, und wir werden bemerken, wie er plötzlich lebendig wird. Die Freude zieht in unser Herz ein, die Leidenschaft in unsere Genitalien, das Planen in unser Gehirn und das Streben in unseren Bauch. Mit einem Schlag erkennen wir den Lebensbaum in uns selbst und können zumindest kurzfristig erahnen, was es heißt, einen geliebten Körper zu haben und selbst Meister dieses Körpers zu sein. Gleichzeitig zeigt uns diese kurze Imaginationsübung jedoch auch, dass unsere erotischen Anlagen noch immer in den Kinderschuhen stecken. Denn genau genommen sind all diese Begriffe, die Freude ebenso wie das Planen und Streben, verschiedene Formen der Leidenschaft – und Leidenschaft ist das Grundrecht unseres ganzen Körpers.

Vielleicht war es genau das, was die möglichen Verfasser der *Sieben Gesetze des Lebensbaumes* meinten, als sie von *sieben Stufen* sprachen und von einer *Pflanze der Leidenschaft*, die von der Erde bis zum

Himmel wächst. Im Zuge meiner Recherchen fand ich nämlich heraus, dass auf vielen babylonischen oder sumerischen Darstellungen der Baum des Lebens die zentrale Rolle spielt. Umgeben oder umwunden von Schlangen, war er wohl der Vorläufer des berühmten Lebensbaumes der Bibel. Und wahrscheinlich sind die uralten Gesetze des Lebensbaumes irgendwann einmal von Kabbalisten zu den *Sieben Gesetzen des Eros* gemacht worden. Ein altes Rollsiegel, das in Mari gefunden worden war, bestärkte mich in dieser Auffassung. Man vermutet, dass es die mesopotamische Schöpfungsgeschichte darstellt, und erstaunlicherweise zeigt auch dieses Siegel zwei Bäume. Der erhöht sitzende Gott wird darauf von zwei baumähnlichen Gestalten flankiert, deren Äste sich schlangenartig winden.

Das schönste Beispiel für das Meta-Sex-Wissen uralter Zeiten gibt uns aber Dionysos, der griechische Gott der Ekstase. Sein Name leitet sich von dem Wort *Dios* für »Gott« und dem trakischen *Nusos* ab, was »Baum« oder »Sohn« bedeutet. In diesem symbolischen Sinn sind wir natürlich alle Söhne oder Töchter des Baumes, und wir alle verfügen über die ekstatischen Möglichkeiten dieses Baumes.

Vorerst ist dazu nicht einmal eine besondere Ausbildung erforderlich. Blicken Sie sich ganz einfach einmal um. Sehen, fühlen und erschnuppern Sie den erotischen Magnetismus in Ihrer Umgebung. Es gibt nämlich kaum eine aufregendere Sache, als sich einmal außerhalb von Bett und Schlafzimmer mit dem Eros zu beschäftigen. Wenn wir Menschen dabei beobachten, wie sie sich bewegen, wie sie sprechen und gestikulieren, können wir ihre ganz besondere Erotik entdecken. Wenn wir unsere Wohnungen, unsere Häuser, Kleider oder Autos und sogar unsere Art des Denkens unter die Lupe nehmen, sehen wir in ihnen Manifestationen einer Form des Magnetismus, die uns bis heute kaum bekannt war.

Auf der Suche nach dem Eros in uns allen entdecken wir eine völlig neue Form der Lust, die sich nicht mehr ausschließlich auf unsere Genitalien und auf mögliche Partner beschränkt. Stellen wir uns einmal vor, unsere Welt wäre wie durch Zauberhand von heute auf morgen eine durch und durch erotische geworden: Eros, der Gott der Götter, würde in die Welt der Geschäfte ebenso Einzug halten wie in die der Politik, in unsere Universitäten und in die Stationen von U-Bahnen, in unsere Familien, aber auch in die Wohnungen von allein stehenden Menschen.

Wir würden morgens mit jenem durch und durch wohligen Gefühl erwachen, das wir ansonsten nur in der Sexualität erleben. Wir könnten mit einem lustvollen Gefühl der Erwartung an unsere Arbeit gehen, das Essen würden wir nicht wie Fast Food herunterschlingen, sondern wie ein Feinschmeckermenü genießen. Denken könnte als erotisches Zusammenspiel mit unserem Gehirn denselben Spaß machen wie ein Flirt mit einem geliebten Menschen.

Stellen Sie sich Banker vor, die dem Auf und Ab der Währungen lustvoll und nicht hektisch entgegensehen; Kinder, die sich so richtig auf die Schule freuen; Politiker, denen Gespräche mit Bürgern Spaß machen, Menschen, die sich langsam und erotisch durch die Straßen bewegen – und vor allem: Empfinden Sie diese zauberhafte Möglichkeit in Ihrem Körper.

Die »Zauberhand«, die die äußere Welt zumindest kurzfristig in ein halbes Paradies verwandelt hat, war natürlich Ihre eigene. Mit ihrer Hilfe haben Sie auch schon das erste Gesetz des erotischen Magnetismus entdeckt: Erotik herrscht dort, wo zwei Pole zusammenkommen. In unserem speziellen Fall war es das Gefühl, gleichzeitig im Körper und in der Außenwelt zu sein. Normalerweise hasten wir durch diese Außenwelt ohne jedes Gefühl für den Körper, unsere Gedanken sind einseitig und zielen auf eine eher »elektrische« Weise nur in eine Richtung. Erotik, wahre Erotik, aber ist immer magnetisch. Sie ist das, was das unsichtbare Spiel zwischen den Dingen ausmacht, und deswegen so schwer greifbar.

Wenn wir uns nämlich fragen, warum wir in manchen Situationen durchaus erotisch handeln, in anderen wiederum völlig unerotisch, stellen wir fest, dass es zwei verschiedene Betrachtungsweisen gibt. Die eine teilt das Leben in zwei Bereiche auf: in Innen- und Außenwelt, in Freizeit und Arbeitszeit. Die Freizeit dient unserem Wohlbefinden, die Arbeitszeit unserem beruflichen Fortkommen. In der Freizeit könnten und sollten wir unsere erotischen Fähigkeiten pflegen; in der Arbeitszeit, also in der Außenwelt, haben wir auf der Hut zu sein und unser Hirn sowie alle Abwehrkräfte einzusetzen. Dass beides nicht wirklich zu trennen ist, dass die Abwehr gegen die Außenwelt nie ganz zum erwünschten Eros unserer Innenwelt führen kann, ist die logische Konsequenz daraus.

Die zweite Betrachtungsweise trennt nicht in Außen- und Innenwelt, sie besagt kurz und bündig: So wie man auf die Dinge zugeht, so kommen sie einem entgegen. Macht man sich mit Spaß und durchaus spielerisch an eine Arbeit, so kann auch die schwierigste Denkaufgabe zum erotischen Vergnügen werden. Unser ganz persönlicher Eros überträgt sich dabei auf die Außenwelt und kann alles und jedes erotisch werden lassen. Wir laden die Dinge quasi mit unserer eigenen Energie auf, um später wieder Energie von der Außenwelt zurückzubekommen.

Sieben Stufen zur Freude

Haben Sie schon einmal darüber nachgedacht, wie viele Nuancen, wie viele Schattierungen, wie viele Stufen das Wort Freude hat? Die kindliche Freude, die noch immer in uns steckt, die Freude, mit geliebten Menschen zusammen zu sein, die Freude an schönen Dingen, die Freude am Beruf, die Freude an einem Spiel …

Schließen Sie für die nächsten zehn Minuten die Augen und versuchen Sie, sich Freude einfach vorzustellen. Vielleicht in Stufen, die Sie immer tiefer in die Freude hineinführen. Auf der ersten Stufe stellen Sie sich ganz einfach vor, was Ihnen in der nächsten Stunde am meisten Spaß machen würde. Sehen Sie dabei das Bild dessen, was Ihnen Freude machen soll, vor sich, versuchen Sie jedoch gleichzeitig auch, die Freude in Ihrem Körper zu fühlen.

Dann stellen Sie sich vor, Sie würden eine Stufe tiefer steigen, weiter in die Freude vordringen und dort einen Gegenstand vorfinden, den Sie sich schon immer gewünscht haben. Betrachten Sie diesen Gegenstand ganz genau, nehmen Sie dabei aber auch Ihre Gefühle wahr. Achten Sie vor allem auf den Unterschied zwischen der ersten und der zweiten Stufe. Auf der dritten Stufe imaginieren Sie Ihr Berufsleben. Malen Sie sich in den schillerndsten Farben aus, was Ihnen dort die größte Freude bereiten würde. Dann steigen Sie noch eine Stufe tiefer. Auf der vierten Stufe zur Freude begegnen Sie einem geliebten Menschen. Stellen Sie sich auch diese Begegnung in allen Einzelheiten vor. Überlegen Sie, worüber Sie mit ihm reden würden, wie Sie ihn berühren könnten, was Sie vielleicht gemeinsam unternehmen würden.

Jetzt halten Sie inne. Betrachten Sie Ihre Gefühle ganz genau, und vergleichen Sie sie mit dem Gefühl der Freude auf den vorangegangenen Stufen. Bemerken Sie den Unterschied? Dann ist es Zeit für die nächste, die fünfte Stufe. Steigen Sie dazu in Ihrer Vorstellung noch ein wenig tiefer in Ihren Körper hinein, und erinnern Sie sich von dort aus an das intensivste Gefühl der Freude, das Sie je hatten, an das größte Glück Ihres Lebens. Schwelgen Sie in diesem Gefühl, genießen Sie es, solange Sie wollen.

Dann aber steigen Sie noch eine Stufe tiefer. Auf der sechsten Stufe stellen Sie sich irgendeine

Kleinigkeit vor, eine wunderbare Blume, einen schönen Stein, einen Baum – irgendetwas, das Ihnen nicht deswegen Freude macht, weil Sie es begehren, es sich wünschen, sondern ganz einfach, weil es ein Stück schöne Natur ist. Betrachten Sie dieses Mal die Freude in Ihrem Körper noch ein wenig genauer; es ist eine andere Freude als die, die Sie auf den ersten fünf Stufen erlebt haben: ein Gefühl, das nicht mehr nach außen gerichtet ist, nichts festhalten und umklammern will. Genießen Sie dieses Gefühl. Es ist am Anfang vielleicht nicht so intensiv wie die Freude an Menschen oder den verschiedenen Objekten unserer Begierde – aber es ist der erste Schritt zur wirklichen Ekstase.

Diese Ekstase werden Sie in den kommenden Übungen noch genauer kennen lernen, vorerst aber machen Sie noch einen letzten Schritt hinunter zur siebten Stufe der Freude. Nehmen Sie dabei die unabhängige, lockere Freude der sechsten Stufe noch ein Stück tiefer in sich hinein, aber sehen Sie jetzt überhaupt nicht mehr nach außen. Verzichten Sie auf jedes Objekt der Freude, spüren Sie nur die Freude an und in Ihrem Körper. Horchen Sie in diese Freude hinein, sehen Sie das Licht dieser Freude, ertasten und erfühlen Sie sie. Dann vergleichen Sie noch einmal die verschiedenen Nuancen der Freude, die sieben Stufen, die zu wirklicher Freude führen.

Wenn Sie die Augen wieder öffnen, haben Sie eine erste Ahnung davon bekommen, was es heißt, *zu Füßen des Baumes Meister und Geliebte zugleich* zu sein. Und Sie haben mit Hilfe der Freude eine Kostprobe davon erhalten, dass die Kraft des Eros und der Ekstase tatsächlich Möglichkeiten birgt, die wir uns bis heute kaum vorstellen können.

In den seltenen Büchern, die uns über uralte hedonistische Traditionen erhalten geblieben sind, liest man von Unsterblichen, von ewig jung Gebliebenen, von Menschen, die durch die Lüfte flogen oder andere magische Fähigkeiten beherrschten. Daran mag viel Übertreibung sein, aber die späteren Kapitel werden zeigen, dass unser Charisma, unsere Gesundheit und vieles andere mehr tatsächlich von den Stufen der Freude abhängig sind, die wir hinauf- und hinuntersteigen. Wer seinen Körper als ein »Verzückungsinstrument« begreift und ihn nicht weiterhin als ein reines Anhängsel des Denkens mit sich herumschleppt, wird schon sehr bald jene ungeheure Befreiung erotischen Erwachens erleben, die von der Sohle bis zum Scheitel, von unseren Genitalien bis zur höchsten Form des Denkens reicht.

Die zwei verschiedenen Betrachtungsweisen des Lebens – ob Innen- und Außenwelt getrennt werden oder nicht – sind auch bezeichnend für den Unterschied zwischen der herkömmlichen Sexualität und jener neuen magnetischen Form der Lust, die schon überall in der Luft liegt, die wir jedoch noch nicht ganz verstehen. Die alte Sexualität richtet sich kämpferisch nach außen. Wer sie lebt, glaubt immer noch, durch den Kampf jene innere Befriedigung erringen zu können, die wir alle so dringend brauchen. Verfechter einer erotischen Lebenseinstellung dagegen drehen das Ursache-Wirkungs-Prinzip einfach um: Sie suchen zuerst die Befriedigung in sich selbst, um dann auch nach außen lustvoll wirken zu können. Beide Arten des menschlichen Handelns aber haben dieselbe Quelle: unsere Sexualkraft, die wir entweder nach außen »verstreuen« oder aber »sammeln«, um sie danach effektiver einsetzen zu können.

Erstaunlicherweise wussten das die Menschen schon immer. Nicht nur die *sieben Stufen zur Freude, zur Leidenschaft, zum Planen und Streben*, die am Anfang dieses Kapitels stehen und Kunde von einem möglicherweise uralten Wissen geben, zeigen das – auch die Genesis erzählt genau diese Geschichte. Die Vertreibung aus dem Paradies war nichts anderes als die Vertreibung aus unserem Körper. Der Sündenfall stellt dar, was noch heute jedem Kind widerfährt: Aus der Unschuld des Körpers und einer spielerischen Form der Sexualität erwuchs das Denken – und dieses Denken erhob sich so weit über seine Ursprünge, dass es sich der Nacktheit und des Sexus zu schämen begann. Darum sind wir seit zweitausend Jahren eigentlich sehr selten wirklich in unserem Körper und denken in Bezug auf unsere Sexualität noch immer mehr an Verführung und Scham als an Freude und Ekstase. Die Schlange, die einstmals Eva verführte, lebt noch immer; sie verkörpert jene Sexualkraft, die einst dem Menschen die Erkenntnis, das Denken, erschloss, bis heute aber über dieses Denken nicht hinausgelangt ist.

Der wirkliche Sündenfall jedoch war, wie man aus heutiger Sicht sagen könnte, nicht so sehr das Kosten der Früchte am Baum der Erkenntnis, sondern viel eher jenes göttliche Walten, das den Menschen aus dem Paradies des Körpers vertrieb. Erkenntnis im Körper kann, wie uns unsere eigene erotische Zauberhand und die Phantasievorstellung einer durch und durch erotischen Welt gezeigt haben, das Paradies sein. Theoretisches Wissen allein jedoch ist, wie wir an all den menschlichen Katastrophen um uns herum sehen können, sehr oft die Hölle.

Es scheint also so, als ob uns ein »zweiter Sündenfall« bevorstehen würde. Vom Baum der Erkenntnis haben wir bereits so ausgiebig gekostet, dass uns seine Früchte tatsächlich vergiften könnten, wenn es uns nicht bald gelingt, an den flammenden Schwertern der Cherubim vorbei zum Baum des Lebens vorzudringen. Und erstaunlicherweise scheint auch dieser zweite Sündenfall schon in der Schöpfungsgeschichte vorgesehen zu sein. Obwohl es nämlich auf den ersten Blick so aussieht, als ob es zwei Bäume im Paradies geben würde, entpuppen sich beim näheren Hinsehen der Baum des Wissens und jener der Unsterblichkeit als ein einziger: Bekanntlich pflanzte der Herr allerlei Bäume auf dem Erdboden, »... dazu auch den Baum des Lebens mitten im Garten und den Baum der Erkenntnis des Guten und Bösen«.

Voller Hochachtung für die Doppelzüngigkeit des Mythos können wir also heute davon ausgehen, dass wir die Sache diesmal um einiges lockerer sehen dürfen. Wir stehlen keine Früchte mehr, sondern entdecken Dinge wieder, die uns schon immer gehört haben: die Sexualenergie, die nach alten Überlieferungen seit Anbeginn durch unsere Wirbelsäule, durch den Baum des Lebens in uns allen, floss; vor allem aber den Plus- und den Minus-Pol dieser Energie – unser Gehirn und unsere Sexualorgane. Die Verbindung zwischen diesen beiden Polen war schon immer das »Geheimnis der Geheimnisse«. Nichts anderes versteckt sich hinter den alchemistischen Künsten der sagenumwobenen »Goldmacher«, hinter der Suche nach dem »Elixier des Lebens« oder dem »Stein der Weisen«.

Alle taoistischen oder tantrischen Lehren sprechen von der Kraft, die durch die Verbindung des weiblichen und des männlichen Elements entsteht – trotzdem haben wir die alten Symbole und Mythen noch immer viel zu wenig entschlüsselt. Vor allem jedoch haben wir nicht begriffen, dass wir dieses Weibliche und Männliche in uns selbst suchen müssen, lange bevor wir versuchen können, erotische Partner in der Außenwelt zu finden. Dabei signalisieren uns diese Außenwelt und die immer unbefriedigender werdende Sexualität ohnehin, dass wir nirgendwo mehr etwas holen können, was nicht schon in unserem Inneren vorhanden ist. Wir sind an einem vorläufigen Schlusspunkt angekommen und können nicht weiter rufen: »Liebe mich, liebe mich!« – ohne auch nur die geringste Ahnung davon zu haben, wie wir unser ureigenstes erotisches Potential aktivieren können. Darum ziehen wir auch immer häufiger die falschen Partner an.

Nach dem Gesetz des erotischen Magnetismus spricht jemand, der sich unterdrückt fühlt, Unterdrücker an, jemand, der zu wenig liebt, Partner, die wiederum mit ihrer Liebe erdrücken. Hilflose binden sich beinahe ausnahmslos an Mächtige, Masochisten ziehen Sadisten an. Aber wir müssen nicht einmal zu solchen Extremfällen greifen: Wir alle kennen unzählige Beispiele für jenes berühmte ausgleichende Gesetz des Schicksals, das besagt, dass Störungen im persönlichen Gleichgewicht entsprechende Reaktionen beim Partner hervorrufen. Es bleibt uns also gar nicht viel anderes übrig, als die Verantwortung für unsere Sexualität selbst zu übernehmen. Erst dies garantiert uns, dass wir nicht weiterhin hilflose »Sex-Magneten« sind, die unbewusst diese oder jene Botschaft ausstrahlen, sondern zu Menschen werden, die nach der Bibel ebenso wie nach den *Sieben Gesetzen des Eros* den Göttern gleich sind.

Das Spiel der Götter

Eigentlich haben wir es ja bereits entschleiert, dieses Geheimnis der Götter, von dem der Herrgott in der Genesis meint, es könnte die Menschen »wie unsereiner« machen: Dahinter steht die ziemlich einfach klingende Tatsache, dass Schöpfung immer nur durch das Zusammentreffen von einem weiblichen Pol mit einem männlichen geschieht. Paradoxerweise sind aber gerade die einfachsten Dinge oft am schwersten zu verstehen.

Wir wissen zwar, dass beim Sex Babys entstehen können, aber die wenigsten von uns haben eine Ahnung davon, dass Schöpfertum viele verschiedene Ebenen umfasst. Eros kann unsere Gefühle verwandeln, unsere Empfindungen und Gedanken. Im alten Ägypten glaubten die Menschen daran, dass die Erotik das beste Mittel sei, um sein *Ka*, seine »Seele« oder den »Auferstehungskörper«, zu festigen; heute sprechen esoterische Kreise vom »Astralkörper« oder von anderen mentalen Schöpfungen, den sogenannten »Mondkindern«, die mit Hilfe des entsprechenden Wissens und der Magie des Sexus geschaffen werden können.

Moderner ausgedrückt, könnte man sagen, dass die Erotik noch immer das geeignetste Mittel ist, um unsere Frequenz zu erhöhen und unser erotisches Charisma zu steigern. Wir können aber ebenso gut davon ausgehen, dass es in unserem Inneren eine Art »erotischen Körper« gibt, den die wenigsten entwickelt haben, der aber genau jenes moderne Pendant zum Baum der Unsterblichkeit darstellt, das wir heute so dringend benötigen. Um einen solchen »Körper des Eros« zu entwickeln, um über magnetische Kräfte zu verfügen, die weit über die jetzigen hinausgehen, brauchen wir ein völlig neues und dennoch uraltes Wissen. Dies wurde mir klar, als ich mich immer intensiver mit den sieben Gesetzen zu befassen begann.

Dass wir dabei den Göttern selbst ein wenig über die Schulter blicken, macht das Spiel ja zumindest reizvoll. Nach alten Mythen wurde dieses Spiel einst von Eros selbst initiiert, dem Gott, der am Anfang stand, der älteste aller Götter war und direkt dem Chaos entsprang: die schwarzgeflügelte Nacht legte ein Ei, dem Eros entschlüpfte, zweigeschlechtlich und goldgeflügelt. Diese »Doppelpoligkeit« und der Reiz, mit goldenen Flügeln über allem und jedem schweben zu können, begleitet den Gott der Götter bis in unsere Tage: Manifestation geschieht auch heute nur durch den Gegensatz, und wahre Erotik gibt dem Menschen des angebrochenen neuen Jahrtausends noch immer das Gefühl, ein wenig über allem zu schweben. Die Schöpferkraft des Eros liegt immer zwischen den Dingen, sie ist jene dritte Kraft, die den Gegensatz in allen Dingen zur Einheit verbindet. In Platons bekanntem *Gastmahl* wird sie als die wahre Kraft gerühmt, die dem Menschen alle Glückseligkeit bescheren kann, ihm Heilung und Beistand gewährt.

Sie ist das »Dazwischenschweben des Eros«, dem wir auf der Spur sind, wenn wir nur einen Schluck Kaffee auf eine möglichst erotische Weise trinken. Wir sind dann weder die Gier nach dem Kaffee noch die Hand, die danach greift, nicht einmal der Mund, der den Kaffee trinkt, oder die Zunge, die ihn kostet – wir sind all das und dennoch viel mehr.

Erotik in all ihren möglichen Varianten besitzt die Fähigkeit, uns eine Stufe über uns selbst hinauszuheben. Viele führende Unternehmer der modernen Wirtschaft haben jene eigentümliche erotische Aura, die immer wieder davon kündet, dass »Eros im Blut« nicht nur der Vitalität, sondern auch dem Geschäft zugute kommt. Für sie bleibt die Lust nicht auf das

Schlafzimmer beschränkt, sondern zeigt sich als jene Lust nach Vollendung, die das eigentliche Wesen des Eros ist. Ob dies nun in den höchsten Chefetagen, in den Zentren der Politik oder in anderen »Brainstorming-Burgen« geschieht, spielt keine Rolle – immer aber kommt es darauf an, dass wir fähig sind, zwischen den Kräften zu stehen und lustvoll die beste Verbindung zu orten. Sobald wir begreifen, dass wir jenen Eros, der alles bedingt, selbst ausstrahlen und nicht nur bei gelangweiltem Sex nach außen abfließen lassen können, werden wir zu Schöpfern unserer selbst.

Die Mittel dazu stehen uns heute zur Verfügung: Die alternative Medizin etwa spricht von jener »strahlenden Bio-Energie« im Menschen, die Krankheit und Gesundheit bedingt, und wir wissen von den unsichtbaren »feinstofflichen Energienetzen« im Körper. Die Kirlian-Fotografie weist nach, dass der Mensch eine »Aura« und damit jene magnetische Ausstrahlung hat, die bis heute ganz in Vergessenheit geraten war. Erst in jüngster Zeit wurden die ersten wissenschaftlichen Nachweise für die Existenz der uralten sagenumwobenen Kundalini-Energie in unserer Wirbelsäule erbracht. Andere Untersuchungen berichten davon, dass schon der Gedanke an Sex unsere Polarität und unsere Strahlung verändert.

Jetzt müssen wir nur noch zu der Überzeugung kommen, dass die Kraft des Sexus eine Energie ist, die wir nützen können. Wir übernehmen damit tatsächlich das uralte Spiel der Götter. Denn nicht nur in unserer Schöpfungsgeschichte stellt die Schlange das

»erotische Prinzip« schlechthin dar, sie begegnet uns bereits viel früher. Eines der ältesten und gebräuchlichsten Motive der uralten Religionen des Vorderen Orients ist die Darstellung der Mondfrau mit dem Sternensohn und der gefleckten Schlange. Nimmt man den Mond als Symbol für das Irdische in uns, für die in allem waltenden weiblichen Kräfte der Erde, und die Sterne als Sinnbild für das Bewusstsein, so verkörpert die Schlange die verbindende Kraft des Eros. Als Symbol gleicht sie dem Weltenbaum – und natürlich der Kundalini-Kraft.

All diese Zeichen begleiteten schon immer die Großen und Mächtigen der Erde und natürlich die Götter. Die Pharaonen trugen die Schlange der Erkenntnis auf ihren Häuptern, ihr Gott Thot hatte einen sumerischen Namen, der »Herr des Lebensbaumes« bedeutete; der mittelamerikanische Gott Quetzalcoatl galt als der »Herr der gefiederten Schlange«, die ägyptische Baumgöttin Hathor wohnte selbst im Weltenbaum, um von dort aus den Seelen Nahrung zu geben. In den Zweigen der nordischen Weltenesche Yggdrasil sitzt ein Adler, und an den Wurzeln des Baumes ruht die Schlange.

Der Baum gibt uns also genau das, was wir von ihm fordern: Wissen und Erkenntnis und jene einseitige Sexualität, die langsam zur Einöde wird, oder aber die uralten Geheimnisse der Götter. Diese erinnern uns daran, dass wir eigentlich nicht auf dieser Welt sind, um so recht und schlecht zu leben und zu sterben, sondern um die ekstatische Kraft des Eros in alle Bereiche unseres Lebens zu tragen.

Das Einmaleins des erotischen Magnetismus

1. *Alles hängt von unserem persönlichen Magnetismus ab.*
2. *Sexualität ist nach außen gerichtet, Erotik nach innen.*
3. *Erotischer Magnetismus ist die dritte Kraft, die die verschiedenen Pole miteinander verbindet.*
4. *Im Menschen sind dies zwei Grundenergien: die passive weibliche Energie des Körpers und die aktiv treibende Kraft des Gehirns.*
5. *Bringen wir Gehirn und Körper in Einklang, kreist die Sexualkraft durch den Körper, der »Lebensbaum« wird zum magnetischen Stab, der uns ein besonderes Fluidum verleiht.*
6. *Mit diesem ganz persönlichen Magnetismus laden wir die Umwelt auf und bekommen Energien, die unseren eigenen entsprechen, zurück.*
7. *»Zerstreuen« wir die Sexualkraft, ziehen wir falsche Dinge, falsche Menschen und falsche Situationen an.*

Das Spiel der Menschen

Bis heute ist die Sexualität das beliebteste Spiel der Menschen geblieben. Sex gibt uns das Gefühl der Zweisamkeit, im Orgasmus erleben wir das Vorgefühl zur wahren Ekstase. Sex soll gesund sein, und noch dazu haftet ihm natürlich auch jener »Beigeschmack der Sünde« der letzten zweitausend Jahre an, der das Ganze erst reizvoll macht. Trotzdem stimmt etwas nicht mit unserer Sexualität. Zwar kann niemand genau sagen, was, aber zwischen Sex-Orgien und zwanghaftem Partnerwechsel kommt immer wieder jene »Totengräber-Stimmung« auf, die nicht nur der Tod von etwas Altem, sondern auch die Geburt von etwas Neuem ankündigt.

Bevor wir uns aber auf neue Spiele einlassen, müssen wir das alte erst einmal durchschauen. Und das ist nicht so leicht, wie es auf den ersten Blick aussieht. Lehnt man sich nämlich zur Abwechslung einmal gemütlich im Sessel zurück und beginnt sich zu fragen, was man denn nun über die Sexualität wirklich weiß, kommt dabei meist nicht sehr viel Originelles heraus. Wir wissen um die alten Tabus und haben Techniken zur Befreiung entwickelt, wir kennen den unstillbaren Hunger und die Frustration samt dem Ausgebranntsein – worum es bei dem Spiel eigentlich geht, wissen wir zumeist aber noch immer nicht so recht. Dass das Hauptmotiv nicht die biologische Nachkommenschaft sein kann, erklärt uns die hinlänglich bewiesene unbegrenzte Lustbereitschaft der Frau; dass auch die genitale Lust nicht Sinn und Zweck der Sexualität mit Partnern ist, zeigt uns die Masturbation – und trotzdem benehmen wir uns oft noch immer so, als ob das alte »Sperma-Ei-Spiel« und der möglichst schnelle Lustgewinn Sinn und Zweck des Ganzen wären.

Wenn wir noch ein wenig länger in unseren Sessel zurückgelehnt bleiben und vor unserem geistigen Auge eine Art Dokumentarfilm über die Sexualität ablaufen lassen, kommen wir der Sache aber vielleicht näher. Stellen Sie sich einmal die Sexualität in der Steinzeit vor, Sex inmitten der Völkerwanderung, in den engen Schlafstuben des Mittelalters. Jetzt machen Sie einen großen Sprung zu all den puritanischen Bewegungen des vorletzten Jahrhunderts und denken dann an die sexuelle Revolution in der jüngsten Vergangenheit. Stellen Sie sich alte und moderne Orgien vor, verschämtes Tasten unter möglichst alles bedeckenden Nachthemden ebenso die neuesten Pornos. Wenn Sie dann in Gedanken ein gewaltiges Machwerk mit allen nur möglichen Formen des alten Spiels der Sexualität produziert haben, stellen Sie sich eine Situation vor, die höchst erotisch ist; wohlgemerkt: erotisch – nicht sexuell!

Den Unterschied werden Sie sofort spüren, Sie werden ihn empfinden, ertasten, riechen, sehen und vielleicht sogar hören können – lange bevor Sie noch die passenden Worte dafür finden. Denn Worte werden in diesem Fall unseren Sinnesorganen immer »hinterherhinken«. Vielleicht borgen wir uns deshalb inzwischen einmal eine Erklärung aus Platons *Gastmahl* aus. Dieser unterschied nämlich schon zwei Arten des Eros, die sich immer nur in der Ausübung der Dinge bemerkbar machen. Die eine ist jene berühmte Form des Eros, deren höchstes Ziel es ist, im Schönen zu zeugen und den Stufenweg zur Erkenntnis des Schönen in allem hinaufzusteigen; die andere stellt jenen frevelhaften Eros dar, der der Bedürftigkeit entspringt und zu Krankheiten und Unstimmigkeiten führt. Ihm machte es die jüngere griechische Mythologie nach, die Eros nicht mehr als den Gott der Götter, als das alles bestimmende Prinzip sah, sondern als den Sohn der Liebesgöttin Aphrodite und des Kriegsgottes Ares.

In der Sprache des sexuellen Magnetismus bedeutet dies nichts anderes, als dass wir in der üblichen Sexualität hilflos unseren Vorlieben und Abneigungen ausgesetzt sind und dabei Energie nach außen verschleudern, während jede wirklich erotische Handlung Energie speichert.

Denken Sie noch einmal an das Beispiel mit der Kaffeetasse zurück. Greifen Sie in Gedanken schnell und gierig nach der Tasse, und stürzen Sie den Kaffee hinunter – dann genießen Sie den Kaffee mit all Ihren Sinnen. Mit einem Schlag begreifen Sie den Unterschied zwischen der alten Sexualität und dem neuen/uralten Eros: Das eine Mal sind Sie das Greifen und das Trinken, das zweite Mal sind Sie Zeuge des ganzen Geschehens, Sie selbst sind der Eros zwischendrinnen, der Mittler zwischen Materie und Denken. Das Wunderschöne an der Sexualität und am Eros ist, dass beide als Mittler zwischen uns und der Außenwelt fungieren. Lernen wir aber nicht, unserer eigenen Sexualität sozusagen »zuzusehen« – die Kunst des Meta-Sex –, so strömen unsere Energien ungenützt in die verschiedensten Dinge. Sie fließen nicht nur in die Betten oder Arme unserer Partner, also in Bereiche, in denen wir vielleicht sogar Ersatz dafür in den Energien anderer Menschen finden, sondern auch ins Fernsehen, in Videospiele, Sportveranstaltungen und vieles andere mehr.

Unser Verständnis von der ursprünglichen, alles bestimmenden Kraft des Sexus ist noch ziemlich begrenzt, obwohl wir, wenn wir nur Stein auf Stein fügen würden, genügend Hinweise darauf erhalten könnten. So stammt etwa der Begriff »Emotion« vom lateinischen Verb *emovere* ab, was soviel wie »herausbewegen«, »aus sich hinauswerfen« bedeutet – und genau dies tun wir eigentlich den ganzen Tag. Dabei vergessen wir, dass wahre Erotik nicht irgendwo draußen auf uns wartet, sondern im eigenen Denken, in den eigenen fünf Sinnen. Wer sich zu weit von sich selbst entfernt, entfernt sich zugleich von seiner eigenen Energie; nur diese ureigene Energie aber kann uns verändern.

Das gilt auch für die Liebe zu anderen Menschen. Bis heute haben sich viele von uns diese Liebe als ein »Sakrament« vorgestellt, das uns von anderen geschenkt wird – ohne dabei zu bedenken, dass es nur ganz wenigen gegeben ist, dieses Sakrament auch wirklich auszukosten. Die Beispiele für die »große Liebe«, nach der wir uns alle verzehren, sind so selten, dass man sie wahrscheinlich pro Jahrhundert an einer Hand abzählen könnte – trotzdem sind wir noch immer nicht bereit, einmal innezuhalten und zuerst die Liebe in uns selbst zu finden. Die Aufforderung, *Meister und Geliebte zugleich* zu sein, weist uns genau darauf hin, denn jede Form der Partnerschaft hängt von unserer eigenen persönlichen Frequenz ab, die es als Erstes zu klären gilt. So sagt uns das Gesetz des sexuellen Magnetismus, dass unsere Sexualität oder Erotik von der Polarität beider Geschlechter abhängig ist. Dabei entsteht ein »Magnetfeld«, das entsprechend den Kräften des positiven und des negativen

Pols aufgebaut ist und schon in den alten Traditionen des Ostens als ein besonderes Fluidum galt, das aus der Beziehung von Yin und Yang geboren wird.

Dieses Magnetfeld erklärt uns heute, warum Verliebtsein so »high« macht; es führt zu jenem sprichwörtlichen »Rausch«, den Verliebte immer wieder erleben. Es erklärt aber auch das Abflachen einer Beziehung nach wenigen Jahren, wenn der Magnetismus schwindet. Beziehungen, die zerbrechen, unerfüllte Liebe, tragische Liebesgeschichten – sie alle haben also häufig weniger mit dem jeweiligen Partner und der Willkür des Schicksals zu tun als mit unseren eigenen Schwingungen.

Eros flammt immer entsprechend unserer eigenen magnetischen »Power« auf. Und dies nicht nur bei einer Begegnung im Bereich unserer Genitalien, sondern auch, wenn es um Gefühle, um die Lust am Schönen, um die Ekstase der Kreativität geht. Wenn wir dies begreifen, brauchen wir uns nicht mehr mit einer ziemlich freudlosen Sexualität zu begnügen. Wir müssen uns nur intensiv vorstellen, was wir zwar noch nicht erreicht haben, was aber zugleich unser Geburtsrecht darstellt: den Körper als Paradies des Eros.

Übungs-Zyklus:
Der Lustballon

Erster Tag:
Sich einen Lustballon schaffen

Wie erschließt man sich das Paradies des Körpers neu? Wie gelangt man dazu, das Gesetz des erotischen Magnetismus in sich selbst zu entfalten? In alten Zeiten erlernten einige wenige Auserwählte diese Kunst in den Mysterienschulen, heute nehmen wir unsere Imagination zu Hilfe. Nach den Gesetzen des Lebensbaumes soll *die Pflanze der Leidenschaft sich in sieben mal sieben Tagen von der Erde zum strahlenden Glanz des Himmels erheben*. Die folgenden Übungen sind ein moderner Versuch, in den nächsten sieben mal sieben Tagen bzw. Nächten den uralten Baum der Leidenschaft zu erklimmen – allerdings ein recht vergnüglicher. Denn in die Kunst des Eros kann uns niemand einweihen – nicht einmal eine *himmlische Tafel* aus Babylon.

Darum lassen Sie jetzt die gesamte Theorie des erotischen Magnetismus für eine Weile hinter sich und ganz einfach Ihren persönlichen »Lustballon« aufsteigen. Verwechslungen sind übrigens erlaubt. Falls Sie der Lustballon an den »Luftballon« Ihrer Kindheit erinnert, denken Sie an den Spaß und die Freude, die solch ein Ballon auslösen kann. Als Kinder hatten wir das Gefühl, dass uns das luftige Gefährt mit in die Lüfte heben könnte – und genau dies soll auch der Lustballon tun.

Denken Sie daran, dass es ihm gelingen soll, in Ihnen den *Meister und die Geliebte zugleich* zu erwecken, und räumen Sie ihm in Ihrem Leben einen möglichst ruhigen und regelmäßigen Zeitpunkt ein. Am Anfang wird es das Beste sein, wenn Sie sich am Abend vor dem Schlafengehen eine Viertelstunde Zeit für die Übung nehmen und sich gleichzeitig auch darauf einstellen, am Morgen eine Viertelstunde früher aufzuwachen, um sich schon zu Beginn des Tages in der Kunst des erotischen Erwachens zu üben.

Der Lustballon wird in den nächsten *sieben mal sieben Tagen* bzw. Nächten jener Palast sein, in dem Sie *Die sieben Gesetze des Eros* mit all Ihren Sinnen wahrzunehmen zu empfinden lernen – es lohnt sich also, ihn jede Nacht ein wenig prächtiger auszustatten.

Beginnen Sie am Abend des ersten Tages damit, sich um Ihren Körper eine weiß-goldene Kugel vorzustellen, die tatsächlich ein Lustballon ist, ein energetisches Wesen, das Sie mehr als jeder andere liebt – eine Sphäre der Empfindung, die Sie auch zurückgeben können. Bevor Sie noch allzu viel an Lust denken, stellen Sie sich Liebe vor: Liebe, die die immer größer werdende Energiekugel um Sie herum auf Sie ausstrahlt, die Sie aber gleichzeitig auch reflektieren können. Eine alte Regel besagt, dass alles in uns – Sexus und Erotik, Denken und Handeln – so lange bestens funktioniert, wie wir uns nur genug geliebt fühlen. Nehmen Sie jetzt dieses »Liebesspiel« zur Abwechslung einmal in die eigene Hand, fühlen Sie sich hundertprozentig okay und von Ihrem Liebesball hundertprozentig akzeptiert.

Je mehr Sie sich in diesem Spiel üben, desto klarer wird Ihnen werden, dass innerhalb dieser energetischen Kugel, die Ihre eigene Schöpfung ist, keinerlei Verhaltensmaßregeln nötig sind: Der Körper beginnt sich von selbst zu entspannen, unsere Konzentration richtet sich von selbst auf das Lieben und Geliebt-Werden aus – wir schweben sozusagen in unserer eigenen Liebesenergie, die auf geheimnisvolle Art und Weise alles in uns streichelt.

Natürlich ist auch dieser Lustballon – wie das meiste im Leben – eine Sache der Übung und der Imagination. Am ersten Abend genügt es vollkommen, seine Möglichkeiten zu begreifen und sich liebevoll in den Schlaf wiegen zu lassen.

Vergessen Sie aber am nächsten Morgen nicht, dass dieselbe Energiekugel uns energetisieren kann, dass sie die Fähigkeit hat, aus Morgenmuffeln sprühende und aktive Menschen zu machen. Stellen Sie sich dabei jedoch nicht sofort alle erotisierenden Möglichkeiten des Tages vor; nehmen Sie sich nur eine Viertelstunde Zeit, um in dem Lustballon vor den Aufregungen des Tages noch einmal so richtig in Liebe und Lust zu »baden«. Diese Energie nehmen Sie dann in den Tag mit und erinnern sich so oft wie möglich daran.

Zweiter Tag:
Lust- und Liebesgeld

Am Abend des zweiten der *sieben mal sieben Tage* denken Sie zurück an die *sieben Stufen zur Freude*. Erinnern Sie sich daran, wie verschieden die Nuancen von Glück und Freude sein können und dass sie in vielen Fällen in Lust und Liebe übergehen. Am vergangenen Tag haben Sie den Ort für alle diese erotischen Gefühle geschaffen, heute machen Sie sich noch einmal klar, dass Ihre ganz persönliche Lustkugel tatsächlich einer der wenigen Orte ist, wo man *Meister und Geliebte zugleich* sein kann.

Trotzdem gibt es einen winzigen Wermutstropfen, der über Ihrer Lustkugel schwebt: Es ist noch kein perfekter Meister – und auch keine perfekte Geliebte – vom Himmel gefallen. Als Antwort darauf könnten Sie sich nun das alte Sprichwort von der Übung, die den Meister macht, jeden Abend vorsagen. Ich würde aber viel eher dafür plädieren, solche unerotischen und mit Schuld und Pflicht beladenen Gedanken weit hinter sich zu lassen.

Stellen Sie sich lieber Ihren Lustballon als ein riesiges Bankguthaben vor, auf das Sie jeden Abend ein Stück mehr Lust, Liebe und Erotik einzahlen und das sich dabei immer mehr vervielfacht. Beginnen Sie damit gleich heute. Lassen Sie in Ihrem Geist immer neue Wogen von Liebe in Ihren Ballon fließen, immer größere Wellen von Ekstase und Lust. Schwimmen Sie auf diesen Wellen, lassen Sie sich von ihnen weit wegtragen.

Am nächsten Morgen erinnern Sie sich an dieses neue Gefühl; versuchen Sie, zumindest einen Bruchteil davon in Ihrer Erinnerung und in Ihrem Körper zu speichern. Und denken Sie daran, dass Ihr Kopf einer Scheckkarte gleicht, mit der man auch tagsüber ein wenig »Bares« von den Riesenkonten nächtlicher Lüste abheben kann.

Dritter Tag:
Auf der Suche nach verlorenen Düften

Haben Sie an den ersten beiden Tagen entdeckt, welche erotischen Welten unsere Imagination schaffen kann, bleiben Sie die nächsten fünf Tage weiterhin bei der reinen Liebe und Wonne. Keine Angst: Zu den diversen erotischen Phantasien kommen wir noch – vorerst geht es um eine möglichst stabile Ausgangsbasis.

Unser erstes Gesetz besagt, *zu Füßen des Baumes Meister und Geliebte zugleich* zu sein, und dazu brauchen wir vorerst einmal unsere fünf Sinne. Haben uns nämlich die ersten beiden Tage gezeigt, dass unser Körper völlig anders funktionieren kann als gewohnt, wenn wir ihn nur lieben, so werden wir mit den nächsten Übungen eine neue Nase, einen neuen Tast- und Geschmackssinn, neue Ohren und Augen kreieren.

Beginnen Sie am Abend des dritten Tages mit Ihrer Nase: Unser Geruchssinn ist einer der ursprünglichsten Sinne, was wir schon daran erkennen, dass uns Düfte, etwa der Geruch von Weihnachtsgebäck, am schnellsten in unsere Kindheit zurückversetzen. Die Nase ist also jenes Tor, durch das wir auf direktem Weg in unseren Körper, in unser Gedächtnis und zu unseren Sinnen gelangen – das werden Sie sehr schnell selbst erleben.

Imaginieren Sie am Abend also zuerst einmal wieder für einige Zeit, zumindest aber fünf Minuten lang, Ihren Lustballon. Stellen Sie sich den Ballon so intensiv vor, dass Sie das Gefühl haben, darin zu schweben. Strengen Sie sich dabei aber auf keinen Fall an, schließlich ist das oberste Gebot in Ihrem Palast des Eros die Lust und nicht jenes krampfhafte Müssen, das ohnehin schon zu lange in unserem Körper sitzt. Wenn Sie dann das Gefühl haben, tatsächlich in Liebe und Wonne zu schweben, lassen Sie den Lustballon zu einer Art »Parfumflakon« werden, aus dem Ihnen die kostbarsten und phantastischsten Düfte in die Nase steigen. Nehmen Sie sich Zeit dafür, genießen Sie Ihre Lieblingsdüfte. Dann lassen Sie sich von diesen Düften so richtig luxuriös in den Schlaf hinübertragen – gerade so, als ob Ihr Bettzeug von den kostbarsten Wohlgerüchen des Orients durchdrungen wäre.

Beim Aufwachen am nächsten Morgen werden Sie den Duft noch immer in der Nase haben, sobald Sie sich wohlig in Ihrem Lustballon räkeln. Genießen Sie ihn, bevor Sie wieder den Gerüchen des Alltags ausgesetzt sind, so ausgiebig wie möglich. Vor allem aber erinnern Sie sich auch im Alltag daran, dass Sie zwei Nasenflügel haben, die ebenso zur Wonne fähig sind wie eigentlich alles in unserem Körper.

Vierter Tag:
Ein Körper aus Samt und Seide

Der vierte Tag gehört dem Tastsinn. Stellen Sie sich dazu zuerst vor, Ihre Fingerspitzen würden von dem Lustballon um Sie herum mit erotischer Energie aufgeladen. Lassen Sie Lust und Ekstase zwischen dem Ballon und Ihren Fingern kreisen. Bewegen Sie dabei Ihre Finger ganz langsam und behutsam, und lassen Sie dieses liebevolle Gefühl in den ganzen Körper strömen. Das Tasten gehört zum entwicklungsgeschichtlich älteren Teil in uns und führt uns schon deshalb ohne viele Umwege in den Körper und in jene Haltung der hingebungsvollen Geliebten, die wir wohl alle erst noch lernen müssen.

Falls Sie das Gefühl, geliebt zu werden, in den ersten drei Nächten in Ihrem Lustballon bereits erfahren haben, wird es Ihnen nicht schwer fallen, zu einem richtigen Tast-Künstler zu werden. Stellen Sie sich als Nächstes vor, Ihre Hände würden Samt und Seide streicheln. Streicheln Sie in Ihrer Imagination so leicht und doch so intensiv wie möglich – so lange, bis Sie tatsächlich glauben, den Samt und die Seide unter Ihren Fingern zu spüren. Dann tapezieren Sie den energetischen Ballon rund um Sie herum mit Samt und Seide aus, die jetzt Ihren ganzen Körper streicheln. Empfinden Sie Ihren Körper als ein einziges riesiges Tastorgan, das einerseits von Samt und Seide gestreichelt wird, sich andererseits jedoch selbst wie Samt und Seide anfühlt.

Wenn Sie dann in Samt und Seide gehüllt eingeschlafen sind, erinnern Sie sich am nächsten Morgen aber daran, dass all die Experimente mit unseren Sinnesorganen eben nur Übungen sind, die uns den Lustballon erfahrbarer machen sollen. Stellen Sie sich noch einmal den Lustballon aus Samt und Seide vor. Dann verzichten Sie auf jede allzu genaue Vorstellung, fühlen sich nur einfach in Wonne eingehüllt – und nehmen dieses ebenso wunderschöne wie unsichtbare »Kleid« mit in den Tag.

Fünfter Tag:
Nektar auf der Zunge

Die Sinnes-Spiele rund um *Die sieben Gesetze des Eros* können Sie im Laufe der Zeit und mit entsprechender Phantasie ins Unendliche ausdehnen. Vorerst geht es jedoch hauptsächlich darum, die erotische Energiekugel um Sie herum wahrnehmen zu können, sie erspüren und in der fünften Nacht auch regelrecht »erschmecken« zu können.

Auch in dieser Nacht befassen wir uns wieder mit dem Liebesball, der sich nun immer vollkommener um Sie herum aufzubauen beginnt. Was zuerst nur eine flüchtige Vorstellung war, wird langsam, aber sicher zu einem energetischen Wall, den wir um uns herum beliebig ausdehnen, jedoch auch zusammenziehen können. Probieren Sie dieses Ausdehnen und Schrumpfen der Kugel um sich herum, erleben Sie, wie das Gefühl der Liebe und des Eros sich ausdehnt und Ihren ganzen Körper weiter und größer macht; dann verinnerlichen Sie dieses Gefühl, ziehen es quasi wieder in Ihren Körper zurück.

Sobald Sie dieses Spiel ein wenig beherrschen, stellen Sie sich vor, dieses liebevolle, wonnige Gefühl würde in Ihre Zunge, in Ihren Mund und Ihren Gaumen fließen. Es kann den Geschmack von Schokoladecreme haben, von frischen Erdbeeren oder von einer anderen möglichst erotischen Lieblingsspeise. Sie können sich aber ebenso vorstellen, dass Ihr Lustballon eine Art Nektar auf Sie niederregnen lässt, den Sie wie flüssigen Honig nur tröpfchenweise aufnehmen. Genießen Sie diesen »Liebestrank«, nehmen Sie es aber nicht zu wörtlich. Inzwischen haben Sie ja ein Gespür dafür entwickelt, dass es nicht so sehr um Parfum, Samt oder Schokoladecreme geht, sondern darum, jedes Sinnesorgan so offen, aufnahmebereit und erotisch wie möglich werden zu lassen.

Darum stellen Sie sich beim Aufwachen am nächsten Morgen am besten weder Honig noch Schokoladecreme vor, sondern eine Zunge, die völlig rein und offen ist. All der Geschmack von künstlichen Lebensmitteln, von zu viel Tabak oder Alkohol wird in der lustvollen Atmosphäre Ihres Energieballons einfach hinweggeschwemmt – Ihre Zunge ist wieder so rein, wie sie es in Ihren Kindertagen war. Vor allem aber freut sie sich auf den Geschmack von völlig natürlichen Lebensmitteln. Bewahren Sie sich diese Freude während des ganzen Tages. Versuchen Sie, Geschmack an gesunden Speisen zu entwickeln, und genießen Sie diese. Schließlich hat das Essen sehr viel mit Genussfähigkeit zu tun, und auch das Wahrnehmen der Sinnlichkeit von völlig natürlichen Lebensmitteln will erst erlernt werden.

Sechster Tag: Ganzkörpermusik

Der Abend des sechsten Tages ist der Musik gewidmet. Lernen Sie diesmal, mitten in Ihrem Lustballon auf eine völlig neue Art Musik zu hören. Stellen Sie sich vor, wie aus Lautsprechern in dem Liebespalast um Sie herum die schönste Musik erklingt, die Sie sich vorstellen können. Die Musik der Sphären, die Musik von Engeln oder auch

Ihr Lieblingslied, das Ihr Superstar ganz für Sie allein singt. Dann lassen Sie die Musik durch Ihren ganzen Körper fließen; versuchen Sie, die Töne in jeder Zelle schwingen zu lassen. Gelingt Ihnen das, schalten Sie auch alle anderen Sinne ein: Riechen Sie die Töne, stellen Sie sich vor, wie sie die verschiedensten Farbschattierungen annehmen, lassen Sie die Klänge über Ihre Zunge in die Kehle rinnen, und versuchen Sie sie zu ertasten.

Am nächsten Morgen drücken Sie noch einmal auf diesen »multimusikalischen Knopf« in Ihrem erotischen Vergnügungspalast. Sie werden sehen, dass solche »Ganzkörpermusik« nicht nur als herrliches Schlafmittel zu gebrauchen ist, sondern bei erhöhter Frequenz auch als der denkbar beste Muntermacher. Nachdem Sie sich so vergnüglich aufwecken ließen, halten Sie Ihre Augen geschlossen und achten auf alle Geräusche, die Sie umgeben: die Autos auf der Straße, Geräusche in der Wohnung, vielleicht nehmen Sie auch nur die Stille um sich herum wahr. Bewerten Sie die Geräusche nicht, hören Sie nur hin.

Während des Tages bewahren Sie sich diese spezielle Aufmerksamkeit der Ohren. Achten Sie auf die Stimmen von Menschen, machen Sie sich klar, welche Tonhöhen Sie positiv beeinflussen, welchen Geräuschen Sie dagegen lieber aus dem Weg gehen. Vor allem aber genießen Sie, wann und wo es möglich ist, die Erotik der Stille.

Siebter Tag:
Eros in den Augen

Mit den Augen schließen wir den ersten Siebener-Zyklus ab, der eigentlich, wie in den Gesetzen des Lebensbaumes versprochen, nicht nur den Nächten vorbehalten war, sondern auch sieben Tagen. Je mehr man sich nämlich in der Kunst des Erotisierens übt, umso mehr gewöhnt man sich daran, diese Kunst in den Alltag zu übernehmen. Sicher haben Sie inzwischen längst entdeckt, dass der Lustballon auch im Alltag schnell verfügbar ist, wenn wir zwischendurch einmal positive Energie benötigen.

Die besten Helfer dabei sind natürlich die Augen. Ein Großteil aller unserer Wahrnehmungen findet über die Augen statt, und entsprechend mächtig sind unsere Sehwerkzeuge. Zumeist haben sie sich allerdings daran gewöhnt, zwischen uns und der Umwelt eine Barriere aufzurichten, die abwehrt; unsere Augen sind unsere beste Hilfe beim Einschätzen, Ab- und Verurteilen. Entsprechend hart und schneidend ist demnach häufig auch unser Blick. Unser Lustballon muss also ein kleines Zauberkunststück vollbringen, um aus den schärfsten Schwertern unseres Denkens jene erotischen Augen zu machen, die wir trotzdem alle gern hätten.

Die Augen ermöglichen uns also sozusagen die Probe aufs Exempel, ob unser Energieballon bereits so mächtig ist, dass er mit seiner Liebe und Lust sogar unsere Augen ein wenig zum Schmelzen bringen kann. Stellen Sie sich dabei vor, dass zur Abwechslung einmal nicht Ihre Augen in die Umwelt »vordringen«, sondern lassen Sie Licht und Liebe von Ihrem Lustballon in Ihre Augen strömen. Genießen Sie es, dieses Licht zum empfangen, und lassen Sie Ihre Augen dabei immer weicher, immer sanfter und glänzender werden. Sie werden entdecken, dass sich dieses Gefühl via Augen über Ihren ganzen Körper ausbreitet und Sie eine Frequenz erreichen, die alles einschließt: Liebe, Eros, Gesundheit und Ganzheit.

Versuchen Sie am nächsten Morgen, dieses Gefühl mit in den Tag zu nehmen. Es wird Ihnen Macht und gleichzeitig Einfühlungsvermögen geben.

Zusammenfassung

Am achten Morgen – mit Licht, Musik und Düften in den Adern – haben Sie wohl bereits eine deutliche Ahnung davon, dass diese einfachen Übungen mit der Lust über Zauberkräfte verfügen. Sie beherrschen jetzt die erste Lektion der Gesetze des Lebensbaumes und können sich vielleicht heute schon vorstellen, dass Sie nach *sieben mal sieben Tagen*, an denen Sie im Lustballon eingeschlafen und aufgewacht sind, ein anderer Mensch sein werden: ein wirklicher Meister oder eine wirkliche Meisterin der Liebe.

Damit Sie Ihr Energetisierungs-Programm aber auch möglichst effektiv einsetzen können, hier noch einmal die Stichworte für den ersten Siebener-Zyklus:

1. Tag: Sich einen Lustballon schaffen
2. Tag: Lust- und Liebesgeld
3. Tag: Auf der Suche nach verlorenen Düften

4. Tag: Ein Körper aus Samt und Seide
5. Tag: Nektar auf der Zunge
6. Tag: Ganzkörpermusik
7. Tag: Eros in den Augen

Das zweite Gesetz:

Der weibliche Pol

*Zwei Schlangen
umwinden den Baum.
Mach zur Dienerin dir
die mondgekrönte
und die Rätsel
der Erde.
In die Tiefe lass dich führen!*

In die Tiefe lass dich führen ... Niemand von uns *wandelt* heute mehr in einem *Garten der Göttin*. Aber wenn wir nur für einen kurzen Moment die Augen schließen und uns tatsächlich ein wenig *in die Tiefe* unseres Körpers *führen lassen*, bekommen wir vielleicht eine Ahnung davon, was das zweite Gesetz des Eros bedeutet.

Sich *in die Tiefe führen zu lassen*, völlig in das eigene Innere zu versinken, ist der geheime Code zu wahrhafter Ekstase.

Machen Sie es in Gedanken einem modernen Lied nach, das den wunderschönen Titel »Go thousand kisses deep« – Geh tausend Küsse tief – hat, und versinken Sie in tausend Küssen, die Sie zur Abwechslung einmal sich selbst geben. Stellen Sie sich dabei Lust und Sinnlichkeit in tausend Nuancen vor, und dringen Sie mit geschlossenen Augen immer tiefer in Ihren Körper vor. Dieses sexuelle Empfinden entspricht genau jener magischen Energie, die die einzig wirkliche »Währung« darstellt, die wir haben. Sie ist jene ungeheure Kraft, die sich als einzige vervielfachen lässt und aus der alle anderen Energien entspringen.

Jedes Vergnügen, jede wirkliche Macht in der äußeren Welt – das alles basiert auf unserer Fähigkeit, mit der Kraft des Eros in uns umzugehen.

Wo der Eros versiegt, altern wir, hören wir auf, lebendig zu sein, Vergnügen zu empfinden, zu lieben und kreativ zu denken. Wir werden unattraktiv und strahlen nicht mehr jene Energie aus, die uns zu Magneten für die Umwelt macht.

Der geheime Code zu einem ekstatischen Körpergefühl war bis heute ausschließlich in der Sexualität verborgen. Lernen wir aber, den weiblichen Pol der Offenheit und Hingabe in jeder Situation zu nützen, so kann Eros zu unserem ständigen Begleiter werden. Das Codewort dazu ist allerdings der männliche Pol der Aufmerksamkeit. Entzücken entsteht dann, wenn sich der nach außen gerichtete Pfeil des Bewusstseins mit dem nach innen gehenden Körperbewusstsein verbindet. Die Zauberformel dabei heißt: zerschmelzen, zerfließen, sich öffnen, sich hingeben – aber all dies unter Kontrolle.

Der neue Hedonismus, der überall bereits im Kommen ist, beruht also in erster Linie auf dem uralten Gebot, zuerst in die Tiefe zu gehen. Wenn wir diese weibliche Tiefe in uns ausloten, finden wir auch zu jener natürlichen Ekstase des Körpers zurück, die im Westen bereits völlig in Vergessenheit geraten war.

Ungefähr zur selben Zeit, als ich an der vierten Strophe der *Sieben Gesetze des Lebensbaumes* herumzurätseln begann, stieß ich auf die Aussage, dass die eigentlichen Probleme nicht in unserer Art des Sexus, sondern in unserer Geschlechtlichkeit liegen würden.

Wir alle sind Männer und Frauen, aber über äußere Kennzeichen, über gewisse Verhaltensweisen hinaus haben wir keine Ahnung, was die Evolution uns sagen wollte, als sie uns als Mann und Frau schuf. Damit ergeht es uns ebenso wie mit der Sexualität: Wir handhaben diese meist auf einer rein äußeren Ebene, zu den Geheimnissen des Eros machen sich nur wenige auf.

Genau diese Erkenntnis aber öffnete mir die Augen für das zweite Gesetz, für die Aufforderung, sich *in die Tiefe führen zu lassen*. Ich hatte herausgefunden, dass bei den Sumerern die Göttin Tiamat für den Begriff »Tiefe« stand, für das ursprüngliche Weibliche in jeder Form von Schöpfung. Die *mondgekrönte Schlange*, die *die Rätsel der Erde* enthüllt, verwies mich ebenfalls auf den femininen Faktor in uns allen. Ihn schienen wir selbst inmitten von Feminismus und neuen Partnerschaftsmodellen völlig vergessen zu haben.

Dabei zeigen uns schon die einfachsten Gedankenexperimente, dass wir alle über einen weiblichen Pol verfügen, über einen Körper, der vom männlichen Pol, dem Denken, beeinflusst werden kann. Ob wir Männer oder Frauen sind, spielt dabei keine Rolle. In der Sexualität aber widmen wir uns noch immer dem alten Spiel von männlichem Eindringen und weiblichem Empfangen – ohne daran zu denken, dass es sowohl für Männer als auch für Frauen zuerst einmal um die weibliche Hingabe des Körpers geht.

So war das zweite Gesetz des weiblichen Pols also vorgegeben, bevor ich noch begriff, in welchem Ausmaß dieses Gesetz, aber auch die Unterdrückung dieses Gesetzes, alle Mythen der Menschheitsgeschichte durchzieht.

Die Genesis beginnt damit, dass Gott am Anfang den Himmel und die Erde erschuf. Die Erde war immer schon das Symbol für das Weibliche, für Materie, Natur und die Macht der Schlange. Schon bald aber kam es zur Spaltung zwischen Erde und Himmel. So wurde die Schlangengöttin Tiamat später von Marduk, dem höchsten Gott und Weltenschöpfer im babylonischen Pantheon, besiegt, ebenso wie in der Bibel die Schlange verflucht wurde. Die Schlange aber galt in vielen alten Religionen als Symbol für die Göttin, für die weibliche Kraft der Empfängnis und des Bewahrens.

Dieser Kraft nach zweitausend Jahren der Missachtung nachzuspüren ist heute, nachdem das letzte Jahrhundert durch die Befreiung der Frau gekennzeichnet war, ebenso logische Konsequenz wie auch ein zweischneidiges Schwert.

Paradoxerweise galt ja das vorrangige Bestreben des Feminismus der Befreiung der Frau vom uralten Mythos der weiblichen Hingabe. Frauen bewiesen, dass sie die gleichen Fähigkeiten haben wie Männer – eben die Fähigkeiten des aktiven Pols des Bewusstseins. Frauen beanspruchten aber auch in der Sexualität dieselben Rechte – dabei vernachlässigten sie jedoch, ebenso wie die Männer, allzu oft den weiblichen Pol des Körpers. Deshalb sind heute so viele Menschen von der Sexualität enttäuscht, und aus dem gleichen Grund haben wir noch immer nicht den Sprung zu einer wirklichen Erotik geschafft, die die nächste notwendige Stufe in unserer Entwicklung darstellt.

Genau genommen war die sexuelle Revolution ja eine durch und durch weibliche: Es waren vor allem die durch die »Pille« gleichsam befreiten jungen Mädchen und Frauen, die sich in den sechziger Jahren immer weniger nach alten Sitten und Tabus zu richten begannen. Der Ausbruch weiblicher Lust schuf eine völlig neue Definition von Sex, und schließlich wurde die Sexualität zu einem Spielfeld, auf dem sich die Frauen ebenso bewährten wie die Männer.

Mach zur Dienerin dir die Mondgekrönte

Erotik in der soundsovielten Potenz, Meta-Sex, Orgasmen über Orgasmen – all das erreichen wir nur, wenn wir sowohl als Männer als auch als Frauen das zutiefst Weibliche in uns kennen lernen. Das bedeutet jedoch, zuerst alle Geschlechterrollen hinter sich zu lassen.

Schließen Sie einmal für einen Augenblick die Augen, und stellen Sie sich vor, Sie wären weder Mann noch Frau, weder aktiv noch passiv.

Schon das löst ein eigenartiges Gefühl aus, weil die meisten von uns sich häufig eher aktiv verhalten. Dann beginnen Sie sich auf Ihren Körper zu konzentrieren, auf das weibliche Prinzip in Ihnen – den Palast aller Lüste dieser Welt. Erinnern Sie sich daran, dass früher einmal eine sumerische Göttin größte Lust nur denen versprach, die sich *in die Tiefe führen lassen*.

Jetzt stellen Sie sich vor, Ihr Körper wäre ein liebliches, wunderschön blühendes Tal, in das sich von allen Seiten Erotik, wahre Erotik, ergießen würde. Beim Einatmen imaginieren Sie Eros als eine Welle von Gefühl, die beim Ausatmen immer tiefer in das Tal vordringt. Sie können dieser Wonne eine bestimmte Farbe, einen bestimmten Ton oder Geruch zuordnen. Vielleicht erinnern Sie sich aber auch an den supererotischen Tastsinn, den Sie in den ersten sieben Tagen entwickelt haben, und genießen ganz einfach das Gefühl, nur Tal zu sein und mehr und mehr von Wonne erfüllt zu werden. Stress, alte Spannungen, Ärger und Ängste lösen sich auf, Ihr Körper wird immer mehr zu fließender Energie.

Strengen Sie sich dabei aber nicht an! Atmen Sie langsam und völlig natürlich, und beobachten Sie, wie Ihr Körper mehr und mehr zum Tal wird und ein Strom wahrer Hingabe durch ihn hindurchfließt. Sexualität, Ihr wahres Geschlecht, erotische oder auch pornografische Bilder in Ihrem Gehirn verschmelzen dabei mit dem wahrhaft Weiblichen. Spüren Sie die Sinnlichkeit und Sensitivität Ihres Körpers. Dann öffnen Sie die Augen und beantworten sich die Frage, was Weiblichkeit wirklich bedeutet und was Ihnen die *mondgekrönte Schlange* als feminines Symbol der Lebenskraft sagt.

Wir alle machen häufig noch immer den Fehler, im Zusammenhang mit der Revolution in unseren Betten an Fotos im *Playboy* oder an die Nackten beiderlei Geschlechts in anderen Illustrierten zu denken, aber genau genommen hat sie weit mehr bewirkt: Aus dem mehr als zweitausend Jahre alten Drama femininer Passivität und maskuliner Aktivität wurde plötzlich das gleichberechtigte Spiel ebenbürtiger Partner.

Im Zeichen dieses Spiels gewann auf einmal auch die Lust der Frau an Bedeutung und im Zeichen dieser Lust natürlich manches, das seit Menschengedenken tabu war. Man diskutierte über Vorspiel und Nachspiel, über die Zahl und die Arten von Orgasmen, über die weibliche Aktivität beim »Liebemachen«. Der nächste folgerichtige Schritt führte zum oralen Sex, dann tauchten die ersten großen Geschäfte mit allen nur möglichen Mitteln zur Steigerung der Lust auf. Heute brauchen viele als Nervenkitzel schon den Sadomasochismus, oder sie verzichten völlig auf Sex.

Wir sind also bei einem vorläufigen Schlusspunkt angelangt, wenn es uns nicht gelingt, den Kreis zu schließen und die von den Frauen initiierte Revolution auf die nächste Stufe zu heben. Auf eine neue, vergnüglichere Stufe des Feminismus; auf jene zweite Stufe des Lebensbaumes also, auf der sich der Mensch seiner Zweigeschlechtlichkeit, seiner Androgynität, bewusst ist, trotzdem aber die weibliche Hingabe als Ausgangsbasis und als bewahrende Kraft zu schätzen weiß. Diesem Feminismus muss natürlich eine neue Form der Männlichkeit zur Seite gestellt werden, die zwar alle Möglichkeiten des Denkens nützt, dabei aber nicht vergisst, dass auch im Mann der Körper das weibliche Prinzip darstellt.

Die wenigen Männer und Frauen, die diese Doppelrolle des Eros begriffen haben, waren die einzigen, die wirklich von der sexuellen Revolution profitiert haben. Sie nutzten die Freiheit, um jene Erotik zu feiern, in der die Hingabe das Alpha und Omega jeder Form von Sexus ist.

Sie gehören bis heute auch zu den ganz wenigen, die eines der größten Geheimnisse des erotischen Magnetismus zumindest erahnten: Dieser erfordert nämlich in allen Dimensionen eine Art von »Empfängnis«. Normalerweise verstehen wir unter Empfängnis etwas durch und durch Weibliches, nämlich die Fähigkeit, neues Leben zu empfangen. Zu einer solchen Art neuen Lebens aber kann es auf vielen Ebenen kommen, wenn wir nur das Geheimnis dieser weiblichen Eigenschaft in uns selbst entschlüsseln. Wenn unser Bewusstsein dem Körper vermittelt, dass er geliebt und vollkommen akzeptiert wird, so schließt sich ein Kreis zwischen Energie und Materie – ein Vorgang, der durchaus einer körperlichen Befruchtung gleichkommt. Der Körper empfängt die Botschaft und nimmt sie auf – etwas Neues kann geboren werden.

Auf genau dieselbe Art und Weise wirkt die weibliche Kraft der Hingabe und Empfängnis in unseren Gefühlen und in unserem Denken: Wenn wir bereit sind, uns auf eine Situation einzulassen, kann daraus etwas Neues entstehen. Das gelingt jedoch niemals, wenn wir mit negativen Gefühlen und Voreingenommenheit an eine Situation herangehen.

Brillante Denker sind zumeist dafür bekannt, dass sie mit völliger Offenheit an eine neue Idee herangehen. Sie nützen quasi den weiblichen Faktor, sind bereit und offen für jede Lösung; eine Haltung, die ihnen tatsächlich oftmals die beste beschert.

Die Möglichkeiten des weiblichen Pols in uns allen entdecken wir am leichtesten, wenn wir uns vorstellen, dass die Welt im Grunde nach einem durch und durch erotischen Rhythmus funktioniert. Schon an der kleinsten Amöbe kann man das Spiel von Ausdehnung und Kontraktion beobachten, das Spiel des weiblichen Öffnens und des männlichen Zusammenziehens findet aber in unserem gesamten Körper ebenso statt wie in den entferntesten Galaxien.

So wird etwa unser Blutkreislauf in Gang gehalten durch das Zusammenspiel von Systole, also der Anspannung des Herzmuskels, und Diastole, bei der sich der Muskel wieder entspannt.

Die zwei Schlangen am Lebensbaum verweisen auf dieselbe Situation in unserem Nervensystem: Wir verfügen über einen parasympathischen Zweig, der auf Wohlgefühl, Liebe und Eros eingestellt ist; der sympathische Zweig dagegen ist auf das Überleben und die Außenwelt ausgerichtet. Vor lauter Konzentration auf letzteres haben wir die *mondgekrönte Schlange* vergessen – aber nur sie weist auch auf die Dualität der Lebenskraft hin.

Ihre erste Aufgabe ist die Erhaltung des Lebens und der Gesundheit. In dieser Eigenschaft gleicht sie der in der tantrischen Tradition in den Wurzeln des Baumes, also am unteren Ende der Wirbelsäule zusammengerollten Kundalini-Schlange: Sie ruht in sich und braucht den äußeren Anreiz des männlichen Pols, um sich zu erheben. Es ist ihre latente Kraft, die die eigentliche »Schöpfungsarbeit« verrichtet: wenn sie uns gesund erhält ebenso wie wenn sie von männlicher Energie befruchtet wird.

Das Ausmaß dieser magnetischen Kraft erahnen wir, wenn wir die Möglichkeiten unseres erotischen Energieballons voll ausschöpfen und uns ganz öffnen. Eros auf seiner ersten Stufe, im Bereich einer völlig unbehinderten Sexualität, stellt jene Macht dar, die alle anderen Möglichkeiten in sich birgt. Er ist das Sprungbrett zu den brillantesten Ideen – ebenso kann es jedoch nur ihm gelingen, alles Denken auszulöschen.

In die Tiefe zu gehen birgt nämlich auch Gefahren. Der weibliche Pol des Sexus in uns, unser Geschlechtstrieb im unteren Teil des Körpers, wird nicht ohne Grund als der »Pol der Gattung« bezeichnet. Durch ihn bahnt sich die Evolution ihren Weg und garantiert so den Fortbestand unserer Art. Hier waltet der nicht zu unterdrückende Lebenstrieb, die uralte Göttin der Schlange, die sich ihren Weg den Lebensbaum hinauf sucht. Dieser weibliche Pol der Sexualität steuert die fruchtbaren Tage ebenso wie unsere Begierden. In seiner ungezähmten Form wird er oft mit der Göttin Kali, der Todesgöttin des Tantrismus, aber auch mit den alten Mondgöttinnen des Mittelmeerraumes verglichen.

Die ungesteuerte passive Sexualkraft kann nämlich sehr destruktiv wirken, vor allem, wenn sie unkontrolliert in unsere Gefühle und unser Denken einfließt.

Beobachten Sie einmal Menschen, die ihren aggressiven Gefühlen im ganz normalen Alltag freien Lauf lassen; hören Sie all jenen sehr genau zu, die immer wissen, was richtig und was falsch ist! Die Sexualkraft dringt in alle Lebensbereiche ein, und aus der einstmals bewahrenden Lebenskraft wird ohne den zweiten Pol des Bewusstseins allzu oft die Kraft der Zerstörung. Fragen Sie sich einmal, warum manche durchaus gescheiten und energiegeladenen Menschen sich immer wieder im Kreis bewegen und nur wenig zustande bringen – und warum gewisse Erfolgstypen eigentlich sehr ruhig und in sich gekehrt wirken.

Die *mondgekrönte Schlange* kann trügerisch sein. Ungezähmt macht sie uns zu einem Instrument der biologischen Fortpflanzung und lässt uns unsere Energie verschleudern; gezähmt und als *Dienerin* entschlüsselt sie uns die heilenden und bewahrenden Geheimnisse des Weiblichen. Dazu müssen wir uns allerdings unserer »doppelten« Sexualität bewusst werden, des passiven Pols der Gattung und des aktiven Pols des Individuums, der in unserem Kopf und in unserem Denken angesiedelt ist.

Es heißt also, klar denken zu lernen, die Macht der Imagination zu begreifen und gleichzeitig unseren Körper die Kraft des Eros spüren zu lassen. Genau dieser Zaubertrick aber gelingt uns, wenn wir jeden Abend erleben, wie erotisch wir sein können.

Wir fühlen dabei wieder jene Heilkraft des Eros, die seit langer Zeit viel zu tief in uns vergraben war, die als sexuelle Urenergie aber unseren ganzen Körper erfassen kann. Die Hingabe, zu der wir fähig sind, bestimmt den Grad unserer Ekstase, weil Ekstase im Endeffekt nichts anderes bedeutet als Loslassen, Freiwerden von alten negativen Gefühlen und Ängsten. Als zutiefst weibliche Energie des Sich-Öffnens wird die Sexualenergie damit auch zur Heilerin: Sie zeigt uns mit Hilfe unseres Körpers, dass Krankheit immer die Folge von »Zusammenziehen«, von Panzern und Stauungen ist. Erst wenn unsere Energien frei fließen und wir wie jede Amöbe und jeder Stern im weiblich-männlichen Rhythmus der Ausdehnung und Kontraktion schwingen, werden wir ganz gesund sein und zur zweiten Stufe des legendären Baums der Unsterblichkeit gelangen können.

Das Einmaleins des weiblichen Pols

1. *Der weibliche Pol ist die Kraftquelle in uns allen, die uns Vitalität, Gesundheit, Harmonie und Intelligenz schenkt.*
2. *Dieses weibliche »Sein« verführt immer wieder das männliche »Werden«, und von der Qualität dieses »Liebesspiels« hängen unser Magnetismus und unser Erfolg in der Außenwelt ab.*
3. *Die Anziehungskraft des aktiv-passiven weiblichen Magneten wirkt zweifach: lebenserhaltend und zerstörerisch.*

4. Als »mondgekrönte Schlange« steht der feminine Pol für die positiven weiblichen Aspekte, für die Fähigkeit sich hinzugeben, aus der eigenen Haut zu schlüpfen, sich völlig zu erneuern.
5. Als »Drache« ist der weibliche Pol vor allem in der Mythologie, aber auch in der Religionsgeschichte seit jeher ein Hinweis auf die unbewussten, verschlingenden und zerstreuenden Eigenschaften des Femininen.
6. Das Empfinden von Lust, echter Lust, ist eine der wichtigsten Fähigkeiten des weiblichen Faktors in uns und damit der Schlüssel zu vielem.
7. Diese Lust ist es, die uns empfängnisbereit macht: Sie führt aber nicht nur zu neuem biologischem Leben, sondern schafft ebenso neue Gefühle, neue Ideen und ein neues Verständnis für unseren Körper.

Die Göttinnen

Das Weibliche liegt uns also im Blut. Kaum jemand denkt jedoch bei Schönheitswettbewerben, bei der Wahl der Miss World, beim »Anhimmeln« eines Models oder Filmstars daran, dass sich die Menschheit schon immer zu »himmlischen« Frauen hingezogen gefühlt hat. Denn wie auch heute noch an der Wiege fast jeden Kindes eine Mutter steht, stand an der Wiege der Menschheit eine Muttergöttin.

Die Schöpfungsgeschichte, in der ein männlicher Gott Adam und Eva erschuf und sie dann aus dem Paradies vertrieb, ist relativ jung. Aber selbst wenn man sich nicht an die Daten ihrer Niederschrift hält, sondern an ältere Wurzeln, bleibt die Tatsache bestehen, dass Abraham, der erste Prophet des jüdisch-christlichen Gottes Jahwe, nicht vor 1800 v. Chr. geboren worden sein kann. Die Zeugnisse für die große Göttin dagegen sind viel älter; manche Forscher sprechen davon, dass Funde aus dem Jungpaläolithikum auf eine weibliche Dominanz im Himmel schon fünfundzwanzigtausend Jahre vor unserer Zeitrechnung hinweisen. Nachgewiesen aber ist heute die Vorherrschaft der Göttin seit dem siebten Jahrtausend v. Chr. Sie endete erst im Verlauf der ersten Jahrhunderte der neuen Zeitrechnung, als der Einfluss des Christentums immer weiter zunahm und die große Göttin von der jungfräulichen Himmelskönigin Maria ersetzt wurde.

Das Weibliche liegt uns aber auch deshalb im Blut, weil fast alle von uns in einer weiblichen Umgebung aufgewachsen sind. Unser erstes großes Thema war die mütterliche Nahrung und der mütterliche Schutz. Und unser zweites, drittes, viertes und weiß-nicht-wievieltes Thema betraf ebenfalls das weibliche Element. Wenn wir als Kleinkinder die Welt erforschten, war der ruhende Pol, zu dem wir zurückkehrten, die Mutter. Das erste große Geheimnis, das ein Kind lösen will, ist zumeist die Frage, wie Babys in den Bauch der Mutter und dort wieder herauskommen. Das zweite betrifft dann häufig die Zeugung, das dritte meistens den Geschlechtsverkehr. Diese Urfragen stellt noch heute jedes Kleinkind früher oder später genauso wie ehedem. Allerdings mit dem kleinen, aber wesentlichen Unterschied, dass zu Beginn der Menschheitsgeschichte auch die Betroffenen selbst wenig von den Geheimnissen des Lebens wussten. Umso rätselhafter müssen die zwei großen Ereignisse im Leben – Geburt und Tod – für sie gewesen sein. Die Geburt schrieb man am Anfang ausschließlich der Macht der Frauen zu. Auch im Himmel vermuteten die Menschen damals feminine Zeugungskräfte.

Wahrscheinlich hatte die Menschheit den Einfluss des Mondes auf das Wachstum entdeckt, und eben dieser Mond wurde zum Symbol für das weibliche Schöpfertum. In seinen verschiedenen Phasen glich er dem jungen Mädchen, der erwachsenen Frau, der werdenden Mutter und der weisen Alten – und so entstand die Vorstellung von den ersten großen Mondgöttinnen. Die babylonische Göttin Istar, eine »Nachfolgerin« der Schöpfergöttin Tiamat, war eine Mondgöttin, und auch die ägyptische Göttin Isis trug die Lichtkrone des Mondes; in Kanaan und Griechenland nannte man sie Astarte. Diese Liste ließe sich noch lange fortsetzen.

Wie mächtig der Einfluss der Verehrung weiblicher Gottheiten war, zeigt schon die Tatsache, dass die Religion lange Zeit in den Händen der Frauen lag. Die Tempelbezirke wurden von Priesterinnen verwaltet, und noch immer war das Geheimnis, das den Menschen mit dem Himmel und den Göttinnen und Göttern verband, das Geheimnis der Zeugung. Kein Wunder also, dass die Sexualität in der Religion die größte Rolle spielte – auch dann noch, als schließlich die Funktion des Mannes bei der Zeugung erkannt wurde und aus den Mondgöttinnen Mondgötter wurden. Der Geschlechtsakt galt nach allem, was wir heute wissen, als so heilig, dass er der vorherrschende Kult in den Tempeln war.

Von vielen Forschern wird dieser Sachverhalt heute noch immer eher negativ als »Tempelprostitution« umschrieben. Aber gerade beim Thema »Göttinnen und Sexualität« ist es längst erforderlich, über den ungeheuer mächtigen Schatten der letzten Jahrtausende zu springen. Wir müssen erkennen, dass uns unsere Art der Moral von einer männlich orientierten Religion aufgezwungen wurde, die zumindest in den letzten zweitausend Jahren den Einfluss der Sexualität und der Schlange in jeder nur möglichen Form bekämpft hat. Mit allen Mitteln versuchten die Schöpfer der Bibel jene Macht der Ekstase zu brechen, die für das alte Babylon und all seine Nachfolgestaaten wohl bezeichnend war. Dass dies jedoch selbst den gestrengen Hebräern nicht vollständig gelang, können wir im Alten Testament nachlesen. Darin werden die sexuell noch immer ziemlich unabhängigen Frauen als »Huren« betitelt. Dass das ganze Volk aber nach wie vor der Göttin der Leidenschaft huldigte, zeigt uns der Prophet Jeremias, der Gott den Herrn fragen lässt: »Hast du gesehen, was Israel, die Abtrünnige, getan hat? Sie begab sich auf jeden hohen Berg und unter jeden üppigen Baum und trieb dort Unzucht.«

Das Spiel aller Spiele, das Spiel der Schöpfung, war damit zur Sünde geworden – und davon haben wir uns bis heute nicht völlig erholt. Selbst die Einsicht, dass der Sündenfall, der Übergang von einer völlig unbewussten Sexualität zu einer Beherrschung des Körpers, eventuell ein notwendiger Entwicklungsschritt war, ist hier nur ein gelinder Trost.

Das Einzige, was uns helfen kann, ist, auf eine bewusste Art und Weise zur Ekstase zurückzufinden. Dabei lohnt sich ein längerer Blick auf die erotischen Riten alter Zeiten, die aufgeklärtere Forscher nicht mehr als Prostitution, sondern als »heilige erotische Rituale« bezeichnen.

Der Grundgedanke dabei scheint gewesen zu sein, dass der Eros als das heiligste Geschenk der Göttin schlechthin betrachtet wurde und man ihr daher am besten zu dienen glaubte, indem man sich selbst der Erotik hingab. Dieser Idee huldigten, wie etwa Herodot berichtet, alle babylonischen Frauen, indem sie ihre erste sexuelle Erfahrung im Tempel mit einem völlig Fremden machten. Später mochten sie dann heiraten und einem Mann treu sein – in ihrer ersten Erfahrung mit dem Eros spielten sie selbst die Rolle der Istar, die sich allen Menschen zum Geschenk gab.

Die großen Muttergöttinnen galten als diejenigen, die der Menschheit die Gabe der Fortpflanzung und des Sexus in die Wiege gelegt hatten. Im Gegenzug dazu entwickelten die Priesterinnen in Babylon, Sumer, Kanaan, Griechenland und Anatolien dann die erotischen Tempelrituale, setzten also die Sexualität als Sakrament ein.

Alte babylonische und sumerische Dokumente enthüllen uns, dass es vor allem Frauen aus begüterten, einflussreichen Familien waren, die sich in den Tempeln der Liebe hingaben und als »heilige Frauen« gerühmt wurden.

Die fremden Männer, mit denen sie verkehrten, galten als Inkarnationen des Heiligen Geistes – die Menschheit scheint also schon damals sehr wohl um die Gesetze des weiblichen und des männlichen Pols gewusst zu haben. Zudem wurde der Eros als jene Gabe gerühmt, die die sumerische Göttin Inanna den Menschen in die Wiege gelegt hatte, um sie zu zivilisieren. Die Vermutung, dass die *Ars amandi*, die Kunst des Liebens, die noch Solon pries, als er der Göttin einen Tempel errichtete, damals hoch entwickelt war, liegt nahe. Zwar gibt es nirgendwo genaue Beschreibungen der sexuellen Riten, aber es wird vermutet, dass die Priesterinnen über Rauschgift verfügten und geheime Liebestechniken einsetzten, um ihre Partner in die Ekstase des göttlichen Spiels einzuweihen.

Vom Aphrodite-Tempel in Korinth war noch im Jahre 150 n. Chr. bekannt, dass der Festtag des Adonis sexuellen Riten vorbehalten war; ebenso galt der Kult der Isis bis in frühchristliche Zeiten als der letzte Hort der uralten sexuellen Bräuche. Er wurde noch um diese Zeit als der größte Feind der jungen Kirche betrachtet; vor allem der Apostel Paulus konnte sich gar nicht genug über die »befleckende Leidenschaft der Sexualität« erregen. So wurde die ehemals heilige Sexualität zur Sünde schlechthin – und die Funktion des Eros als »Zivilisationsbringer« geriet ganz in Vergessenheit. Vielleicht hat aber auch das ekstatische Lebensgefühl, wie alles andere auf dieser Welt, seine ganz besonderen Zeiten.

Auf einem alten Rollsiegel aus Babylon kann man noch heute die Göttin Istar mit dem Schlangenzepter und der Inschrift »Herrin der Vision« bewundern. Oft wird sie auch als Prophetin gerühmt. Auf babylonischen Tafeln ist nachzulesen, dass die Priesterinnen der Istar nicht nur als Liebeskünstlerinnen, sondern auch als Prophetinnen galten. Oft frage ich mich, ob es eine von ihnen war, die im *Garten der Göttin* einen ihrer Besucher in *Die sieben Gesetze des Lebensbaumes* eingeweiht und dabei gleichzeitig in eine Zukunft gesehen hat, in der Eros zu neuen Ehren kommen würde.

Ekstatische Welten

Sich mit Hilfe eines Buches der Ekstase anzunähern ist eine schwierige Sache. Trotzdem lohnt sich zumindest ein Versuch! Versetzen Sie sich dazu einmal in die Lage einer babylonischen Priesterin. Egal, ob Sie ein Mann oder eine Frau sind: Stellen Sie sich vor, Sie wären eine Inkarnation der großen Lustgöttin Istar und würden im Tempel den heiligen erotischen Ritualen huldigen. Spüren Sie dabei dem Wort »heilig« ebenso nach wie dem Wort »erotisch«. Dann malen Sie sich »heilige Erotik« so intensiv wie möglich aus! Ein wenig später versetzen Sie sich in die Lage eines männlichen Besuchers, der die Rolle des heiligen Geistes, des befruchtenden Prinzips, spielt. Auch als dieser Besucher sind Sie sich der Heiligkeit des Ritus und der Ekstase bewusst.

Sie wissen, dass in diesem Mysterium des Lebens die ganze Schöpferkraft in Sie hineinfließt – und dass diese Kraft die Kraft der Ekstase ist.

Dann öffnen Sie die Augen und stellen sich den Unterschied zu der Flut an Sexualität in unseren Filmen und Werbespots vor, zu Ihrer eigenen Sexualität, aber auch zu der Art des Sexus, die uns noch immer von den Kanzeln der Kirchen gepredigt wird. Der Unterschied liegt nicht nur darin, dass die eine Art des Sexus gleichsam »elektrischer«, nach außen fließender Natur und mit Schuld beladen ist, während Ihre Imagination nach innen floss, sozusagen »magnetisch« und noch dazu heilig war – der Unterschied liegt auch in der einfachen Tatsache, dass Sie ganz auf die eigene Lust konzentriert waren.

Normalerweise jagen wir zumeist der Lust, den verschiedenen Lüsten des Alltags, so intensiv nach, dass wir dabei die einfache Lust völlig verlernt haben. Dabei könnte allein die Existenz unseres Körpers die reinste Ekstase sein. Aber die meisten von uns haben nie gelernt, diesen Körper zu lieben. Wir tun zwar alles Mögliche, um ihn schön und begehrenswert zu erhalten, wir stecken viel Geld, Zeit und Lust in sein Aussehen, aber so richtig glücklich fühlt sich kaum jemand in seinem Körper.

Ekstase aber erfordert einen völlig entspannten Körper, einen Körper, der sich so akzeptiert, wie er ist. Darum können wir uns den ekstatischen Körper einer babylonischen Priesterin oder eines Liebhabers der Istar zumeist beinahe besser vorstellen als unseren eigenen. Dabei hatten wir alle schon einmal ein völlig ekstatisches Körpergefühl. In jedem Kind fließt die Sexualenergie noch völlig ungehindert. Dies macht Kinder so offen, so lebendig, so aufnahmebereit und so liebebedürftig. Keine Gedanke sagt ihnen, dass sie vielleicht nicht ganz so schön oder anziehend sind, noch wissen sie nichts von Schuld und Scham – und auch Angst und Reue werden ihnen erst allmählich anerzogen.

Zumindest die frühesten Jahre der Kindheit verkörpern also zumeist das Paradies vor dem Sündenfall, den Baum des Lebens ohne das Naschen von der Frucht der Erkenntnis. Wenn wir Kinder beobachten, sehen wir, wie tief sie noch in sich selbst verwurzelt sind: Kinder atmen aus dem Bauch und leben aus diesem Bauch heraus – sie sind ihr eigenes Zentrum.

Aus diesem Zentrum hat uns die Schlange, die zu den »Früchten des Wissens« aufstieg, vertrieben; sie weist uns aber auch den Weg zurück. Sie sagt uns, dass wir uns auf der zweiten Stufe des Lebensbaumes wieder *in die Tiefe führen lassen* müssen, zurück zu jener tiefen Verwurzelung im Nabel, die auch die eigentliche Faszination von Sex ausmacht.

Das Geheimnis dahinter ist eigentlich offensichtlich: Die Energie im Nabel, dem Lebenszentrum schlechthin, das man in Asien seit Jahrtausenden als Hara bzw. Chi-Zentrum oder auch als »Tor des Lebens« kennt, entfacht die sexuellen Energien, die dann wieder durch den ganzen Körper aufsteigen können. Darum finden wir alle Sex so faszinierend – jene Erfahrung, die sich dem Denken entzieht, uns aber trotzdem zutiefst mit dem Leben in uns verbindet.

Gleich dem Lebensbaum ist unser Körper ein phantastisches Gefährt, in das Lebenskräfte von oben einströmen und von unten aufsteigen. Mit Hilfe des Atmens nehmen wir Lebensenergie aus der Luft auf. Sie trifft auf unsere Sexualenergie und fließt, wenn wir sie nicht behindern, wieder zurück in unseren Bauchraum. Dabei entsteht jene Energie, die Kinder so lebendig macht, die uns wachsen lässt und heilen kann. Es ist dieselbe Energie, die uns bei phantastischem Sex vibrieren lässt, die unseren Körper überschwemmt und uns vitaler als zuvor zurücklässt.

Übungs-Zyklus: Atem und Energie

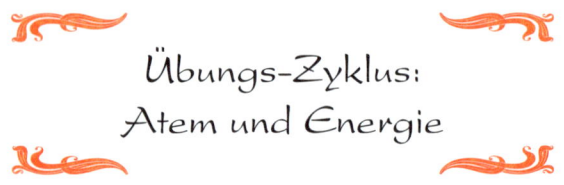

Die folgenden Übungen für die nächsten sieben Tage sind zwar auf dem Gesetz des weiblichen Pols aufgebaut, *in die Tiefe* werden sie Sie aber nur *führen*, wenn Sie sie für sich selbst interpretieren und nach Ihren Bedürfnissen auslegen. Wie in vielen anderen Geheimlehren der Erotik geht es dabei ums Atmen. Grundvoraussetzung bleibt – wie für die ersten und alle späteren Übungen – Ihr Lustballon.

Erster Tag:
Energie geht nicht verloren

Stellen Sie sich Ihren Lustballon heute Abend zu Beginn des neuen Siebener-Zyklus wieder einmal so intensiv wie möglich vor. Wenn Sie darin dann vor Wonne so richtig zerschmelzen, machen Sie sich eine physikalische Erkenntnis klar: Energie kann nicht verloren gehen. Ob Sie Ihre sexuelle Energie nun nach außen abfließen lassen, sie bei wahllosem Sex oder innerhalb der ganz alltäglichen Hektik verschleudern – Energie geht niemals verloren. Allerdings können Sie diese Energie auch »sammeln«; sie kann Sie nähren, heilen, Sie zu einem »Sex-Magneten« ganz besonderer Art werden lassen.

Wenn Sie das in vollem Ausmaß begriffen haben, stellen Sie sich so bildlich wie möglich vor, wie Ihr Lustballon Ihren physischen Körper mit Energie und Licht nährt, ihn neu und gesünder aufzubauen beginnt und Ihr gesamtes Nervensystem streichelt. Erinnern Sie sich an die Übungen des ersten Zyklus: Füllen Sie den Lustballon wie ein kostbares Bankkonto mit immer mehr Lust und Liebe; riechen, tasten, schmecken, hören und sehen Sie Wonne und Ekstase.

Dann stellen Sie sich in Ihrem Inneren einen »Gefühlskörper« vor. Er hat die gleiche Form wie Ihr äußerer Körper, er bewegt sich genauso wie dieser – und jetzt nimmt er das Licht und das Gefühl von Lust und Liebe ebenso auf wie sein äußeres Pendant. Während des Tages stand dieser Körper unter dem Einfluss des Denkens, und schon deswegen breiteten sich Angst, Schuldgefühle, Widerstand und Zorn, die wir seit unserer Kindheit in uns tragen, tief in seinem Inneren aus. Normalerweise steht uns dieser imaginäre Körper mit seiner abwehrenden und verkrampften Haltung nicht nur zur Verfügung, wenn wir wirklich einmal kämpfen müssen; er begleitet uns immer, steigt auch mit uns ins Bett, ist sogar bei der liebevollsten Geste und der sehnsüchtigsten Begegnung gegenwärtig.

Diese alten Frequenzen der Abwehr und Negativität in unserem Körper lösen sich nicht durch Wissen auf; sie schmelzen aber dahin wie Schnee in der warmen Sonne, sobald Licht darauf fällt und der Körper sich in Ihrem Lustballon an das Geliebt-Werden und an die Natürlichkeit erotischer Gefühle gewöhnt hat.

Baden Sie also bis zum Einschlafen weiterhin in Ihrer ganz persönlichen Form von Ekstase, genießen Sie die neuen Fähigkeiten Ihrer Sinne, und freuen Sie sich darüber, wieder einmal *Meister und Geliebte* in einer Person zu sein.

Am nächsten Morgen versuchen Sie sich an diesen neuen und lichteren Körper zu erinnern; lassen Sie eine Viertelstunde vor dem Aufstehen die Energie zwischen sich und Ihrem Ballon kreisen – sozusagen als Erinnerung an den alten Siebener-Zyklus und als Vorspiel zum neuen.

Zweiter Tag:
Atem als Lebenskraft

Als Kinder hatten wir alle ein völlig ekstatisches Körpergefühl.

Was können wir also tun, um dieses durch und durch erotische Körpergefühl zurückzubekommen, das das Naturrecht unserer Kindheit war? Die Antwort darauf haben Sie sich in der vergangenen Nacht bereits selbst gegeben: Ihr »Zauberstab« war ganz einfach jene natürliche Offenheit und Hingabe, auf die Ihr Körper so lange verzichten musste.

Auch am zweiten Abend versetzen Sie sich wieder in die liebevolle und erotische Atmosphäre Ihres Energieballons. Dann üben Sie mindestens fünf Minuten lang das Einatmen von Liebe und Energie – so lange, bis Ihnen anhand der eigenen Gefühle bewusst wird, dass Sie mit Hilfe dieser leichten Übung dem Körper jene höhere Frequenz des Eros zurückgeben können, die vor der Vertreibung aus einem kindlichen Paradies unser aller Lebensrecht war.

Nach einer Zeit der Eingewöhnung beginnen Sie Ihren Atem zu beobachten. Behalten Sie das Gefühl der Wonne bei, und nehmen Sie einfach das Heben und Senken Ihres Bauches beim Ein- und Ausatmen wahr. Verändern Sie nichts an Ihrem Atem, beobachten Sie ihn nur so lange wie möglich. Denken Sie daran, dass der Atem als die Lebenskraft schlechthin gilt und dass das Einatmen zum aktiven männlichen Pol gehört und das Ausatmen zum passiven weiblichen. Diese Polarität hängt auch mit dem sympathischen und dem parasympathischen Nervensystem zusammen – die beiden Schlangen des Lebensbaumes finden sich also auch hier. Dann aber vergessen Sie all dies und fühlen nur noch Ihren Atem und die Lebenskraft, die er Ihnen schenkt.

Wenn Sie dann am nächsten Morgen in Ihrem Lustballon aufwachen, tun Sie ebenfalls nichts anderes: Schenken Sie einmal in Ihrem Leben dem Atem Ihre ungeteilte Aufmerksamkeit.

Dritter Tag:
Hedonistisches Atmen

Erinnern Sie sich noch an die *Stumpfheit des Fleisches* in der ersten Strophe der Gesetze des Lebensbaumes? Und an die *himmlische Tafel*, die *strahlend machen* sollte?

Nach den ersten neun Übungstagen mit Hilfe der Tafel können Sie bereits etwas, von dem Sie vor gar nicht so langer Zeit noch keine Ahnung hatten: Sie können zwischen *strahlend* und *stumpf* unterscheiden, Sie nehmen wahr, wenn Sie selbst oder andere Menschen energiegeladen, ekstatisch und kreativ sind.

Am dritten Abend des zweiten Zyklus gehen wir einen Schritt weiter. Wir nähern uns jetzt dem Bereich des berühmten *Pranayama* der Yogis und Sexualmagier. Dieses altüberlieferte »Wissen vom Atmen« gehört zum »Geheimnis der Geheimnisse« des Tantra und der Esoterik überhaupt. Wir nehmen dieses Geheimnis aber auf die erotische und damit etwas leichtere Schulter. Da es zu den Grundvoraussetzungen dieses Buches gehört, dass wir uns nicht anstrengen, dafür aber alles genießen wollen, nennen wir es ganz einfach »hedonistisches Atmen« und erfreuen uns daran. Atemübungen setzen nämlich häufig einen Meister und bestimmte Regeln voraus. Dem entkommen wir jedoch, indem wir uns darauf verlassen, dass wir in unserem Lustballon selbst der Meister sind und dass möglichst genussvolles Üben uns auch genau das Richtige tun lässt.

Begeben Sie sich also wieder einmal in Ihr Lustgefährt, fühlen Sie sich darin so wohl wie möglich – dann beginnen Sie mit dem hedonistischen Atmen. Stellen Sie sich dabei die Luft als eine fühlbare, sehr zarte Energie vor, und lassen Sie das Einatmen zum Vorspiel werden, das Ausatmen zu einem Orgasmus.

Reglementieren Sie dabei weder die Zeit noch die Luftmenge!

Öffnen Sie sich nur beim Aufnehmen der Luft, und lassen Sie sich beim Ausstoßen bildlich in das tiefe Tal eines Orgasmus fallen. Normalerweise sprechen wir vom »Gipfel« der Lust und vergessen dabei, dass wir uns dazu eben fallen lassen müssen. Also Einatmen, Ausatmen – Vorspiel, Orgasmus. Üben Sie dies so lange, bis Ihr Körper gesättigt ist von winzigen Atmungsorgasmen. Strengen Sie sich dabei aber keinesfalls an, genießen Sie nur!

Am nächsten Morgen achten Sie ganz genau darauf, wie bereit jeder Teil Ihres Körpers zu glückseligen Schwingungen ist, wenn Sie nur ein klein wenig orgastisch atmen.

Vierter Tag:
Licht einatmen, Dunkelheit ausatmen

Am vierten Abend stellen Sie sich, nachdem Sie sich so richtig in Ihren Lustballon eingeschwungen haben, einmal die Frage, was Sie da völlig allein in Ihrem Gefährt eigentlich betreiben: Sex oder Erotik?

Lassen Sie sich bei der Antwort Zeit! Denn inmitten all des Lichts um Sie herum werden Sie bald selbst spüren, dass diese Frage überflüssig wird, sobald der Körper immer öfter zu einem Tempel wird, in dem alles und jedes erotisch ist.

Dann beginnen Sie mit dem hedonistischen Atmen. Wenn Sie sich so richtig darauf eingeschwungen haben, dass jedes Einatmen ein wunderschönes Vorspiel und jedes Ausatmen ein kleiner Orgasmus ist, stellen Sie sich vor, Ihr Nabel wäre eine Lotosblume, die ebenso hedonistisch atmet. Die Blütenblätter öffnen und schließen sich dabei ganz sanft, und diese orgastische Form des Atmens massiert Ihren ganzen Unterleib. Öffnen, Schließen – Vorspiel, Orgasmus. Ihr Bauchnabel ist eine wunderschöne Lotosblume, die immer mehr Gefühle wahrnimmt, immer mehr genießt.

Sobald Sie ein Gespür dafür entwickelt haben, lassen Sie in Ihrer Imagination die Blütenblätter alles Gute und Helle einatmen, und beim Ausatmen fließt alles Dunkle – alle Ängste und jedes Übel – aus Ihnen heraus.

Diese Reinigungsübung macht Sie am nächsten Morgen fit und munter – sie bewährt sich aber auch immer dann, wenn Sie tagsüber zwischendurch einmal wütend oder ängstlich werden.

Fünfter Tag:
Hedonistisches Atmen im Vierer-Rhythmus

Am fünften Abend lernen Sie, den Genuss des einfachen hedonistischen Atmens noch ein wenig auszudehnen. Nach dem üblichen Einschwingen in Ihre Lustkuppel stellen Sie sich dabei einfach vor, jetzt Erotik in höchster Potenz zu betreiben. Beginnen Sie mit dem Einatmen als genussvollem Vorspiel und mit dem Ausatmen als Mini-Orgasmus. Dann aber stellen Sie sich nicht nur vor, nach dem Mini-Orgasmus ein wenig innezuhalten, sondern legen auch nach dem Einatmen eine winzige Pause ein – geben Sie dem Vorspiel also ebenfalls ein wenig Zeit, sich zu entfalten.

Im Klartext sieht das so aus: Sie öffnen sich, stellen sich außerhalb von sich, draußen in Ihrem Lustballon, die begehrenswerte Luft vor, dann atmen Sie ein und genießen dieses Vorspiel einen Moment, bevor Sie wieder ausatmen und auch den Mini-Orgasmus einen Augenblick lang auskosten. Dann heißt es sich wieder öffnen für das nächste Vorspiel.

Die fünfte Übung bringt uns dem echten Pranayama noch einen Schritt näher. Normalerweise laden wir uns mit mehr Energie auf, wenn wir das Einatmen betonen; legen wir mehr Wert auf das Ausatmen, wirkt dies entspannend. Beim Pranayama werden jedoch die Pausen zwischen dem Aus- und Einatmen betont. Dies dient der Kontrolle der Lebenskraft, außerdem wird der Körper so energetisch aufgeladen, die Aufmerksamkeit wächst, die Zellen werden mit Sauerstoff versorgt – und dabei verändern sich auch unsere Gefühle.

Falls Sie nicht zu der raren Sorte der Atemkünstler gehören, verstecken Sie diese Erklärung jedoch irgendwo in Ihrem Hinterkopf und genießen Sie nur! Genießen Sie einfach das Einatmen und Ausatmen, und machen Sie nach dem Vorspiel ebenso eine winzige Pause wie nach dem Orgasmus. Aber dies können Sie ohnehin Ihrem Körper überlassen, der innerhalb der genussvollen energetischen Sphäre ganz sicher den richtigen Rhythmus finden wird.

Allerdings sollten Sie am Anfang das vierphasige hedonistische Atmen in Zukunft auf den Morgen beschränken und am Abend vorerst beim Zweier-Rhythmus bleiben. Pranayama kann uns ungeahnt viel Energie verleihen – und selbst wenn man noch weit davon entfernt ist, diese Kunst voll und ganz zu beherrschen, will man ja schließlich schlafen.

Sechster Tag:
Energie speichern im Nabel

Am sechsten Abend fragen Sie sich nach den ersten fünf Minuten des Einübens, in welchem Maß sich in den letzten beiden Wochen wohl die Schwingungen Ihres Gefühlskörpers bereits erhöht haben. Stellen Sie sich ganz einfach seine Strahlung vor vierzehn Tagen vor und die Strahlung am Ende des zweiten Übungs-Zyklus.

Dann beginnen Sie, so leicht und so hedonistisch wie möglich zu atmen und konzentrieren sich völlig auf Ihren Bauchnabel. Versuchen Sie nichts zu denken, seien Sie ausschließlich Ihr Bauchnabel, der als Lotosblume das Licht Ihres Energieballs anzieht. Ihr ganzer Atem wird zu einem Einsaugen von Energie aus Ihrer Mitte heraus, zu einem lustvollen Anhalten und Ausatmen. Sie sind eine Blume und genießen es völlig, nur Öffnen und Zusammenziehen zu sein. Gehen Sie dabei vom einfachen hedonistischen Atmen zum Viereratmen über, lassen Sie sich auch als Blume nach dem Einatmen einen Moment Zeit und genießen Sie nach dem Ausatmen den Orgasmus ebenfalls noch einen winzigen Augenblick länger als zuvor.

Dann stellen Sie sich beim Zusammenziehen vor, wie die Energie wie eine Spirale in Ihren Bauch eindringt. Unser Unterleib ist eine Art »Speicherbatterie« für Lebenskraft, und je genussvoller Sie diese Energie in sich aufnehmen, umso tiefer dringt sie in alle Bereiche Ihres Körpers vor.

Diese Energie können Sie am nächsten Morgen intensivieren. Stellen Sie sich bei allen Übungen am Abend eher eine liebevolle, einschläfernde Energie vor, erhöhen Sie aber am nächsten Morgen die Frequenz.

Siebter Tag:
Energie im ganzen Körper verteilen

Wie üblich ist die siebte Übung eine Zusammenfassung aller vorhergehenden und zugleich die Quintessenz des zweiten Gesetzes des weiblichen Pols. Wir lassen uns in unserem Energieballon diesmal nämlich tatsächlich *in die Tiefe führen* und stellen uns während des hedonistischen Atmens vor, wie uns der Genuss des Öffnens und Schließens, des Vorspiels und der darauffolgenden Orgasmen immer mehr zum Tal werden lässt. Sinken Sie noch weiter in Ihren Bauchnabel hinein, werden Sie immer offener und gelöster – so lange, bis Sie das Gefühl haben, gleichsam »auseinander zu fließen«.

Dann verteilen Sie im Geist die Energie: Stellen Sie sich Strahlen vor, die sich von Ihrem Bauchnabel, aber auch von Ihren pulsierenden Genitalien, von Ihrem gesamten Unterleib aus in alle Richtungen ausbreiten und Ihren ganzen Körper mit Licht und Energie versorgen. Von Ihrem Körper strahlt diese Energie zurück zu Ihrem Lustballon, der Ihnen das Licht wiederum reflektiert. Jede Bewegung, jeder Atemzug wird zur Ekstase, und Sie erleben ein wahres »Feuer der Sinnlichkeit«, das Ihnen ganz allein gehört und das Sie jederzeit wieder schüren können.

Am nächsten Morgen lassen Sie dieses Feuer aber angesichts des Arbeitstages, der auf Sie wartet, lieber nur schwach glühen. Denken Sie daran, dass Sie durch diese Übungen bereits einen ziemlich starken sexuellen Magnetismus entwickelt haben – laufen Sie aber nicht gleich los, um diese neue Kraft sofort wieder zu verschwenden. Genießen Sie sie lieber, indem Sie sie in Ihrer Vorstellung immer wieder in Ihrem ganzen Körper verteilen. Sexuelle Gefühle im Unterleib sind wir alle gewöhnt, durch und durch erotische Hände oder Augen jedoch kennen nur noch wenige. Diese erotische Selbstgenügsamkeit gleicht dem »Alphaismus« in der Sexualmagie, der auf den ersten Stufen der Einweihung strenge Enthaltsamkeit fordert. Nicht einmal in Gedanken sollte man sich in dieser Phase vom Sexus verführen lassen.

Dass sich die Eingeweihten in die Künste des Lebensbaumes so strenge Regeln auferlegten, mag bezweifelt werden. Schließlich lautete die einzige Regel auf der zweiten Stufe einer möglichen babylonischen Einweihung nur, sich so weit wie möglich auf die Tiefen und Geheimnisse des Weiblichen in uns einzulassen. Dass wir dabei für einige Zeit ausschließlich unsere eigenen sexuellen Quellen anzapfen sollten – jene Schlange, die *in die Tiefe führt* – versteht sich aber von selbst.

Zusammenfassung

Im Garten der Göttin wandelt er, der die Geheimnisse der Götter hütet ... Viele von uns haben am Morgen nach dem zweiten Übungs-Zyklus vielleicht bereits mehr als eine Ahnung davon, was mit dem *Garten der Göttin* und den *Geheimnissen der Götter* gemeint gewesen sein könnte. Der *Garten* könnte durchaus der »innere erotische Körper« sein, jener »Astralkörper«, der schon immer als Ziel aller Meta-Sex-Bewegungen galt; und eines der *Geheimnisse der Götter* war vielleicht das Wissen um die ungeheure dynamische Macht des weiblichen Pols in uns.

Alles – Lust, Leidenschaft, Liebe, Gefühle und Denken – basiert auf der Energie unseres Körpers, nur haben wir diesen *Garten der Göttin* oftmals noch gar nicht entdeckt. Für all jene aber, die in den letzten Tagen bereits recht erfolgreich in diesem *Garten gewandelt* sind, hier in Stichworten noch einmal die einzelnen Übungen des zweiten Siebener-Zyklus, die Sie aber der Übersicht halber auch in einer Tabelle am Ende des Buches finden:

1. Tag: Energie geht nicht verloren
2. Tag: Atem als Lebenskraft
3. Tag: Hedonistisches Atmen
4. Tag: Licht einatmen, Dunkelheit ausatmen
5. Tag: Hedonistisches Atmen im Vierer-Rhythmus
6. Tag: Energie speichern im Nabel
7. Tag: Energie im ganzen Körper verteilen

Das dritte Gesetz:

Der männliche Pol

*Sonnengekrönt
grüßt der zweite
Schlangengott.
Seine Weisheit
verbindet Höhe und Tiefe
und öffnet das Haus
des Lernens.*

Und öffnet das Haus des Lernens. Kaum jemand denkt beim Thema Sex an ein grenzenloses ekstatisches Gehirn, dem es gelingen kann, alles und jedes mit Erotik aufzuladen. Aber auch die Frage, was Ekstase nun wirklich bedeutet, stellen sich nur die wenigsten.

Vielleicht ist Ihnen in den letzten Tagen mit Hilfe der *mondgekrönten Schlange* jedoch bewusst geworden, dass Ekstase sich nicht auf einen einzigartigen Höhepunkt beschränkt, sondern ein Lebensgefühl beinhaltet, das alles durchdringt. Ekstase ist das Gefühl der Amöbe, wenn sie sich zusammenzieht und ausdehnt, wie auch das Gefühl eines Sterns beim Pulsieren. Ekstase ist der Rhythmus unserer Geschlechtsorgane, wenn immer mehr Blut hineinfließt und sich ihr Vibrieren auf unseren gesamten Körper überträgt. Ekstase ist Auf und Nieder, Ausdehnen und Zusammenschrumpfen, ist Tal und Berg. Ekstase bringt die Energie im Körper so ins Fließen, dass wir aus Licht und Klang und nicht mehr aus fester Materie zu bestehen scheinen. Ekstase geschieht, wenn unser Gefühlskörper plötzlich hell und leicht wird und sich zu jenem erotischen Körper entwickelt, der seine Energien ebenso nach innen wie nach außen abstrahlt.

Der Grundstein für diese Ekstase ist die *mondgekrönte Schlange*, der weibliche Pol, feminines Sich-Hingeben, Sich-Öffnen. Ins Rollen gebracht, gelenkt und überwacht wird die Ekstase jedoch von der *sonnengekrönten Schlange*, vom männlichen Pol in uns allen, dem Gehirn. Es ist dieses Gehirn, mit dem wir Enthusiasmus, Elan und Optimismus »programmieren« können – ebenso aber Sinnlichkeit, Lust und Leidenschaft. Ekstase ohne ein Gehirn, das das Entzücken wahrnimmt, ist der perfekte Rhythmus der Natur, das Zusammenspiel von Welten – aber nicht jenes ekstatische »Erkennen«, das die vollkommenste Form von Erotik begleitet.

Dazu gehört jedoch das Wissen, dass eigentlich das Gehirn *das* erotische Organ schlechthin und damit auch unser größtes Sexualorgan ist; ein Wissen, das sich in letzter Zeit zwar mehr und mehr offenbart, das aber trotzdem noch immer eines der letzten Geheimnisse unserer Zeit zu sein scheint. So wie die Geheimnisse des *Hauses des Lernens* einstmals wohl nur wenigen bekannt waren, so gibt es auch heute nur wenige Menschen, die ihr »Denkwerkzeug« nicht allein als solches gebrauchen, sondern es auch dazu einsetzen, die Weisheit der Tiefe, die Lust, zu suchen.

Als magischer Zauberstab, der den eigenen Körper in Ekstase versetzen kann, gleicht das Gehirn in gewisser Weise dem majestätisch aufgerichteten Phallus, den Anhänger der alten Religionen des vorderen Orients bei ihren Riten einst feierlich durch die Straßen trugen. Damals verstanden die Menschen dies als Huldigung an die männliche Schöpferkraft. Allerdings war dieser Phallus kein gewöhnlicher, sondern das zuerst zerstückelte und später wieder zusammengesetzte Glied des Osiris. Für die Eingeweihten symbolisierte er somit eine völlig neue Form der Sexualität: jene *sonnengekrönte*, die immer wieder zeigt, in welchem Maß unsere ganz persönliche erotische Ausstrahlung von unserem Denken bestimmt wird.

Stellen Sie sich irgendeine erotische Handlung ohne den »Zuschauer« in Ihrem Kopf vor! Lassen Sie vor Ihren Augen die ekstatischste Handlung ohne das Gehirn als »Begleiter« auftauchen! Sie zerfällt zu einem Häufchen Asche, kann eigentlich gar nicht stattfinden. Denn es ist das Denken, das unsere Lust ins Leben ruft, sie schürt und zur hoch auflodernden Flamme machen kann. Um dieses Denken selbst so lustvoll wie möglich zu gestalten, wurde es einstmals in den Mysterien tatsächlich zerstückelt und dann wieder neu zusammengesetzt, wie uns das folgende Kapitel über die magische Kraft der Götter und göttlichen Helden zeigen wird.

Uns genügt es inzwischen, eine Stufe über das normale Denken hinauszugehen und so tatsächlich *Höhe und Tiefe zu verbinden*. Denn das Hinaufsteigen in den Baum des Lebens bleibt uns ohnehin nicht erspart. Gerade in Sachen Sexualität sind wir gleichsam in der Rolle eines Bergsteigers, der bereits ein langes Stück an einer steilen Wand emporgeklettert ist, jetzt aber an der Wand hängt und nicht recht weiß, wo der Weg weitergeht. Zu der eher »tierischen« Form der

Vergangenheit können wir nicht mehr zurückkehren. Auch das ausufernde Treiben der sexuellen Revolution hat inzwischen all seinen Reiz verloren. Also bleibt uns nur der Weg zum Gipfel, zu einer neuen Vision von Lust und Eros.

Sonnengekrönt grüßt der zweite Schlangengott

Sonnengekrönt – genau das ist das Feeling, das viele von uns überkommt, wenn wir unseren Körper in einer der neuen Sportarten als eine Art ganz besonderes Verzückungsinstrument begreifen. Es ist das Aufleuchten in unseren Augen, wenn uns bewusst wird, dass wir auf eine neue und viel freiere Art denken als unsere Vorfahren.

Viele von uns ahnen es heute: Es wird Zeit, dass wir endlich etwas zu unserem Vergnügen tun. Seitdem die biblische Schlange zum Kriechen auf dem Bauch verurteilt wurde, gebären wir nicht nur unter Schmerzen, sondern führen insgesamt ein sehr schmerzhaftes Leben. Keine Ahnung mehr von wohligem Körper-Wissen, von der Kunst, Liebe und Begeisterung zu verspüren – geschweige denn sie zu leben. Dabei gibt es tief in uns allen ein ursprüngliches Paradies, an das jeder Orgasmus nur eine entfernte Erinnerung ist: Wir können »tausend Küsse tief gehen«, wir können weit in ein Tal der Erotik hinabsteigen, ganz zu einem Tanz, ganz zu einer Umarmung werden.

Schließen Sie für einen Moment die Augen, machen Sie die Probe aufs Exempel: Tanzen Sie den Tanz aller Tänze, werden Sie zur schönsten Umarmung der Welt. Gehen Sie ganz in dem Tanz oder in der Umarmung auf, beobachten Sie dabei aber Ihre Gefühle. Vor allem lassen Sie die Lust von Ihrem Körper in Ihr Gehirn strömen. Genau dies ist die *sonnengekrönte Schlange*, nämlich Meta-Sex! Wir verspüren alle Lust; sind wir uns der Fähigkeit des Hingebens und Schmelzens aber auch bewusst, verteilen wir die Energie über den ganzen Körper.

Als nächsten Schritt stellen Sie sich vor, Sie wären in dem Spiel der passive feminine Teil, der Tanz ohne Tänzer, die Umarmung ohne Umarmenden. Die Phantasievollsten unter den Meta-Sex-Künstlern erfinden übrigens längst ähnliche neue Lustspiele, bei denen einmal der eine Partner völlig passiv bleibt, dann der andere. Natürlich wird auch der aktive Part genossen. So wie Sie jetzt vielleicht den Spieß umdrehen und ganz zum männlichen Pol werden. Werden Sie der Tänzer, umarmen Sie, genießen Sie aber weiterhin das Gefühl der Zentriertheit. Vielleicht können Sie dann erahnen, warum vor Tausenden von Jahren jemand davon sprach, dass *die Weisheit eines sonnengekrönten Schlangengottes Höhe und Tiefe verbindet*.

Wir stehen heute an einem ähnlichen Wendepunkt der Geschichte wie einstmals die Menschen, als ihnen die Rolle des Mannes bei der Zeugung bewusst wurde. Damals war es das Erkennen der biologischen

Rolle des Phallus, das die Macht der großen Muttergöttinnen brach und die ersten männlichen Götter im Himmel erscheinen ließ. Heute beginnen wir den Prozess der geistigen Zeugung zu begreifen: Unser Gehirn ist der Schöpfer, der darüber bestimmt, wie hingebungsbereit, wie lustvoll und sinnlich das weibliche Prinzip des Körpers ihm antwortet.

Diese »gegenpolige« Energie begegnet uns nicht nur im ureigensten Wechselspiel zwischen Gedanken, Gefühlen und Empfindungen – sie steht auch hinter dem ersten und einfachsten Gesetz des Spiels zwischen den Geschlechtern. Männer leben auf, sobald eine Frau in ihren Kreis tritt, Frauen geben sich um einiges reizvoller, wenn ein Mann in ihrer Umgebung auftaucht. Bis heute haben wir jedoch nur wenig Erfahrung mit all den erotischen Kräften in uns; wir wissen kaum etwas über den Austausch von Energien und so gut wie gar nichts davon, dass wir unsere Liebhaber und Liebhaberinnen gemäß unserem eigenen Energiepegel anziehen.

Viele von uns träumen von himmlischem Sex und wundervollen Partnern, stehen aber selbst noch auf der Stufe einer ziemlich irdischen Sexualität. Der wohl einzige Trost, der uns bleibt, liegt in dem Gedanken, dass die Entwicklung des Menschen niemals abgeschlossen ist, dass er sich auf einem Weg befindet, der ihn weiter und weiter führt. Ebenso steht es mit der Erotik: Auch sie ist bis heute nur bis zu den Gedanken des Menschen vorgedrungen – und diese waren in den letzten zweitausend Jahren nicht die besten. Denn ein Gehirn, das sich alle Sinnlichkeit und alle Möglichkeiten der Welt ausmalen darf, arbeitet ganz anders als eines, das mit Schuld, Angst und strengen Tabus belastet ist. Dieses denkt nicht nur begrenzter, es leitet auch »falsche« Gefühle und Empfindungen an den Körper weiter.

Sie brauchen dazu nur die Probe aufs Exempel zu machen: Denken Sie an das Wort Scham, und achten Sie dabei auf die Empfindungen in Ihrem Körper; dann erinnern Sie sich an die ersten zwei Siebener-Zyklen von Übungen, die dazu gedacht waren, uns jenes Gefühl des Geliebtwerdens und der Wonne zurückzugeben, das uns die Scham nahm. Eros bedeutet Öffnen, rückhaltlose Lebendigkeit des Bewusstseins – Scham dagegen verursacht jenes Verschließen, Erstarren und Zurückziehen, das die meisten Probleme der Menschheit in der vergangenen Epoche kennzeichnet. Der männliche energetische Pol in uns allen, das Bewusstsein, wurde dabei zu einem strengen Wächter über den weiblichen Pol gemacht. Die *mondgekrönte Schlange*, die Weisheit des Körpers und seine Fähigkeit zur Ekstase, gerieten völlig in Vergessenheit, und eine zu lange Epoche hindurch wurden die Menschen zu Fremden im eigenen Land gemacht.

Als ich an dem *sonnengekrönten zweiten Schlangengott* herumzurätseln begann, hatte ich einen eigenartigen Traum: Eine riesige Schlange, in deren Rachen ein Fernsehapparat eingebaut war, verwandelte sich plötzlich in einen riesigen Fernsehapparat, in dem eine winzige Schlange vor sich hinzüngelte.

Ein wenig später blätterte ich auf der Suche nach alten sumerischen und babylonischen Texten im Gilgamesch-Epos, einer der ältesten Überlieferungen der Menschheit. Wie die Genesis beginnt dieser Text mit der Trennung von Himmel und Erde, also mit der Polarisierung des männlichen und weiblichen Prinzips. Zugleich wird der Eros in der Mitte zwischen Materie und Geist erschaffen. Dieser wird dort nämlich ebenfalls inmitten einer Art Baum des Lebens angesiedelt: in einer Eiche, die die sumerische Göttin Inanna in ihrem heiligen Garten in Uruk pflanzt. Als diese Eiche dann herangewachsen ist, stellt sich heraus, dass in ihren Wurzeln und in ihrem Stamm eine nicht zu bezwingende Schlange haust, in ihren Wipfeln aber der göttliche Sturmvogel Anzu. Gilgamesch erschlägt schließlich die Schlange und fällt den Baum, dabei entkommt ihm jedoch der göttliche Vogel.

Diese sumerische Dichtung erinnerte mich nicht nur an die Verfluchung der Schlange und die Vertreibung aus dem Paradies in der Bibel – sie machte mir auch den Zusammenhang zwischen der Schlange in meinem Traum und dem Fernseher als Symbol für das Informationszeitalter deutlich. All unser Wissen, unsere Bilder von der Welt – das »Fernsehprogramm«, das ununterbrochen in unserm Kopf abläuft – haben ihre Wurzeln in der uralten Schlange des Sexualtriebes. Was wir sind, sind wir durch die Frequenz unseres Eros. Der einzige Unterschied liegt darin, dass in einen Fall das Denken und der »Fernseher im Kopf« jede Form der Erotik unterdrücken, im anderen Fall jedoch die Schlange als gewaltige Macht des Eros das Denken beflügelt.

Nicht ohne Grund entfloh der göttliche Sturmvogel Anzu in dem Augenblick, als Gilgamesch die

Schlange erschlug. Und nicht ohne Grund gehören auch in der nordischen Weltenesche Yggdrasil der Adler in der Krone und die Schlange in den Wurzeln zusammen: Das Denken ist ein Abkömmling des alles bestimmenden Sexualtriebes – und es ist immer nur so gut wie seine Wurzeln.

Die Wiederentdeckung der Macht des Eros begann im Westen übrigens mit einem sehr ähnlichen Symbol: Sigmund Freud sprach von der Libido als alles begründender, aber unterdrückter Lust, und in gewisser Weise gleicht diese Libido der züngelnden Schlange im Fernseher: Auf der Unterdrückung der Lust durch die Zivilisation bauen Kultur, Philosophie, Kunst und Politik auf – aber all die großen schöpferischen Leistungen des Menschen sind nur Sublimierungen, nur das Resultat der Unterdrückung der Schlange.

Als Gegenpol zu der ursprünglichen Libido in allem und jedem betrachtete Freud den Todestrieb, und auch darin war sehr viel Mythologisches enthalten. Obwohl Eros ursprünglich als der Gott aller Götter galt, sahen spätere Erzähler in ihm einen Bruder des Tartarus, also des Herrschers der Unterwelt und der Dämonen.

Auch der zweite große Wegbereiter des Eros im Westen im zwanzigsten Jahrhundert, Wilhelm Reich, sah den Todestrieb ähnlich: Für ihn war er eine Folge ungelebten Lebens, also der Anstauung ursprünglicher Sexualenergie. Wilhelm Reich war es auch, der erstmals die Sexualenergie als eine Form der »elektrischen Ladung« verstand, die über den ganzen Körper verteilt werden konnte. Ihm verdanken wir die Vorstellung von den Möglichkeiten frei fließender Sexualität und die Idee, dass in jedem von uns eine ganz besondere orgastische Potenz lebt.

Welchen Aufruhr es damals verursachte, den Gott der Götter wieder zu Ehren kommen zu lassen und ihm indirekt sozusagen alles Wirken auf dieser Welt zuzuschreiben, können wir uns heute kaum noch vorstellen. Auch welch kultureller Sprengstoff darin lag, den Orgasmus als Allheilmittel zu propagieren, ist inmitten unserer sexübersättigten Welt kaum noch nachvollziehbar.

Trotzdem steht der nächste Schritt zu einer Wieder-Erotisierung der Welt noch aus. Da wir ja wissen, dass fehlgeleitete und blockierte Erotik zum Todestrieb führt und uns dieser Todestrieb in vielen verschiedenen Gestalten bereits überall begegnet, kann uns nur ein großer Sprung nach vorn weiterhelfen. Wenn wir also nicht weiterhin »erotischen Raubbau« an unserer Gesundheit, an unserer Phantasie und Kreativität und an unserer Fähigkeit zur Lust betreiben wollen, müssen wir das Denken, das uns so weit von unserem körperlichen Sein entfernt hat, mit völlig neuen Augen betrachten. Denn ebenso wie der weibliche Pol zwei Aspekte hat, den des alles verschlingenden Drachen und den der zu neuen Kräften aufsteigenden Schlange, gibt es auch zwei Formen des Denkens. Die eine besteht in jenem Wissen ohne Verbindung zum Sein, das die meisten Probleme unserer Zeit verursacht. Die andere Form entspricht jenem Denken im *Haus des Lernens*, das wir nach dem dritten Gesetz des Lebensbaumes dadurch erringen sollen, dass wir *Höhe und Tiefe verbinden*.

Wissenschaftler ordnen dieses kreative und innovative Denken heute der rechten Gehirnhälfte zu, in der unsere Phantasie und unsere Intuition beheimatet sind. Gerade diese rechte Gehirnhälfte aber hat, wie wir noch sehen werden, viel mit unserer Erotik und mit der Art unserer Sexualität zu tun. Mit ihrer Hilfe erkennen und erfühlen wir, dass jenseits aller Diskussionen, jenseits unserer puritanischen Vergangenheit eine Wahrheit liegt, die heute allen Hedonisten der Welt bereits bewusst ist: die Erkenntnis, dass der Genuss des Sexus *der* große Genuss im Leben ist.

Einst wussten darum vermutlich nur jene wenigen außergewöhnlichen Menschen, denen es gelang, die eigene Lebenskraft zu steigern und damit selbstsicher, energiegeladen und charismatisch zu werden. Die Begründer der sexuellen Revolution in den sechziger Jahren gehörten sicherlich zu diesem kleinen Kreis. Und obwohl gerade diese Revolution auch ihre Schattenseiten hatte, lehrte sie uns vieles: zuerst einmal die Tatsache, dass wir Menschen ein ausgeprägtes Bedürfnis nach wahrer Erotik haben. An zweiter Stelle verdanken wir ihr die Erfahrung, dass der menschliche Geist der Sexualität auf ihrer untersten Stufe sehr bald überdrüssig wird und nach höheren Ebenen sucht. An dritter Stelle steht die Erkenntnis, dass das menschliche Gehirn fähig ist, immer neue Genussmöglichkeiten zu entdecken, wenn es ihm nur gelingt, die alten kulturellen Prägungen der Kindheit abzustreifen. Der vierte Schluss, den man aus dem munteren sexuellen Treiben der letzten Jahrzehnte des vergangenen Jahrhunderts ziehen kann, ist der, dass der »sexuelle Appetit« auf enorme Energiereserven im Menschen hinweist. Diese Energien können wir uns zunutze machen: Sie könnten zum Ausgangspunkt für jene erotische Revolution werden, die längst ansteht.

Rein äußerlich betrachtet, sind wir ja bereits Hedonisten, allerdings müssen wir die Freude an der Lust erst noch richtig verinnerlichen. Die schönsten Möbel, die exquisitesten Hotels, die ausgefallensten Kochrezepte und Schlemmerlokale – die Sucht nach einem hedonistischen Lebensgefühl steht bereits allgemein auf der Tagesordnung und gleicht der Sucht nach Erfüllung in der Sexualität: Sie führt uns immer noch ein Stück weiter weg von uns selbst, ohne dass wir all die wunderschönen Dinge um uns herum je so richtig zu schätzen wissen. Wahrer Hedonismus aber erfordert zuerst eine »Auferstehung« des Körpers, ein Sich-Frei-Machen von alten Panzerungen. Wir können nicht weiterhin ausschließlich auf Äußeres Wert legen und dabei auf den Luxus des Eros in uns selbst verzichten.

Vor allem jedoch müssen wir lernen, uns angesichts unserer Lust wohl zu fühlen und diese Lust auch außerhalb der Sexualität zu unserem Lehrmeister werden zu lassen. Damit verhelfen wir der uralten Schlange des Sexualtriebes zu neuen Ehren; wir befreien sie vom Geruch der Erde, vom Beigeschmack des reinen Triebes, der ihr seit dem letzten großen Sündenfall anhaftet.

Damals war die Schlange auch ein letzter großer Hinweis auf die Anfangszeiten der Menschheitsgeschichte, in denen Göttinnen herrschten. Als Symbol für die Zeit der weiblichen Vorherrschaft im Himmel wurde sie ebenso verdammt wie als Sinnbild für die Kraft des Eros. Die Zeit der Götter ließ nur noch den zweiten *Schlangengott*, den *sonnengekrönten* des Bewusstseins, zu. Erst wenn wir jenen Wandel in der Geschichte verstehen, den Wechsel von der Göttin zum Gott, von einem eher erotischen Matriarchat zu einem völlig unerotischen Patriarchat, werden wir tatsächlich *Höhe und Tiefe verbinden* können und die Macht des männlichen Pols in uns allen endlich auch erotisch zu nutzen wissen.

Das Einmaleins des männlichen Pols

1. *Das Spiel des Lebens findet überall dort statt, wo der Geist Materie befruchtet – und es ist umso vergnüglicher, je besser ihm dies gelingt und je einfallsreicher er dabei vorgeht.*
2. *Das Weibliche stellt in diesem Spiel die Kraft des Lebens dar, das Männliche aber die Form, die wir dieser Kraft geben.*
3. *So gesehen liegt die erste Stufe jeglicher Sexualität in uns selbst – und unser Gehirn ist ihr Schöpfer.*
4. *Die erotische Potenz dieses Gehirns wäre wohl unendlich. Der Unendlichkeit steht nur unser Mangel an Wissen über die Kräfte des Baumes der Erkenntnis und*

damit über die Fähigkeiten unseres eigenen Gehirns im Wege.

5. *Genau genommen lieben wir alle, Frauen ebenso wie Männer, auf sehr »männliche« Weise; wir lieben mit unserem Willen, unserem Intellekt, mit unserem als Denkwerkzeug einseitig überlasteten Gehirn.*
6. *Zu selten setzen wir die rechte Gehirnhälfte ein und lieben mit unseren Gefühlen, unseren Empfindungen und den unerschöpflichen Kräften der Phantasie.*
7. *Darum langweilt und überanstrengt viele von uns heute auch die Sexualität. Wir haben die erotische Potenz der rechten Hälfte unseres Gehirns noch bei weitem nicht erkannt, lassen uns aber von der linken Gehirnhälfte als schlimmstem Gegner jeder Art von Wonne tyrannisieren.*

Heilige Hochzeiten auf der Erde

Wenn wir uns heute vorstellen, durch unsere Straßen würde ein hoch aufragender Phallus getragen, erfasst die meisten von uns wohl ein eigenartiges Gefühl. Wir sind zwar von Pornografie umgeben, trotzdem löst der Gedanke an eine mögliche Verehrung von Geschlechtsteilen in uns eher innere Abwehr aus. Dabei hat gerade die religiöse Verehrung des Sexus die Entwicklung unseres Denkens maßgeblich beeinflusst. Einstmals waren es die weiblichen Geschlechtsteile, die man als Symbol des Lebens ansah und die sich noch heute in Form von Muscheln in alten Gräbern wiederfinden lassen, später galt die Verehrung dann dem Phallus. Dass unsere Vorfahren dabei mehr Sinn für Poesie entwickelt haben als wir, belegt eine Hymne der sumerischen Göttin Inanna:

> Meine Vulva, meine Spitze des Mondes,
> das Boot des Himmels,
> ist drängend wie der junge Mond.
> Mein unbestelltes Land liegt brach.
> Da bin ich, Inanna,
> und wer pflügt meine Vulva?[2]

Der sehnsüchtige Ruf der Göttin gilt ihrem Bruder Dumuzi und zeigt uns, dass die Menschen zu diesem Zeitpunkt bereits um die Geheimnisse der Zeugung wussten. Inanna spricht nicht nur von ihrem »Boot des Himmels«, sie spannt auch den Bogen zur männlichen Zeugungskraft, wenn sie auf zutiefst erotische Weise das Liebesspiel weiter beschreibt:

> Der Schäfer Dumuzi füllte meinen
> Schoß mit Sahne und Milch,
> er kostete mein Schamhaar,
> er wässerte meinen Schoß.[3]

Direkt, ohne Umschweife und zutiefst erdverbunden schildert diese Hymne, was uns als Kindern beigebracht wird, sobald wir über die Phase hinausgewachsen sind, in der wir glaubten, dass der Storch die Babys bringt. Lange Zeit hatte die Menschheit die magische Kraft der Zeugung tatsächlich dem Himmel zugeschrieben. Als sie sich dann aber als das

Ergebnis des schönsten Spiels zwischen Männern und Frauen entpuppte, zogen auch in den Himmel die Götter ein.

Auf Erden allerdings erging es den Männern noch lange Zeit nicht gerade himmlisch. Denn der Aufstieg zum Gott im Himmel war lang und beschwerlich – vor allem aber legte die damalige Vorstellung von Fruchtbarkeit den Männern immer wieder Steine in den Weg. Die Menschen hatten nämlich nicht nur die männliche Zeugungskraft entdeckt, sondern auch die in der Natur offensichtliche Tatsache, dass immer etwas Altes sterben muss, um Neues hervorzubringen. Bevor ein neues Weizenkorn auszutreiben beginnt, muss die alte Pflanze welken. So in etwa dürften die Vorstellungen der Menschen damals ausgesehen haben, denen zufolge manche Männer nicht nur zu ersten Ehren kamen, sondern für diese Ehre auch sterben mussten. Die »Opferung des Königs« ist noch immer ein wenig beachtetes Gebiet der Forschung; dennoch weisen Mythologie und Geschichtsforschung darauf hin, dass der »Tod des Helden« eines der bedeutendsten Themen der Urgeschichte war. Die großen Götter des Orients, Osiris, Adonis und Tammuz, wurden geopfert – und ebenso scheint es vielen ihrer irdischen Geschlechtsgenossen ergangen zu sein.

Die Priesterinnen oder Königinnen im alten Sumer, in Babylon und auch noch in Ägypten nahmen sich einen Liebhaber, der nach dem *Hieros Gamos*, der »Heiligen Hochzeit«, die einmal im Jahr stattfand, geopfert wurde. Zu Beginn scheinen dabei die Liebhaber, die die Rolle eines Gottes einnahmen, nach dem rituellen Sexualakt tatsächlich zerstückelt und über die Felder verteilt worden zu sein. Dahinter stand wohl die Überzeugung, dass die weibliche Kraft mit der Erde zu vergleichen ist und somit erhaltend und lebensspendend wirkt, während die Pflanze, die den Samen spendet, zumindest einmal im Jahr für das Geschenk der Fruchtbarkeit sterben muss.

Je mehr Einfluss die Männer jedoch gewannen, um so besser wurde auch ihre Lage. Anfangs wurde der König nur noch alle paar Jahre geopfert, später begnügte man sich dann damit, ihn zu geißeln und zu verhöhnen. Wem dieser Aspekt der menschlichen Geschichte zu ausgefallen erscheint, der möge daran denken, dass noch vor zweitausend Jahren die Opferung eines Gottes Geschichte machte.

Der Einfluss des Mythos reicht also weiter, als wir glauben. Auch die Heilige Hochzeit wurde im Laufe der Zeit mehr und mehr ritualisiert; der Zusammenhang zwischen Sexualität und Tod, zwischen Fruchtbarkeit und Opfer bestand nur noch auf der symbolischen Ebene, obwohl er unser Denken natürlich bis heute prägt. Noch immer gilt der Sexualakt als eine Art »kleiner Tod«, als ein Hinübergleiten in jenen erotischen Zustand des Zerfließens, der die Sexualität so begehrenswert macht. Und noch immer opfern wir, sobald wir ganz in der Erotik versinken, einen Teil unseres Denkens. So sind heute wie einstmals jeder Form von Fruchtbarkeit Opfer zu bringen. Der zutiefst melancholische und feierliche Aspekt scheint also erhalten geblieben zu sein.

Während sich das Volk zumeist wilden Fruchtbarkeitsorgien hingab, wurde die Heilige Hochzeit, die auf der höchsten Spitze der Tempeltürme vollzogen wurde, zum Symbol für alles Werden und Vergehen und für eine höhere Form der Fruchtbarkeit. Anfangs begleitete dabei noch ein Priester die Königin, doch bald drehte sich der Spieß um: Der König als Symbol des weltlichen Herrschertums wurde von einer Priesterin aufgesucht. Was sich bei dieser Heiligen Hochzeit tatsächlich abspielte, weiß bis heute niemand. Sicher aber ist, dass die Priesterin als Verkörperung der Göttin auf Erden galt und die körperliche Vereinigung als Vereinigung von Himmel und Erde betrachtet wurde.

So hieß der Stufenturm in Nippur, der heiligen Stadt Sumers, einst *Duranki*, was »Band zwischen Himmel und Erde« bedeutet, aber auch »verbindender Pfahl« oder »Baum«. Nachdem wir annehmen können, dass die heiligen Priesterinnen der Göttin tiefer in alle Geheimnisse der Erotik eingeweiht waren, als wir heute vermuten, liegt die Frage nahe, ob die Heilige Hochzeit vor sehr langer Zeit nicht bereits jene Form des Meta-Sex darstellte, der wir nun auf der Spur sind.

Wir wissen heute bereits von einer ganzen Generation psychedelisch Reisender, dass Rauschgift in andere Welten und andere Dimensionen führen kann. Von den Priesterinnen der Inanna, der ihr nachfolgenden Istar, aber auch von denen der Isis wird berichtet, dass sie vermutlich Schlangengift in winzigen Dosen verwendeten. Beides zusammen – die Droge und die Sexualität – gewährte dem Hochzeitspaar auf der obersten Stufe des Tempels vielleicht jene Transzendenz, die sie zu Vertretern der Götter auf der Erde machte.

Mit Sicherheit aber unterschied sich die Erotik auf der siebten Stufe des Turmes grundlegend von der Sexualität, der zu Füßen des Turmes gehuldigt wurde. Die eine schenkte jene heilige Form der Inspiration, die schon immer all jene rühmten, die den Sexus zum Ritus und zum Meta-Sex erhoben hatten. Die Masse dagegen widmete sich jener »elektrischen« Form der Sexualität, der wir auch heute noch in den Nachfolgefesten der alten Fruchtbarkeitsfeiern, etwa im Fasching, begegnen.

Während also schon vor Tausenden von Jahren auf der Spitze heiliger Türme und mit der Hilfe Heiliger Hochzeiten eine neue Form des Denkens gepflegt wurde, beginnen wir heute erst langsam zu begreifen, dass es tatsächlich die Schlange ist, die *das Haus des Lernens öffnet*. All unser Wissen über die Sexualität stammt aus einer Epoche, die damit begann, dass in der Bibel Feindschaft gesetzt wurde zwischen dem Samen des Weibes, also dem Menschen, und dem Samen der Schlange. Dieser »Samen der Schlange« war vielleicht das uralte Wissen um die Geheimnisse des Sexus, das wir erst jetzt in den Gesetzen des Eros wieder entdecken, zu »biblischen Zeiten« aber wurde uns die Erotik genommen, bevor wir sie noch richtig kennen gelernt hatten. Auch der Fluch, dass wir im Schweiße unseres Angesichtes unser Brot essen sollten, wirkt sich noch immer auf unsere Art zu denken aus.

Nur wenigen von uns wurde je vermittelt, dass sich alles mit Spaß und Freude, mit Neugier und Abenteuerlust sehr viel besser angehen lässt als mit jenem Pflichtgefühl, jenem Müssen und Sollen, auf das wir schon von klein auf getrimmt werden. Der Schmerz, den jedes Menschenkind dadurch erfährt, führt zur Abkehr, zum Widerstand, zum Krieg. Die Prophezeiungen der Genesis machten somit die letzten zweitausend Jahre zu den unerotischsten der gesamten Menschheitsgeschichte.

Dabei begann die Zeit der großen Götter keineswegs puritanisch. Der sumerische Gott Dumuzi antwortete dreitausend Jahre vor unserer Zeitrechnung auf die Anfrage der Göttin Inanna mit den Worten:

Hohe Dame, der König wird Eure Vulva pflügen.
Ich Dumuzi, der König, werde Eure Vulva pflügen.[4]

In seiner Nachfolge rühmten sich der ägyptische Gott Osiris und der griechische Gott Pan ebenso wie Hermes, über riesige Phalli und unersättliche sexuelle Begierden zu verfügen. Das Wort »Phallus« selbst gibt uns Einblick in die Faszination, die die Phallusverehrung einstmals auf die Menschen ausübte. Dieser Begriff geht auf die Sanskritbezeichnung für »aufbrechen« und »bersten«, auf das Verb *phal* zurück, vielleicht auch auf das Sanskritverb *phalanti* für »Früchte tragen«. Und tatsächlich hat ja beides, das Bersten vor Lust und das Früchte-Tragen, etwas zutiefst Geheimnisvolles.

Ebenso wie es einstmals ein großes Geheimnis war,

wie Kinder in den Bauch von Frauen kommen, blieb es einen Großteil der Geschichte hindurch für die Männer ein Geheimnis, warum zwar der ganze Körper, nicht aber der Phallus durch Willenskraft gesteuert werden kann. Die erigierten Phalli, die bei den späteren Prozessionen verehrt wurden, waren in natura allemal abhängig von der physischen und psychischen Konstitution – und natürlich vom Gehirn als auslösendem Faktor jeder Form von Sexualität. Von all dem wussten die Menschen damals jedoch nichts oder zumindest sehr wenig. Dass sie auf die Frage, warum Erektionen nicht beliebig oft wiederholbar sind, keine Antwort fanden, bestätigte wiederum die Heiligkeit der Sexualität: Irgendeine außerirdische Macht musste bei der Erektion ebenso ihre Hand im Spiel haben wie bei der Schwangerschaft der Frau. Deshalb wurde der Phallus oftmals sogar als Gott verehrt.

Dieser göttliche Aspekt der Phallusverehrung ging nie ganz verloren. In jeder Form von Sexualmagie wurde der Phallus später als »Zauberstab« oder »Szepter« bezeichnet, was uns zeigt, welche Faszination von ihm ausging. Wenn wir etwas für faszinierend halten, steckt dahinter die geballte Kraft des Eros. Und tatsächlich gleicht die Konzentration unseres Gehirns, unseres Denkens und Fühlens in diesem Augenblick einem hoch aufgerichteten Phallus: All unsere Gedanken sind auf jenes erotische Wechselspiel eingestimmt, das immer dann entsteht, wenn Gedanken lustvoll ein- und ausströmen.

In den Meta-Sex-Kreisen des alten Orients war man sich dessen sicherlich bewusst. Obwohl der Phallus bei den religiösen Feiern als ein rein äußerliches Symbol für die männliche Fruchtbarkeit gedacht war, künden vor allem die alten Mysterien von der Doppelsinnigkeit aller Mythen. So schildert der Mythos des Gottes Osiris, der zerstückelt wird, auf einer Ebene die Geschichte des Helden, der geopfert wird; die zweite Ebene aber beginnt damit, dass seine Gattin Isis alle Teile seines Penis wieder zusammensetzt und sich von diesem befruchten lässt. Diese Geschichte kündete schon damals von einer zweiten Form der Sexualität, von einem Eros, der beflügelnd wirkt, weil er die unterste Stufe des Sexus hinter sich lässt und auf einer höheren Stufe ein völlig neues Denken gebiert.

Diesem neuen Denken, der Initiation in die Geheimnisse des Eros, der wir vielleicht *Die sieben Gesetze des Lebensbaumes* verdanken, wurde jedoch langsam, aber sicher ein Ende gesetzt. Mit dem Eindringen der Indogermanen aus dem Norden verloren die uralten »Liebesreligionen« des Nahen Ostens immer mehr an Einfluss, und die Macht der Schlange nahm jenes vorläufige Ende, das wir noch heute in der Bibel nachlesen können.

Das erotische Gehirn

Worin gleichen sich ein Orgasmus und die Lösung eines Problems? Auf den ersten Blick scheint es auf diese Frage keine Antwort zu geben. Auf den zweiten Blick kann man jedoch so viele Gemeinsamkeiten erkennen, dass man beinahe von einem orgastischen Denken sprechen könnte. Ein Problem wird nämlich zuerst von allen Seiten betrachtet und sozusagen »gekostet«; dann strecken wir quasi unseren Geist aus, befühlen und betasten die verschiedensten Ideen; es folgt ein Gefühl der Konzentration und Anspannung, das später bei der Lösung des Problems in einen lustvollen Schauer übergeht. Dieser Vorgang gleicht also durchaus den vier Phasen des Orgasmus – dem Vorspiel, dem Erwachen, dem Höhepunkt und der Endphase. Und er kann uns vor allem zeigen, wie eng menschliches Lernen und menschliche Lust miteinander verbunden sind.

Das Gehirn ist unser bestes »Lustinstrument«, es steht den Genitalien in nichts nach – bei genauerem Hinsehen überflügelt es sie sogar. So entdeckten in den letzten Jahren selbst Vertreter verschiedener Disziplinen der Wissenschaft, dass wir alle recht orgastisch denken könnten, wenn wir unseren grauen Zellen nur ein wenig Lust zugestehen würden.

Ein flüchtiger Blick in all die hochwissenschaftlichen Labors zeigt uns vor allem drei Hauptpfeiler, auf die sich unser Lernen zu stützen scheint. Den ersten Pfeiler machen die Endorphine aus, die als körpereigene Opiate zum einen immer dort eingreifen, wo »Not am Mann« ist: Sie lindern Schmerzen. Zum anderen werden sie aber auch als eine Art Belohnung für jede Form von Lernen eingesetzt. So wie Kinder für eine gute Note eine Belohnung bekommen, scheint unser Gehirn immer dann Endorphine auszuschütten, wenn wir eine Situation gut bewältigt haben. Der Schauer, der uns nach der Lösung eines Problems orgastisch durchrieselt, ist nichts anderes als eine Überschwemmung unseres Nervensystems mit Endorphinen. Die »Lustdroge des Gehirns« verursacht dabei Veränderungen im ganzen Körper, die bis zu einem Gefühl wahrer Euphorie reichen können.

Dabei hilft uns sicherlich auch der zweite Grundpfeiler, auf den sich nach neuesten Erkenntnissen jede Form des Lernens stützt: jene »Bahnen der Lust«, die sich durch unser ganzes Gehirn erstrecken. Sie reichen von den ältesten Teilen des Gehirns, den Tiefen des Gehirnstamms, bis zum jüngsten Teil, dem Kortex, der Hirnrinde. Und auch auf diesen »Gehirnstraßen der Wonne« sind Lernen und Erinnerung so eng mit den Endorphinen verbunden, dass die Lust als der »Antriebsmotor« schlechthin erscheint.

Eine große Rolle in diesem »Verkehr des Lernens« spielen zudem die Neurotransmitter, die wir als dritten Grundpfeiler betrachten können. Das sind jene chemischen Botenstoffe, die für die »elektrische Ladung« im Gehirn zuständig sind. Erstaunlicherweise funktionieren sie auf dieselbe Art wie unser Nervensystem: Sie übermitteln eine Botschaft entweder so, dass sie uns anregt, oder sie »dämpfen« diese Botschaft. Auch sie wirken also aktiv/männlich oder eher passiv/weiblich. Damit entsprechen sie den beiden Zweigen unseres vegetativen Nervensystems: Das sympathische System fördert die Aktivität und die Konzentration auf die Außenwelt. Das parasympathische Nervensystem dagegen wirkt eher »hemmend« auf unseren Organismus; es vermittelt uns, dass wir uns rundum wohl fühlen. So kann man kaum umhin, in diesem

Zusammenhang wiederum an die beiden Schlangen in den *Sieben Gesetzen des Eros* zu denken.

Die Wissenschaft scheint heute einen Kreis zu schließen. Die neuesten Forschungsergebnisse erinnerten mich nicht nur an die Möglichkeiten lustvollen Lernens, sondern auch an ein altes magisches Mittel zur Lebensverlängerung. Es besagt, dass die beste Methode, den Körper jung zu erhalten, jene ist, sich die Jugendlichkeit der Seele zu bewahren. Nun umfasst, wie wir gesehen haben, der Begriff »Seele« jedoch ein weites Feld. Vielleicht ist Seele aber ganz einfach die höchste Form von Lebendigkeit in uns allen: jene Lebendigkeit, die einen erotischen Körper in uns schafft und das Innere unserer Zellen auf eine höhere Frequenz bringt.

Hilfe dabei sind uns nicht nur die drei Grundpfeiler eines erotischen Gehirns, sondern auch jene Erkenntnisse, die auf diesen drei Pfeilern aufgebaut sind. Unsere Gefühle und Stimmungen hängen nämlich nicht nur von Endorphinen, Lustbahnen und Neurotransmittern ab, sie werden zudem von den Gehirnwellen beeinflusst, die man ebenfalls in männliche und weibliche einteilen kann. Die schnellen Beta-Wellen lenken unsere Aufmerksamkeit nach außen, die langsameren Alpha-Wellen sind mehr nach innen gerichtet und bewirken, dass das von außen aufgenommene Wissen verarbeitet wird. So scheint sich auch im Gehirn der Kreis zu schließen: Wir richten unsere Konzentration nach außen, kehren dann aber quasi zu uns selbst zurück. Nicht ohne Grund setzt die beruhigende Alpha-Frequenz also bei Meditationsübungen ein, wenn wir etwas Neues gelernt haben – aber auch bei entspannter Sexualität.

All die modernen Zaubermittel, die zu einem mentalen Jungbrunnen führen sollen, haben eines gemeinsam: Sie sind gleichzeitig die Voraussetzungen für jede Form von befriedigender Erotik und Sexualität. Dies braucht schon deshalb nicht zu verwundern, weil der zweite Pol unserer Sexualität, der männliche Pol, mitten in unserem Gehirn liegt.

Seit Wissenschaftler in unserem Gehirn jenes Lustzentrum entdeckt haben, dem wir alle Ekstase dieser Welt verdanken, ist bereits geraume Zeit vergangen. Trotzdem tun wir heute oft noch immer so, als ob unsere Sexualität nur auf unsere Genitalien beschränkt sei. Dabei gelang es schon vor beinahe einem halben Jahrhundert, Patienten mit unheilbaren Geisteskrankheiten gleichsam »mittels Knopfdruck« die ganz natürliche Lebenslust zurückzugeben: Elektroden im Gehirn sorgten dafür, dass das Lustzentrum anstatt des Schmerzzentrums aktiviert wurde. Dieser »Aktivierung der Lust« gelang es tatsächlich, Endorphine auf den Plan zu rufen und das Gehirn wieder ekstatisch schwingen zu lassen.

Diese »Zweipoligkeit« des Orgasmus, die mögliche Ekstase in den Genitalien und im Gehirn, kennen wohl viele von uns aus eher negativen Erfahrungen. Jedes Mal, wenn wir in Gedanken woanders sind, wenn wir nicht den Bogen zwischen Gehirn und Körper spannen, kommen wir entweder gar nicht zum Orgasmus, oder er verschafft uns nur eine eher zweifelhafte Erleichterung. Wie wir Sexualität erleben, hängt also auch stark von unserer Fähigkeit ab, unser Gehirn auf Ekstase einzuschwingen.

Dies kann wohl jeder von uns dann nachvollziehen, wenn er sich verliebt. Dann steigt nämlich nicht nur unser Energiepegel, auch unser Gehirn funktioniert anders als gewöhnlich: Die rechte Gehirnhälfte kommt zum Zug. Normalerweise nehmen wir die Außenwelt mit unserer linken Gehirnhälfte wahr. Sie ist der Sitz unseres Intellekts, und die Früchte an diesem »Baum des Wissens« sind unsere Rationalität, das Differenzieren und Einordnen, die Abstraktion und Folgerichtigkeit. Alles wunderschöne Dinge also, die wir im täglichen Leben brauchen, die aber schnell zu Langeweile führen können.

In der rechten Gehirnhälfte dagegen, die anscheinend schon ein wenig zum »Baum des Lebens« gehört, sind Intuition und Imagination, Freiheit und Zeitlosigkeit beheimatet; rechts sind wir impulsiv und verbinden die Dinge lieber, als sie zu trennen. Diese rechte Hälfte wird immer dann aktiviert, wenn wir vertrauensvoll auf etwas Neues zugehen – vor allem aber, wenn wir uns verlieben. Leidenschaft, Romantik und die Lust, sich miteinander zu vereinigen, entstehen in der rechten Hemisphäre. Wenn wir dann aber im Laufe einer Partnerschaft zulassen, dass Sex zur Routine wird, wechseln wir zurück zur linken Gehirnhälfte, und jene Langeweile breitet sich aus, die der Anfang vom Ende der meisten ursprünglich noch so großen Lieben ist.

Der Plan, um unsere Leidenschaft zu entfachen, ist – wie alles, was mit echter Erotik zu tun hat – ein wahrer Meisterplan. Die Lust, die wir uns in der entspannten rechten Gehirnhälfte, also der der Intuition, vorstellen, wird dabei über die Hormone zum Brennstoff, der unseren gesamten Urogenitaltrakt ins Glühen versetzt. Dessen Energie kann wiederum unsere Imagination beflügeln, und so steigt die Leidenschaft in einer Spirale auf, deren Grenzen wir selbst bestimmen. Meta-Sex-Künstler dehnen die Grenzen dabei immer weiter aus, womit wir uns in späteren Kapiteln ausgiebiger beschäftigen werden. Noch liegen jedoch einige Hemmschwellen auf dieser »Energiebahn des Eros«. Die Spirale der Leidenschaft lässt sich nämlich nur dann wirklich entfachen, wenn wir um ein paar Eigenarten unseres Gehirns wissen.

Das Zentrum unserer Gefühle liegt in einem alten Teil unseres Stammhirns, im Hypothalamus. Diesen könnte man als eine Art »Lust- oder Unlustschalter« betrachten, der unter anderem auch das sympathische und das parasympathische Nervensystem dirigiert. Als »Schalter« lässt er aber jeweils nur eine Situation zu: Fühlen wir uns hundertprozentig okay und sinnlich, geben wir sozusagen »grünes Licht« für die Lust. Dieses grüne Licht aber brennt nur so lange, bis ein Gefühl der Abwehr, des Widerstands oder der Schuld aufkommt. Lust und Schuld vertragen sich nicht. Darum war die Sexualität bis heute eigentlich oft eine sehr unbefriedigende Erfahrung. Gleichsam »eingesperrt« zwischen einem unterdrückten Körper und einem Gehirn, das viel eher Schuld und Scham als Leidenschaft kannte, war unser Gefühlskörper immer im Aufruhr. Auf der einen Seite winkte die Lust, auf der anderen Seite wurden diese Gefühle der Lust jedoch als »tierisch« abgelehnt.

Die Lust heute sozusagen »ins Gehirn zu verlegen« bedeutet, ihr einen völlig neuen Rang zu geben: zu erkennen, dass das Paradies sehr wohl ein irdisches sein kann, dass es immer schon erotisch war und dass wir uns nur an den Cherubim unseres eigenen Unwissens vorbei ins eigene Gehirn hineinmogeln müssen.

Übungs-Zyklus: Lustbahnen im Gehirn

Erster Tag:
Selbstliebe – Atem – Zentriertsein

Die ersten zwei Stufen jeder Form der Magie des Eros haben uns drei unerlässliche Voraussetzungen für den sexuellen Magnetismus vermittelt: Wir haben entdeckt, dass wir uns selbst besser lieben können als jeder andere, wir haben die Macht des Atems erfahren, und wir haben zumindest zeitweise in unser ureigenes Zentrum zurückgefunden.

Am ersten Abend des neuen Siebener-Zyklus erinnern Sie sich einmal nur an diese drei Punkte. Stellen Sie sich Ihren Lustballon als riesigen runden Energietank vor, der Ihnen alle Kraft der Welt spenden kann. Genießen Sie diese Kraft ein paar Minuten, zumindest aber so lange, bis Sie sich völlig entspannt fühlen. Dann erst beginnen Sie mit dem einfachen hedonistischen Atmen. Erleben Sie das Einatmen als Vorspiel, und lassen Sie sich dann beim Ausatmen in das tiefe Tal eines Orgasmus fallen. Nach einiger Zeit gehen Sie zum ausgedehnteren hedonistischen Atmen im Vierer-Rhythmus über. So können Sie das Vorspiel und den Orgasmus des Atmens noch ein wenig mehr genießen.

Als Nächstes konzentrieren Sie sich auf den Lotos in Ihrem Bauchnabel. Stellen Sie sich eine wunderschöne

Lotosblume vor, die Licht einatmet und alle möglichen negativen Energien, die noch in Ihrem Körper sind, ausatmet. Ihr Energieball spendet Ihnen dabei immer mehr Lust, und Sie fühlen, wie sich Ihr Körper dehnt und weitet, wie er immer lichter und strahlender wird – ganz erfüllt von der erotischen Liebesenergie Ihrer Imagination.

Diese Dreier-Kombination von Selbstliebe – Atem – Zentriertsein bietet in Zukunft die Grundvoraussetzung für alle Übungen; sie ist quasi der Sockel, von dem aus die weiteren Stufen zu einer wahren Erotik überhaupt erst zu erreichen sind.

Zweiter Tag:
Das Gehirn atmet

Am Abend des zweiten Tages kommen wir zur nächsten Stufe der Gesetze des Eros. Thema ist natürlich jenes *Haus des Lernens*, das wir heute Gehirn nennen. Nach dem anfänglichen Einschwingen lassen Sie zur Abwechslung einmal auch Ihr Gehirn atmen. Stellen Sie sich zuvor aber – wie bei den vorhergehenden Übungen – all Ihre Sinne als supererotisch vor. Lassen Sie Ihre Ohren eine wunderschöne Musik hören, Ihre Nasenlöcher einen himmlischen Duft schnuppern; wieder einmal läuft Nektar Ihre Zunge herunter und macht diese und den ganzen Rachenraum völlig locker und entspannt. Ihre Augen werden immer ruhiger, ziehen sich quasi in sich selbst zurück und fangen aus dem Lustballon die erotischsten Strahlen auf.

Dann erst setzen Sie Ihren Tastsinn ein: Stellen Sie sich Ihr Gehirn vor, umgeben und eingerahmt von lustvollen Sinnesorganen. Spüren Sie, wie sich diese Lust auch in das tiefste Innere Ihres Gehirns vortastet. Genießen Sie diese Lust in Ihrem Kopf so lange wie möglich; nach einiger Zeit lassen Sie sie dann in jenes hedonistische Atmen übergehen, das Sie bereits kennen: Das Einatmen wird zum genussvollen Vorspiel, das Ausatmen zum ekstatischen Orgasmus, dessen Mittelpunkt diesmal in Ihrem Kopf liegt. Überanstrengen Sie sich dabei nicht, stellen Sie sich das Innere Ihres Kopfes ähnlich vor wie bereits Ihren Bauchnabel: Eine herrliche Blüte öffnet langsam und lustvoll all ihre Blätter, um sie noch lustvoller und noch erotischer wieder zu schließen.

Morgens stellen Sie sich diese Blüte dann möglichst hell und energetisch vor. Ihr Ausdehnen bereitet Sie auf die Aktivität des Tages vor; ihr Schließen erinnert Sie daran, dass auch im Kopf Eros nur herrschen kann, wenn sich die magnetischen Kräfte des männlichen Nach-außen-Gehens und des weiblichen Nach-innen-Findens zusammenschließen.

Dritter Tag:
Das Mond-und-Sonne-Spiel

Am dritten Abend steigen wir eine ziemlich hohe Stufe weiter nach oben: Wir beginnen uns in der Kunst der mentalen Bilder zu üben. Bis heute war der Lustballon eine eher gefühlsmäßige Konstruktion, die ab jetzt schärfere Umrisse annehmen soll. Das bedeutet, dass wir so entspannt und lustvoll wie möglich in unserem Lustballon durch die Luft schweben, gleichzeitig aber den männlichen Pol unseres Bewusstseins auf höchste Konzentration einstellen sollten. Mit Hilfe dieser Konzentration, die allerdings keine Anstrengung kosten soll, sehen und fühlen Sie den Lustballon heute deutlicher denn je.

Dann jedoch vergessen Sie ihn für einige Zeit und beginnen sich vor der linken vorderen Hälfte Ihres Gehirns eine Sonne vorzustellen. Am besten eine von der Art, wie Kinder sie malen und wie sie auch auf alten Darstellungen des Lebensbaumes zu sehen ist: als Kreis, umgeben von vielen kleinen Strahlen. Ist diese Vorstellung so genau wie möglich, verbleiben Sie eine Weile dabei; halten Sie die Sonne mühelos, aber doch konsequent mit Ihrer Vorstellungskraft fest.

Jetzt wechseln Sie zur rechten Gehirnhälfte über. Stellen Sie sich dort einen Mond vor. Beginnen Sie mit einem noch jungen Mond, und halten Sie das Bild der Mondsichel vor Ihrer rechten Stirnhälfte so lange wie möglich fest. Strengen Sie sich dabei aber nicht an. Lassen Sie Ihre Augen so weich wie möglich werden, und atmen Sie auch dann ganz ruhig, wenn das Bild verschwindet. Sie können es jederzeit wieder in Ihr Gedächtnis zurückholen.

Als Nächstes gehen Sie wieder zur linken Hälfte zurück und stellen sich vor, wie die strahlende Sonne von vorhin ein wenig schwächer wird. Es ist nicht mehr die Sommersonne, die Sie zuvor erwärmt hat; jetzt ist es die ein wenig melancholische Sonne des Herbstes. Genießen Sie ihre milden Strahlen, behalten Sie die Sonne aber so genau wie möglich im Blick.

Nach einiger Zeit kehren Sie zur rechten Seite zurück und stellen sich vor, wie die Mondsichel sich bereits ziemlich rundet. Halten Sie dieses Bild, das einstmals das Zeichen für die irdische Fruchtbarkeit war, so lange und so mühelos fest wie möglich.

Wieder auf der linken Seite angelangt, stellen Sie sich die Frühlingssonne vor: drängend, provozierend – mit Strahlen, die das Bewusstsein allen Seins herausfordern. Lassen Sie diese Sonne so hell wie nur möglich werden, und gehen Sie dann vom strahlenden Gelb zurück auf die rechte Seite. Dort erwartet Sie ein riesiger, mild leuchtender Vollmond. Spüren Sie seine Kühle, die eher gleichsam »dahinschmelzen« lässt als die Sonne, die Energie anzieht. Sobald dieser Vollmond zu einem festen Bild geworden ist, lassen Sie ihn wieder davonziehen und irgendwo weit am Firmament verschwinden. Dann schlafen Sie genussvoll ein.

Am nächsten Morgen machen Sie sich bewusst, dass Sie damit – wahrscheinlich zum ersten Mal in Ihrem Leben – Ihrem Gehirn jene Aufmerksamkeit gewidmet haben, die ihm gebührt. Denken Sie auch daran, dass diese Übung Ihr Gehirn mit mehr Sauerstoff versorgt und damit einen doppelten Effekt hervorruft: Es lässt uns am Abend besser einschlafen und versorgt uns am Morgen mit neuer Energie.

Vierter Tag:
Kreisen entlang der Lustbahnen

Der vierte Abend ist den Lustbahnen in unserem Gehirn gewidmet. Nachdem Sie in Ihrem Lustballon wieder einmal zum Zentrum Ihres eigenen Universums geworden sind, versuchen Sie sich die Lustbahnen, die von den ältesten Teilen des Gehirns im Nacken bis zu den Stirnlappen führen, so gefühlsintensiv wie möglich vorzustellen. Lassen Sie Ihr Gehirn wieder gleichmäßig atmen, und ziehen Sie dabei die Energie aus dem Ballon um Sie herum so spielerisch, leicht und lustvoll, wie Sie nur können, in diese Bahnen. Liebe, Wonne und Leidenschaft sind nicht mehr ausschließlich außerhalb von Ihnen oder nur in Ihrem Unterleib, sie dringen in Ihren Kopf ein.

Dann entspannen Sie Ihre Augen völlig und imaginieren den leuchtenden Mond auf der rechten Seite. Wenn er so plastisch wie möglich vor Ihrer rechten Stirnhälfte steht, beginnen Sie ihn langsam kreisen zu lassen. Er wandert die Innenseite Ihres Schädels hinauf zu Ihrer Schädeldecke und steigt dann in den Nacken hinab. Von dort lassen Sie ihn entlang einer der imaginierten Lustbahnen wieder aufsteigen und langsam und so genussvoll wie möglich vor Ihre Stirn zurückkehren. Diesen Vorgang wiederholen Sie so lange, bis der Mond alle nur möglichen Lustbahnen der rechten Hemisphäre durchquert hat.

Jetzt lassen Sie das Bild des Vollmondes zu einem Neumond verblassen und konzentrieren sich dann auf Ihr linkes Auge. Falls es noch nicht völlig entspannt ist, kreisen Sie mit dem Auge ein paar Mal langsam gegen den

Uhrzeigersinn, danach konzentrieren Sie sich auf die Sonne, die allmählich vor Ihrer linken Gehirnhälfte aufgeht. Lassen Sie sie so strahlend wie möglich werden und dann dieselben Halbkreise auf der linken Innenseite Ihres Schädels beschreiben wie zuvor den Mond auf der rechten: von der Stirn auf einer der Lustbahnen entlang zum Scheitel, dann hinunter zum Nacken und von dort wieder zurück. Auch die Sonne sollte alle Lustbahnen durchqueren und Ihnen dabei möglichst viel Lust schenken. Am Ende der Übung lassen Sie die Sonne untergehen und stellen sich dabei vor, dass die aktivierten Lustbahnen Ihnen diese Nacht die lustvollsten Träume bescheren werden.

Am nächsten Morgen aber nehmen Sie die strahlende Sonne und einen noch immer mild leuchtenden Mond mit in den Alltag. Stellen Sie sich vor, dass Ihr Gehirn von beiden Gestirnen so hell erleuchtet wird, dass es bei jedem Problem die für Sie beste Lösung auswählt.

Fünfter Tag: Die Regenbogenbrücke

Haben Sie sich in den ersten vier Tagen bereits einigermaßen an die Möglichkeiten Ihres Gehirns gewöhnt? Spüren Sie, dass auch die grauen Zellen lebendig und durchaus lustvoll sein können?

Hier gilt natürlich ebenfalls die alte Regel, dass mehr Übung beziehungsweise Lust den besseren Meister und die bessere Geliebte macht. Aber wahrscheinlich haben Sie heute bereits eine Ahnung davon, was eine Priesterin im alten Babylon wohl meinte, als sie von einer sonnengekrönten Schlange sprach, die dem dritten Gesetz des erotischen Magnetismus entspricht.

Um diese Ahnung noch ein wenig zu vertiefen, versetzen Sie sich heute Abend wieder in die meditative Ausgangsposition Selbstliebe – Atem – Zentriertsein. Dann konzentrieren Sie sich erneut auf das Gehirn. Entspannen Sie Ihre Augen völlig, und versuchen Sie, sich in der Mitte Ihrer Stirn Sonne und Mond nebeneinander vorzustellen. Die Sonne auf der linken Seite steht direkt neben dem Mond auf der rechten. Ist es Ihnen gelungen, die beiden Gestirne auch im Bild richtig zu vereinen, lassen Sie sie gemeinsam einen Bogen ziehen: von der Mitte der Stirn zum Mittelpunkt des Scheitels und von dort hinunter zum Mittelpunkt des Nackens. In Gedanken lassen Sie die beiden Hauptgestirne dann langsam wieder zu ihrem Ausgangspunkt zurückkehren.

Diese Linie – der Corpus Callosum –, die beide Gehirnhälften verbindet, stellt eine Art »Regenbogenbrücke« zwischen weiblichem und männlichem Denken dar. Als solches Verbindungsglied hat sie natürlich erotische Eigenschaften, die Sie vielleicht spüren, wenn Sie das Sonne-Mond-Gespann immer wieder langsam und genüsslich Ihren Schädel entlang gleiten lassen.

Dann verlassen Sie diese Regenbogenbrücke, wobei sowohl Sonne als auch Mond langsam in die rechte Hälfte Ihres Gehirns eindringen. Stellen Sie sich die grauen Windungen vor, und versuchen Sie herauszufinden, was sie spüren, wenn sie von der warmen Sonne und dem kühlen Mond erleuchtet werden. Lassen Sie die beiden Gestirne Kreise in Ihrer rechten Gehirnhälfte ziehen.

Schließlich werden all diese Kreise zu einer Spirale, die weit über Ihre rechte Gehirnhälfte hinausreicht. Zum Schluss lassen Sie Sonne und Mond in die rechte Gehirnhälfte zurückkehren, wo beide in der Tiefe Ihres Schädels einen langen gemeinsamen Schlaf halten dürfen.

Wenn Sie dann am Morgen die Übung mit der Regenbogenbrücke, die uns meist schnell und zuverlässig in die rechte Gehirnhälfte führt, wiederholen, lassen Sie die Sonne und den Mond nicht wieder schlafen gehen. Stellen Sie sich vor, dass Sonne und Mond irgendwo draußen im Alltag auf Sie warten – so wird es Ihnen Spaß machen, den Herausforderungen des Tages zu begegnen.

Sechser Tag:
Erotik in höchster Potenz

Können Sie sich unter einem durch und durch erotischen Gehirn heute – nach all den Übungen im *Haus des Lernens* – einiges mehr vorstellen als noch vor einer Woche? Dann sind Sie in der Kunst der mentalen Bilder bereits ein wenig bewandert. Tun Sie daher diesmal nichts anderes, als in Ihrem Ballon alle bisherigen Übungen zu wiederholen:

Lassen Sie Ihr Gehirn inmitten Ihrer Sinnesorgane lustvoll atmen; imaginieren Sie Sonne und Mond. Wandeln Sie mit beiden Gestirnen die Lustbahnen entlang, und gehen Sie von der Regenbogenbrücke aus mit ihrer Hilfe direkt in die rechte Gehirnhälfte. Dort imaginieren Sie so entspannt und lustvoll wie möglich die Kreise und Spiralen von Sonne und Mond und lassen sie dann im Inneren

Ihres Schädels verschwinden. Danach konzentrieren Sie sich noch einmal auf die rechte Gehirnhälfte. Stellen Sie sich vor der rechten Seite Ihrer Stirn ganz eindringlich vor, was Ihnen Lust bereitet. Imaginieren Sie dabei alle möglichen Formen von Lust, und zwar so sinnlich wie möglich.

Nun gehen Sie noch einen Schritt weiter. Lassen Sie die Lust am Eis-Schlecken, die Lust an einem Glas Sekt, sogar die Lust am Orgasmus weit hinter sich – stellen Sie sich sich selbst als die lustvollste und sinnlichste Person der Welt vor. Malen Sie sich diese Person richtig schön aus: ihre Bewegungen, ihre Gefühle, ihre Art zu gehen, zu essen, zu reden … Sie werden den Unterschied zwischen Begierde und Eros wieder einmal sofort bemerken: Begierde greift nur nach außen, Eros sucht den Genuss in sich selbst. Wenn Sie diesen kleinen, aber wesentlichen Unterschied deutlich spüren und empfinden, fahren Sie noch ein Weilchen fort, sich selbst als so erotisch wie möglich wahrzunehmen.

Beim Aufwachen fügen Sie dieser Übung noch eine Übung für den Tag hinzu, die Sie in Zukunft nach Lust und Laune wiederholen können. Nehmen Sie sich vor, einen Ihrer Sinne an diesem Tag besonders erotisch einzusetzen: Schaffen Sie sich Tage, an denen Sie den Eros in Ihre Augen zaubern, und Tage, an denen Sie das Hören, das Riechen, das Schmecken und Tasten ganz besonders genießen.

Siebter Tag:
Ihr Baum der Leidenschaft

Wie üblich schließt der siebte Abend alle vorhergehenden mit ein. Spielen Sie also alle Übungen noch einmal durch, bis Sie bei Ihrer Vorstellung von sich selbst als einem höchst erotischen Menschen angekommen sind. Dann lassen Sie auch diese Bilder langsam los, bleiben aber in Ihrer rechten Gehirnhälfte. Denken Sie daran, dass Sie mit den Übungen zu den *Sieben Gesetzen des Eros* eigentlich schon recht weit gekommen sind. Jetzt ist es jedoch an der Zeit, die *Pflanze der Leidenschaft* zumindest symbolisch auch in Ihrem Inneren zu verwurzeln.

Legen Sie also in der Imagination vor Ihre rechte Stirnhälfte ein Samenkorn, in dem alle Lust enthalten ist, über die Sie verfügen. So, wie Sie vor fast zwei Wochen Ihren Lustballon als ein Bankkonto ansahen, auf dem es immer mehr Lust anzuhäufen galt, lassen Sie jetzt immer mehr Lust von Ihren Gefühlen in das Samenkorn hinübergleiten. Stellen Sie sich dann vor, wie dieses Samenkorn aufbricht, wie ein zarter, leuchtend grüner Keim hervorbricht. Allmählich wird dieser Keim immer größer; Sie spüren das Leben in ihm, die treibende Kraft dieses Lebens, die lustvoll in ihm pulsiert.

Der Keim wird zu einer kleinen Pflanze, auch sie ist voller Lebenslust. Weiter und weiter wächst die Pflanze der Leidenschaft heran; Ihre Imagination gibt ihr Kraft und Saft, und schließlich wird sie zu jenem Lebensbaum der Wollust, an dem Sie in Zukunft jederzeit naschen können. Stellen Sie sich die Lust des Baumes so intensiv wie möglich vor, spüren Sie, welche Lust er in ihr Gehirn verströmen kann, wie lustvoll es wäre, in seine Früchte zu beißen.

Zusammenfassung

Am Morgen des achten Tages rufen Sie sich den Lebensbaum in die Erinnerung zurück. Machen Sie sich dabei die ungeheure Macht der mentalen Bilder klar. Wenn Sie sich sich selbst als einen durch und durch erotischen Menschen vorstellen, so ruht dieses mentale Bild auch in ihrer allerkleinsten Zelle, es hat die Kraft, Sie umzuformen; vor allem aber ist es sogar in den stressigsten und unerotischsten Situationen abrufbar. Sie müssen nur an den Baum der Leidenschaft denken, der in Ihrer rechten Gehirnhälfte zu wachsen begonnen hat, der Ihre Schöpfung ist – und irgendwo läutet jene Glocke der Erinnerung, die zumindest ein wenig von seiner Leidenschaft in unser ansonsten oft so leidenschaftsloses Leben fließen lässt.

Zum Schluss noch einmal die sieben Tage und sieben Nächte des dritten Zyklus in Stichworten:

1. Tag: Selbstliebe – Atem – Zentriertsein
2. Tag: Das Gehirn atmet
3. Tag: Das Mond-und-Sonne-Spiel
4. Tag: Kreisen entlang der Lustbahnen
5. Tag: Die Regenbogenbrücke
6. Tag: Erotik in höchster Potenz
7. Tag: Ihr Baum der Leidenschaft

Das vierte Gesetz:

Die Umkehr

*Sind die Baumgötter
in Eintracht,
erheben sich
die bunten Falter
in den Himmel.
Sind Mond und Sonne
in Zwietracht,
fallen nur Larven
vom Baum.
Geheime Dinge sieht,
der sie zusammenhält.
Darum wechsle die Kräfte
und gib dich dem
Kuss der Schlangen hin.*

*G*eheime Dinge sieht derjenige, *der Mond und Sonne zusammenhält* ... Dies war nicht nur im alten Babylon so. Wie ein unendlich langer roter Faden zieht sich die Tradition der Geheimnisse des Eros durch die menschliche Geschichte. Schon immer sahen diejenigen, die um die Macht des Sexus wussten, geheimnisvolle Dinge, während die anderen als »Larven der Evolution« vom Baum fielen – ohne dies je zu begreifen.

Wir brauchen nur die Buchstaben des Wortes »Eros« anders zusammenzufügen, um erkennen, dass die Macht des Gottes der Götter zum Emblem vieler einflussreicher Geheimgesellschaften wurde. Als »Rose« taucht Eros im Westen wie im Osten, in der Literatur wie in der Politik auf. Rosenkreuzer, Freimaurer, Sufis, der Tantrismus mit seinen Chakren – für all diese Bewegungen war die »Rose des Eros« das Zeichen dafür, dass es geheime Kräfte gab, mit deren Hilfe Menschen sich wie *bunte Falter in den Himmel erheben* konnten.

Betreiben wir Sexus pur, teilen wir immer auf: in Mann und Frau, in männliche und weibliche Rollen, in Eindringen und Empfangen. Sind wir selbst jedoch wirklich erotisch geworden, benötigen wir diese Aufteilungen nicht mehr. Alle Körperteile beginnen vor Verlangen zu zerfließen, wir »verlängern« uns tatsächlich ein wenig, dringen über unsere eigenen Grenzen hinaus – und werden so aus uns selbst heraus oder mit Hilfe eines Partners zu etwas Größerem. Dann kommt es zu jener »Ekstase«, die von dem griechischen Begriff *Ekstasis* abstammt, der ursprünglich ein »Aus-sich-Heraustreten«, sozusagen eine Art »Überbewusstsein« bezeichnete – zu jenem Höhenflug der Erotik also, der uns tatsächlich aus der Alltäglichkeit heraustragen kann. Dies war für die Eingeweihten in die Geheimnisse der Rose nicht nur der Schlüssel zu einer völlig anderen Art von Sex, sondern auch der geheime Code für ein langes, ekstatisches und zumeist sehr einflussreiches Leben.

Lange Zeit rätselte ich am sechsten Vers herum, vor allem an der Frage, was die Eingeweihten, die *bunten Falter*, denn von den Normalsterblichen, den *Larven*, unterscheidet. Dann brachte mich die Anweisung *»wechsle die Kräfte«* auf das »Gesetz der Umkehr«. Die Kräfte zu wechseln mag vieles bedeuten. In erster Linie bezieht es sich wohl darauf, die weiblichen und männlichen Energien in sich selbst zum Kreisen zu bringen. Der nächste Schritt aber führt zu einer wirklichen Umkehr, zu der Stufe, auf der die Erotik zu jener Kraft wird, die man für alles und jedes nutzen kann: für ein langes und genussvolles Leben ebenso wie für Einfluss und Macht.

Genau genommen war es der *Kuss der Schlangen*, der mich auf diese Idee brachte. In unserer Schöpfungsgeschichte gilt die Schlange als die Verführerin, und das angeblich erste Paar in der Menschheitsgeschichte wird dafür bestraft, der Versuchung nicht widerstanden zu haben. In einem möglicherweise sehr viel älteren babylonischen Text werden die Menschen aber sogar aufgefordert, *sich dem Kuss der Schlangen hinzugeben*. Sie tun also das genaue Gegenteil von dem, was die arme Eva und der arme Adam taten: Sie lassen sich nicht weiterhin vom berühmten »Staub im Antlitz« kitzeln, sondern genießen die Sexualität.

Ganz zufällig las ich genau zu diesem Zeitpunkt, dass das Wort *Eden* im Hebräischen nicht nur »Obstgarten«, sondern auch »Wonne« bedeutet. So kam ich zu dem Schluss, dass einige wenige, sicherlich aber jene Handvoll Menschen, die schon immer um die alten Gesetze des Eros wussten, wohl einfach umgekehrt waren: Sie hatten vom Baum der Erkenntnis gekostet, die Welt außerhalb des Paradieses kennen gelernt, kehrten dann aber immer wieder in den Garten Eden zurück. Das Gesetz der Umkehr, *das Wechseln der Kräfte*, bezog sich also auf nichts anderes als auf das kontrollierte Wechselspiel zwischen Außenwelt und Innenwelt, auf den Übergang vom Baum der Erkenntnis zum Baum des Lebens.

Stellen Sie sich einen Augenblick lang Ihren Lustballon vor, das Gefühl der Geborgenheit und Zentriertheit in ihm. Dann malen Sie sich aus, wie Sie aus Ihrem Energieball hinausspringen, um sich in der Außenwelt etwas zu holen, auf das Sie so richtig Lust haben. Ob es dabei um einen Orgasmus geht oder um Ihre Lieblingsspeise, das neuste Surfbrett oder den aktuellsten Modeschmuck, spielt keine Rolle. Imaginieren Sie nur die Lust außerhalb des Ballons, dann kehren Sie zur Lust und zum Gefühl des vollkommenen Ganzseins im Ballon zurück. Sicher werden Sie dabei erkennen, dass wir alle tatsächlich so etwas wie einen Gefühlskörper besitzen, der zumeist nach außen strebt. Nur ganz wenige Menschen haben im Laufe der Geschichte jedoch erkannt, dass sowohl der Baum der Erkenntnis als auch der Baum des Lebens ihnen gehört: Sie kehren immer wieder zurück in das Paradies ihres eigenen Körpers und tanken dort neue Energien auf. Diese Eingeweihten sind somit nicht nur zum *bunten Falter* geworden, der über den Dingen schwebt, sie haben auch ein Gespür für das Gesetz der Umkehr entwickelt.

Normalerweise richten wir all unsere Energien nach außen; unser Denken, unsere Gefühle, sogar unser Atem – alles strebt hinaus. Das Paradies jedoch liegt tief in unserem Inneren – dort, wo jeder hedonistische Atemzug das Feuer unserer eigenen Energien entzünden, uns Kraft und Energie schenken kann.

Eher unbewusst praktizieren übrigens viele der modernen Meta-Sex-Künstler bereits dieses Gesetz der Energie-Umkehr. Während der Großteil der Menschheit glaubt, dass dafür zuerst alle äußeren Voraussetzungen stimmen müssen, handeln sie frei nach der Devise: Egal, ob rundherum die Welt zusammenbricht, Erotik macht in jedem Fall alles besser. Damit kehren sie auf die einfachste Art und Weise zurück in den Garten Eden und wandeln vielleicht tatsächlich in den Fußstapfen von Mysterienschülern uralter Zeiten. Erstaunlicherweise erinnert ihr Verhalten ebenso wie das Gesetz der Umkehr nämlich an jene Stufe auf dem Lebensbaum, auf der sich die alten Mysterien einst zu teilen begannen. Die ersten Stufen galten dabei den »kleinen Geheimnissen«, sie waren der Isis geweiht und wurden als weiblich angesehen. Genau genommen dienten sie der Reintegration des Menschen; sie zielten auf jenes Gefühl der vollkommenen Ganzheit und jenes erotische Empfinden ab, die wir bis heute mit unseren Übungen angestrebt haben.

Von der Stufe der Umkehr an ging es dann den »männlichen Geheimnissen« des Sonnengottes Amun entgegen. Diese wurden bis heute ausschließlich in Geheimgesellschaften gehütet und weitergegeben – denn sie ließen *geheime Dinge sehen*. Während die Geheimnisse der Isis dem Menschen nämlich das weibliche Prinzip der Sinnlichkeit eröffneten, führten die Mysterien des Amun weiter zu jenem Bewusstsein, das diese Sinnlichkeit auch sehr gezielt lenken kann.

Gib dich dem Kuss der Schlangen hin

Was passiert, wenn sich die mond- und die sonnengekrönte Schlange küssen und wir uns ganz *dem Kuss der Schlangen hingeben*? Wie verändern wir uns, wenn die weibliche Hingabe unseres Körpers auf das männliche Bewusstsein trifft und wir sowohl die Lust des Körpers als auch die Lust unseres Gehirns zu schätzen wissen? Immer wieder stellte ich mir angesichts der *bunten Falter*, die *sich erheben*, wenn *die Baumgötter in Eintracht sind*, diese Frage.

Vielleicht machen Sie es mir nach? Schließen Sie die Augen, und versuchen Sie herauszufinden, wie sich in den letzten zwei Wochen mit Hilfe der Übungen, aber auch mit Hilfe der beiden Schlangen, Ihre Vorstellung von Lust verändert hat.

Dann verbannen Sie alle Vorstellungen von der Superenergie des Eros aus Ihrem Kopf. Gehen Sie in die Zeit zurück, in der Sie von den Gesetzen des Eros noch nicht die geringste Ahnung hatten. Stellen Sie sich vor, wie damals irgendeine sexuelle Phantasie zu einem Gefühl wurde, wie sich dieses Gefühl dann im Körper niederschlug … Jetzt gehen Sie den umgekehrten Weg: Nehmen Sie irgendeine körperliche Empfindung, die Sie damals vielleicht hatten, lassen Sie diese Empfindung wachsen, sie zu einem Gefühl werden; schauen Sie dann genau zu, wie das Gefühl zur Phantasie wird. Damit sind Sie die beiden allgemein üblichen Wege des Sexus entlanggegangen.

Nun kehren Sie in die Gegenwart zurück. Werden Sie sich klar darüber, dass der *Kuss der Schlangen* tatsächlich eine ganz andere Form der Erotik bedingt. Auslöser dafür ist weder ausschließlich unser Körper noch allein unser Gehirn, sondern die Macht des Eros als dritte, als verbindende Kraft. Zuerst schüren wir den Eros in uns selbst, dann erst geht es um Techniken, um Phantasien.

Machen Sie die Probe aufs Exempel: Schließen Sie noch einmal die Augen, und denken Sie an den erotischsten Abend, den Sie sich vorstellen können – vielleicht an ein herrliches Dinner bei Kerzenlicht in völlig gelöster Stimmung. Zuvor aber haben Sie in Gedanken noch einen kleinen Abstecher in Ihren Lustballon gemacht. Sie haben sich von dort alle Liebe, Lust und Energie geholt, die Sie mitnehmen konnten, dann erst tauchen Sie bei Ihrem erotischen Dinner auf.

Sie können diesen Abend in Ihrer Phantasie allein verbringen und alles und jedes erotisieren; Sie können sich aber auch einen Abend zu zweit vorstellen. Einen Abend, an dem Sie nichts beweisen müssen, an dem das Spiel aller Spiele um des Spiels willen gespielt wird, nicht um Orgasmen zu bescheren – aus reiner Freude am Spiel und dem unbefangenen Spaß daran.

Falls Sie sich eine erotische Spielerei allein oder zu zweit so plastisch und phantasievoll wie möglich ausmalen können, sind Sie in den Gesetzen des Eros bereits weit fortgeschritten. Dann werden Sie wohl auch erkennen, dass es der *Kuss der Schlangen* ist, der uns zu Meistern der Erotik macht.

Die Kräfte zu wechseln, umzukehren, hat eine vielschichtige Bedeutung. Nicht nur das Verstehen des weiblichen und männlichen Pols und die Wiederentdeckung des Körpers als ureigenstes Paradies gehören dazu, auf einer nächsten Stufe geht es um das Lenken und Bewahren von Energien. Schon immer hatten die

Verehrer der Rose ihre ganz besonderen Rituale, mit deren Hilfe die Sexualkraft geschürt, bewahrt und auf einem hohen Energielevel gehalten wurde.

Eine andere Form von Umkehr praktizieren viele Tantriker, denen es vor allem darum geht, sich von jeglichem Tabu zu befreien. Dass dem »Nichteingeweihten« dabei manches pervers vorkommt, liegt wohl schon in dem Wort selbst begründet. Denn der Begriff »pervers« stammt von dem lateinischen Verb *pervertere* ab, was unter anderem »umstürzen« bedeutet – und genau zu diesem Zweck waren manche der Riten in der tantrischen Sexualmagie auch gedacht. Denn für jede sexualmagische Handlung gilt, dass zuvor die übliche Sicht des Sexus »umgestürzt« werden muss.

Der berühmte »Tanz der sieben Schleier«, die »Geheimnisse der Isis«, die hinter sieben Schleiern verborgen sind – all das weist uns ja bereits darauf hin, dass unser Ich, aber auch unsere Sexualität und jede mögliche Form der Erotik in hohem Maß von den Bedingungen um uns herum geprägt und somit häufig nicht von uns selbst gesteuert sind. Heutzutage brauchen wir nicht einmal mehr auf dieses Symbol der sieben Schleier zurückzugreifen, um zu wissen, dass wir vor einer erotischen Begegnung oft weit mehr an die Umstände als an den Eros selbst denken. Die Art dieser Vorbehalte hat sich im Laufe der Zeit zwar grundlegend verändert – aus der großen Sünde der Sexualität ist ein moderner Volkssport geworden, der nur noch einen minimalen sündigen Beigeschmack hat. Trotzdem halten sie uns noch heute häufig davon ab, die wirkliche Bedeutung der Sexualität zu erkennen: jenen Magnetismus, der schon immer die wahre Magie der Erotik ausgemacht hat, jene Magie, die in den letzten Jahrtausenden tatsächlich ein Mysterium geblieben ist.

Heute scheint dieses Geheimnis auf den ersten Blick entschleiert worden zu sein; wir reden von Schwellensex, von Surfen auf den Wellen der Lust, von Geheimgriffen, die die Ejakulation verhindern, von Mehrfachorgasmen, G-Punkten und den verschiedensten erogenen Zonen. Dass all diese Schlagwörter jedoch nichts mit den wahren Mysterien des Sexus zu tun haben, zeigt uns der erste Satz der sechsten Strophe der Gesetze: *Sind die Baumgötter in Eintracht, erheben sich die bunten Falter in den Himmel.*

Die Baumgötter symbolisieren die Sinnlichkeit des Körpers und damit den weiblichen Pol sowie das männliche Prinzip, den Geist des Menschen; die Eintracht aber stellt Eros dar, den Gott der Götter. Um solch eine Eintracht zu erreichen und uns sozusagen als *bunte Falter in den Himmel erheben* zu können, müssen wir jedoch etwas tun, was die Menschheit bis auf eine kleine Minderheit noch nie getan hat: Wir müssen uns fragen, welchen Sinn die Sexualität für uns selbst hat. Denn nach dem Hauptmotiv für jede Form der Erotik haben sich bis heute nur diejenigen gefragt, die in die Mysterien eingeweiht wurden; für die anderen waren die Gründe entweder biologischer oder unbewusster Natur. So wurde der goldgeflügelte Eros mit all seinen Möglichkeiten schließlich als eine Art »Storch« betrachtet, der die Kinder bringt, oder als ein Gott, der es gestattet, die eigenen Gefühle abzureagieren.

Bevor Sie also den nächsten Orgasmus anstreben, sollten Sie einmal innehalten und sich so unverblümt wie möglich fragen: Warum betreibe ich eigentlich Sexualität? Was steckt dahinter? Welche Rolle spielen mögliche Partner dabei? Was bezwecke ich mit der Masturbation? Will ich Lust um der Lust willen? Will ich mich für etwas entschädigen oder abreagieren?

Alle jene Antworten auf diese Fragen, die unserer gewohnten Denkweise entsprechen, gehören in den Bereich der üblichen Sexualität. Alle Meta-Sex-Antworten aber sind energetische: Dabei wird die Erotik zum Werkzeug, das die eigenen Energien und die eines möglichen Partners sprunghaft ansteigen lässt.

Der Zweck und die Funktion des Orgasmus in den alten Mysterien war es, die Menschen auf eine höhere Ebene zu heben. Diesem Ritual, das als heilig angesehen wurde, ging jedoch eine lange Zeit der Askese voraus. Auch dies hatte energetische Gründe, die Sie aus den kleinen Mysterien in Ihrem Lustballon bereits kennen. Askese – und sei es nur eine rein körperliche – ist ein bewährtes Mittel zur Energiesteigerung.

Ob man dabei für eine gewisse Zeit völlig auf Sex verzichtete oder nach diesem Stadium des Alphaismus in der Sexualmagie dem Dianismus huldigte, hing einstmals in den Mysterien davon ab, auf welcher Stufe man stand. Die zweite Stufe – die des Dianismus – leitet sich vom Namen der keuschen Göttin Diana ab. Unter ihrem Deckmantel durfte man zwar jeder Form der Lust frönen, hatte aber seine Sinnlichkeit so unter Kontrolle zu halten, dass es zu keinem Orgasmus kam. Auch hier zeigt sich wieder deutlich das Gesetz der Umkehr: Die Sinnlichkeit wird nicht ausgelebt, sie wird gebändigt.

Der Unterschied zwischen diesen beiden Formen der Sexualität entsprach einstmals auch der Unterscheidung zwischen Orgien und Mysterien. Orgien waren Feste einer allgemein ausufernden Sinnesfreude; in den Mysterien, zumindest in deren innerem Kreis, wusste man jedoch um das Geheimnis der Schlange und um das Geheimnis der Umkehr. Hinter beiden Geheimnissen stand die Erkenntnis, dass Lust nur dann ihre ganz besondere Ausstrahlung entfalten kann, wenn durch einen ekstatischen Rausch jene Magnetisierung eintritt, die beim üblichen Alltags-Sex fehlt. Nur dann erhebt sich auch unser Denken aus seinem gewohnten Rahmen. Es kann immer nur so gut funktionieren wie der Austausch von Botschaften zwischen unseren Nervenenden – und selten werden diese so sensibilisiert wie bei einem Sexualakt, bei dem die Energie nicht nach außen abfließt.

Dieses Wissen dürfte sich in den verschiedensten Geheimgesellschaften erhalten haben. So gingen viele esoterische Traditionen davon aus, dass der Eros den Menschen umwandeln, sozusagen seine Frequenz erhöhen kann. Wir müssen keine *Larven* bleiben, die schließlich doch *vom Baum fallen* – wir können auch zu Schmetterlingen werden, die alles zu genießen wissen, die sich auf jeder Blüte niederlassen, um hernach in den Himmel aufzusteigen. Dies war die Botschaft der alten Mysterien und der nachfolgenden

Geheimgesellschaften – und vielleicht war es auch die Botschaft jener uralten Liebesschule, die uns *Die sieben Gesetze des Eros* überliefert hat.

Die Mysterien

Gehen wir einmal zweitausend Jahre zurück und versetzen uns in die Rolle eines Initianden in einem Isis-Tempel. Als Kandidat für die Einweihung in die Geheimnisse der Göttin leben wir einige Zeit so richtig schön asketisch: kein Geschlechtsverkehr, Fasten und jede Menge Meditation. Dann endlich ist der große Tag gekommen; in Gestalt des Typhons – eines vielköpfigen Ungeheuers – werden wir durch die Straßen oder durch das Tempelareal getrieben, geschlagen, verhöhnt, verspottet. Die Tiergestalt, die wir darstellen, ist das Zeichen für alles Tierische in uns – für die Begierden, die schon während der langen asketischen Periode aus unserem Unbewussten aufgestiegen sind, für die Wut, mit der wir auf die Erniedrigungen reagieren. Dann wird es Zeit für die Umkehr.

In seinem Roman *Der Goldene Esel*[5] beschreibt der römische Schriftsteller Apuleius, wie er als Esel eine Rose aus der Hand des Hohenpriesters entgegennimmt und frisst, dadurch alles Tierische verliert und zu einem anderen Menschen wird. Den späteren Fortgang können wir nur erahnen, denn Apuleius teilt uns nicht viel mehr mit, als dass er bei seinem Initiationsfest um Mitternacht die Sonne in vollem Glanz strahlen sah.

Die in die Mysterien Eingeweihten waren zu strengstem Schweigen verpflichtet. Dennoch wissen wir heute, dass es bei den Kulthandlungen als Höhepunkt und Abschluss zu ekstatischen sexuellen Feiern kam. Eine Römerin, die von den Geheimnissen des Isis-Kultes anscheinend wenig wusste, klagte nämlich der Überlieferung nach unter Kaiser Tiberius den amtierenden Priester an, sie entehrt zu haben. Sie hatte herausgefunden, dass nicht Osiris ihr göttlicher Liebhaber gewesen war, sondern der Priester seine Rolle eingenommen hatte.

Wir, die wir heute wissen, dass die Mysterien die logische Fortsetzung der uralten Tradition des Hieros Gamos, der Heiligen Hochzeit, und der Geißelung des Königs sind, können uns vielleicht noch ein wenig tiefer in ihre Geheimnisse hineinversetzen. Denn wenn Apuleius um Mitternacht die Sonne sah, so erinnert dies an die erste Stufe der sieben Gesetze, wo das *stumpfe Fleisch* plötzlich *strahlend* wird. Vor allem aber ist es die Heiligkeit der Sexualität, die ihn verwandelt. Sich symbolisch mit einem Gott oder einer Göttin zu vereinigen ist etwas grundlegend anderes, als sich vor den Toren des Tempels mit Sterblichen zu vergnügen. Aus solch einem ekstatischen Erleben ging man als erneuerter Mensch, als »zweifach Geborener«, hervor, während die allgemein zugänglichen Orgien vor allem der Erneuerung der gesamten Natur dienen sollten.

Aber auch ihre Wurzeln reichten weit in die alten Zeiten der Fruchtbarkeitsgöttinnen und des Hieros Gamos zurück. Während im gesamten Vorderen

Orient und teilweise auch schon im Römischen Reich eine strenge Gesetzgebung die erste große puritanische Phase in der Geschichte einleitete, zog es vor allem die Armen, die Frauen, die plötzlich ohne Rechte dastanden, und die Sklaven zu den Orgien und zu den Mysterienkulten. Die jährlichen Fruchtbarkeitsfeste mit ihrer Freizügigkeit waren das beste Ventil für die Begierden der Massen. Tausende strömten zu den Kulten der Isis und des Osiris, der Demeter und Persephone, des Dionysos oder Orpheus. Dort gab es alles, was das Herz des Menschen, aber auch sein Hirn und seine Genitalien begehrten: Fleischeslust in den Orgien, Magie für die Wundersucher, Mystik für die Gottessucher und Symbole, die für den Eingeweihten Eros, Magie und Mystik verbanden. So stellten etwa zwei kopulierende Schlangen in den Augen des gewöhnlichen Volkes ein Sinnbild für die männlichen Geschlechtsorgane dar; dass sie für einen inneren Kreis von Eingeweihten die Umkehr der Energien symbolisierten, können wir heute jedoch nur vermuten, weil jeder Initiierte einen Eid abzulegen hatte, die Geheimnisse der Mysterien niemals preiszugeben.

Dieser Verschwiegenheit in Sachen Schlange begegnen wir bis zur heutigen Zeit in allen Meta-Sex-Bewegungen. So war etwa die Rose nicht nur das Symbol für die Macht des Eros und für das weibliche Geschlechtsorgan, sie galt auch als Sinnbild der Verschwiegenheit. Denn das Wissen um den Zusammenhang zwischen Liebe und Hass, um die Gegensätze in uns allen, sollte nur den Eingeweihten vorbehalten bleiben.

Genau diese Suche nach den negativen und dämonischen Eigenschaften in uns war nämlich die Grundvoraussetzung für eine Einweihung in die Mysterien. Ohne die Dämonen zu ergründen, gab es keine Einweihung – ohne Umkehr kein Aufstieg. Vor allem im hoch entwickelten Isis-Kult kam es so zu einer gelungenen Verbindung von Eros, Selbsterkenntnis, einer Art Psychoanalyse und Verehrung des Göttlichen. Im Gegensatz zu den letzten zweitausend Jahren, in denen fromme und »scheinfromme« Männer alles ablehnten, was nicht in ihr Gottesbild passte, galt zu Zeiten der Priester des Osiris und der Isis derjenige als fromm und weise, der alles als göttlich ansah. Vor allem natürlich auch die Erotik, der nach der Umkehr nichts mehr von der tierischen Wildheit der alten Sexualität anhaftete.

Während bei den Festen des Dionysos im Dezember und Ende März die Frauen sich von ihrem Gott »beseelt« fühlten und als Mänaden in wilden Tänzen durch die Lande zogen, hatten die Eingeweihten bereits erkannt, dass jede Form der Energie einfach Energie war und sich für vielerlei einsetzen ließ: für heftige Leidenschaft ebenso wie für gepflegte Sinnlichkeit, für Hass wie für Liebe, für Schuldsprüche wie für die Freisprechung von jeder Schuld. Einen solchen »Freispruch« bewirkten sowohl die Orgien außerhalb als auch innerhalb der Tempel: Sie nahmen den Menschen alle Schuldgefühle, indem der Eros als bedeutsam für die allgemeine Fruchtbarkeit oder die Weiterentwicklung des Menschen angesehen und geschätzt wurde. Zudem lösten sie alte Hemmungen, negative

Gefühle und alte Begierden auf – und sie erneuerten zugleich.

Damit wurde die Sexualität auf eine völlig neue Weise zum Symbol der Schöpferkraft. Auch dabei ging der dunkle Aspekt jedoch nie ganz verloren. Während Apuleius seine Tiernatur zerstört, um mitten in der Nacht von der Sonne erleuchtet zu werden, sollen nach alter Überlieferung die Mänaden den Gott Dionysos zumindest symbolisch in Stücke gerissen haben. Auch bei den römischen Bacchanalien wurden alle üblichen Gesetze übertreten: Tobende junge Männer, Frauen mit aufgelösten Haaren liefen durch die Straßen, jede Form von Sexualität wurde frei ausgelebt, sogar zum Mord konnte es kommen. Trotzdem galten solche Feste, darunter etwa auch die Saturnalien, als eine Art »Reinigung des Geistes« mit Hilfe der Orgie.

Das Einmaleins der Umkehr

1. *Das größte Geheimnis der Mysterien hat auch heute noch seine Gültigkeit: Energie ist ganz einfach Energie – und dieser Energie liegt unsere Sexualkraft zugrunde.*
2. *Es gibt keine »gute« oder »böse« Energie; wir haben aber die Macht, unsere Energie gezielt einzusetzen.*
3. *Wir können sie für gepflegte Sinnlichkeit und Erotik verwenden, für Freude, Harmonie und ein durch und durch lustvolles Lebensgefühl. Wir können klüger, mächtiger und gesünder werden – uns mit Hilfe der*

Schlange vielleicht sogar an eine Art »Unsterblichkeit« heranwagen.

4. *Wenn wir unseren eigenen Sexualtrieb einmal unter die Lupe nehmen, können wir jedoch entdecken, dass die Schlange häufig lieber in kriegerischen Gebieten »wildert« als in harmonischen. Wir haben uns so an den ununterbrochenen »Krieg«, an Stress, Neid, Gier und Angst gewöhnt, dass wir alle Befriedigung draußen suchen und nicht in der Harmonie eines erotischen Körpers. Dies stumpft uns ab, macht uns langweilig, kann uns krank werden und früher sterben lassen als notwendig.*

5. *Ebenso wie wir Energie nach außen zerstreuen und dabei verlieren, können wir sie aber auch zentrieren und nützen. Dazu müssen wir allerdings umkehren, »die Kräfte wechseln«.*

6. *Das Gesetz der Umkehr kennt drei Etappen: Die Stufe des Heilens und Ganzwerdens, mit der wir uns bereits in den beiden ersten Siebener-Zyklen befasst haben; dann die Stufe des Innehaltens und der endgültigen Umkehr. Auf dieser werden wir mit unseren eigenen Aggressionen, unseren Ängsten und sexuellen Fehlprogrammierungen konfrontiert und lernen sie zu überwinden. Auf der nächsten Stufe geht es dann weiter mit jenen Übungen, die bis heute ausschließlich den Geheimgesellschaften vorbehalten waren.*

7. *Das Gesetz der Umkehr liegt nicht ohne Grund zwischen den uralten Mysterien der Isis und dem Geheimwissen des Amun. Es entspricht jener Regenbogenbrücke, auf der wir zwar eine neue Form von Sinnlichkeit kennen gelernt haben, aber noch immer*

nicht jenes strahlende Bewusstsein, das die in die Mysterien Eingeweihten versprachen. Dennoch schafft das vierte Gesetz eine unüberwindliche Grenzlinie zwischen der alten Sexualität und all den neuen Formen des Eros. Wer sich einmal dem »Kuss der Schlangen hingegeben« und wahre Leidenschaft kennen gelernt hat, kehrt nicht mehr in das »Land der Larven« zurück.

Unsere erotischen Anlagen

Haben Sie sich jemals gefragt, was Ihre ganz speziellen erotischen Anlagen sind? Diese Frage ist nicht weniger brisant als die bereits gestellte Frage danach, warum wir eigentlich Sex betreiben. Denn die Antwort kann uns zeigen, dass unsere Sexualität den Kinderschuhen noch lange nicht entwachsen ist.

Irgendwo in unseren Gehirnen ist eine Menge alter Filme über all unsere erotischen Gewohnheiten gespeichert, und diese Filme lassen wir immer wieder ablaufen – ob wir es nun wollen oder nicht. Dass diese Gewohnheiten zumeist fremdbestimmt sind, alte Formen der Zustimmung oder Ablehnung unserer Bezugspersonen und unserer Umwelt widerspiegeln, bemerken wird häufig überhaupt nicht. Die ursprüngliche Kraft des Sexualtriebes hat sich in der Kindheit durch diese oder jene Umstände in diese oder jene Richtung entwickelt, und dieser Richtung laufen wir dann oft ein Leben lang nach. Das führt jedoch oft zu jenem »Routinesex«, der in trauten

Zweierbeziehungen ebenso wenig unserer ureigenen Persönlichkeit entspricht wie bei jeder munteren Hüpferei durch die verschiedensten Betten. Wir mögen viel oder wenig Sex haben, aufregenden oder weniger aufregenden – das ändert nichts daran, dass nur wenige von uns über eine wirkliche erotische Persönlichkeit verfügen. Macht man sich an den Versuch, diesen Begriff einmal zu definieren, so kommt man wiederum an der Erkenntnis der alten Mysterien nicht vorbei, dass der Sexus so lange verschüttet bleibt, wie er sich in der alten Tiernatur des Menschen verbirgt.

Wir alle verfügen nur über *eine* Form der Energie, über die Sexualkraft, die alles übrige bedingt. Solange wir aber diese eine Energie verschwenden, wird sie uns keine *geheimen Dinge* zeigen, die die Mysterienschüler alter Zeiten anscheinend sehr wohl sahen. »Der Tyrannei des blinden Wesens ist nun ein Ende!« jubelt Apuleius[6] und berichtet weiter davon, wie ihn die Allmacht der Göttin der Liebe und des Eros über das allgemeine Unglück triumphieren ließ. Er verließ quasi den dunklen Strom der Sexualität, um endgültig in den lichten des Glücks und des Eros überzuwechseln. Und dieser Strom liegt natürlich in uns selbst.

Wenn der erotische Rhythmus unseres physischen Körpers das möglichst ungestörte Ein- und Ausatmen ist, so wird der Rhythmus des psychischen Körpers von jenem Mögen und Nicht-Mögen bestimmt, das wir noch immer nicht durchschaut haben. Wir fühlen uns zu Dingen hingezogen und von Dingen abgestoßen, wir lieben und hassen – ohne dieses psychische Ausdehnen und Zusammenziehen könnten wir wohl gar nicht existieren. Was wir jetzt sind, ist das Ergebnis unserer Vorlieben und Abneigungen – nur akzeptieren wir dieses emotionale Ein- und Ausatmen bis heute nicht.

Seitdem wir Kinder waren, wurde uns beigebracht, dass man brav zu sein und keine »schlechten« Gefühle zu haben hat; und das haben die meisten von uns auch äußerst erfolgreich verinnerlicht: Also sind wir brav – und dies häufig mit den größten Wutgefühlen im Bauch. Darum nähern wir uns so oft allem und jedem mit jener inneren Abwehr, die den sich ursprünglich weit öffnenden Eros in uns zu einem festen Panzer gemacht hat.

Die Lösung für dieses Problem ist uns jedoch in den Mysterien vorgegeben. Sie lautet weder Buße tun noch jammern, noch bereuen – sie liegt in jenem berühmten »Kehret um!«, das schon Jesus uns anriet, von dem wohl nicht zu Unrecht vermutet wird, dass er ein Mysterienschüler war. Warum sollten wir – wie die letzten zweitausend Jahre hindurch – etwas bereuen, wofür wir eigentlich nichts können? Warum sollten wir dafür Buße tun, dass uns der Eros schon als Kind »abgewöhnt« wurde? Niemand ist daran schuld – wir können auch keinen Eltern, keinen Lehrern, keinem Erziehungssystem die Schuld in die Schuhe schieben; alle sind ebenso schuldlos wie wir.

Die einzige Möglichkeit, diesem alten Fluch des Sündenfalls zu entkommen, ist die Umkehr. »Kehret um!« ist der Aufruf dazu, sich die Dinge anzusehen, wie sie sind, sie nicht zu verurteilen, sondern einfach völlig anders zu machen. Es ist die Aufforderung, die ursprüngliche Kraft des Eros zu einer völlig neuen zu machen – jenseits des Widerstandes, der heimlichen Kriege im Inneren und der gar nicht so heimlichen im Äußeren.

Das vielleicht größte Geheimnis der Mysterien war wohl die Erkenntnis, dass Energie einfach Energie ist. Sie ist weder gut, noch ist sie böse; wir selbst sind es, die sie entweder dämonisch oder erotisch machen. Wer dies erkennt, steht auf jener Stufe des Lebensbaumes, auf der das Gesetz der Umkehr wirksam wird: Er entscheidet sich nicht mehr für die alten Formen des Sexus, für jene unteren Stufen, die ausschließlich der Fortpflanzung dienen oder den früheren Orgien entsprechen, sondern für eine ganz neue Erotik.

Nur Eingeweihte konnten bisher neben diesen unteren Stufen die Rose des Eros sehen, die in der Krone des Lebensbaumes blüht. Heute aber winkt die Rose vom Wipfel des Baumes her uns allen zu. Blicken wir jedoch nach unten, sehen wir nur wildes, instinkthaftes Ausleben der Sexualität, biologische Nachkommenschaft und Orgasmen als einziges Ziel, Schuldgefühle und daraus resultierende pornografische Phantasien, Gier und den daraus erwachsenen Ekel – auf einen Nenner gebracht also all das, was die Sexualität bis heute in den Verruf der »Schmutzigkeit« gebracht hat. Schauen wir hingegen nach oben, dorthin, wo die Rose des Eros erblüht, so winken verfeinerte Sitten. Eros ist nicht mehr das Ziel der Begierde, sondern der Weg selbst: Eine Handbewegung kann dabei erotischer sein als ein ganzer Sexualakt; ein Sexualakt (die prosaische Bezeichnung stammt noch aus dem Land weit unten) beschränkt sich nicht mehr ausschließlich auf einen Orgasmus, sondern bezieht das Spiel davor, dazwischen, danach mit ein. Im Lande unten herrschen erotische Gefühle ausschließlich im Unterleib, auf dem Wipfel des Baumes betrachtet ein Sexualmagier seinen Schädel als Yoni und die Energie entlang der Wirbelsäule als Lingam.

Das setzt allerdings bereits fortgeschrittene erotische Fähigkeiten voraus. Seinen Kopf und sein Denken so orgastisch werden zu lassen, dass man sich von der Energie der Schlange tatsächlich befruchtet fühlt, verlangt nach den Kenntnissen der Troubadoure, der Tantriker, der alten Taoisten und der modernen Sexualmagier. Aber dieses uralte Wissen wartet bereits auf uns, wenn wir nur mutig genug sind, weiter in den Baum des Lebens hinaufzusteigen und die alten Formen der Sexualität hinter uns zu lassen.

Unten im alten Land hat sich eine Menge Seelenmüll und Defaitismus angesammelt – und Sex scheint oftmals das einzige probate Mittel dagegen zu sein. Dabei verwandelt sich jedoch auch der Eros in etwas Problematisches. Oben dagegen gilt die Devise der Umkehr: Werde zuerst selbst so erotisch wie möglich, und all die dunklen Bereiche, mit denen du dich abgequält hast, verblassen wie Bilder von einem fernen Land, durch das du irgendwann einmal gezogen bist.

Übungs-Zyklus: Der Dämonen-Tanz

Erster Tag: Persönliche Haus-Dämonen

Haben Sie schon einmal probiert, in Ihrem Lustballon nicht nur die Lust, sondern auch die Zeit auszudehnen? Versuchen Sie es doch heute Abend, am ersten Tag des neuen Zyklus. Lassen Sie in den Ballon nicht nur alle Lust der Welt, sondern auch alle Zeit dieser Welt strömen. Sie werden dabei etwas Eigenartiges bemerken: Je weiter Ihr Zeitgefühl wird, umso weiter wird auch Ihr Raumgefühl – und dieses Ausdehnen bringt mehr und mehr Lust.

Mit dieser Übung und mit einem völlig anderen Körpergefühl als noch vor drei Wochen schließen wir sozusagen den ersten großen Kursus ab. Wir haben die Rollen der beiden Schlangen durchschaut, den weiblichen und den männlichen Faktor in uns; wir wissen, dass alles im Lot ist, wenn sie in Eintracht sind, dass aber rein gar nichts stimmt, wenn sie sich streiten. Solange unser Bewusstsein immer wieder zum intuitiven Wissen des Körpers zurückkehrt – und wir ihm auch die Zeit dazu geben –, haben wir »schmetterlingshafte« Fähigkeiten; wenn beide Formen des Wissens gespalten sind, erwachen in uns die »bösen Dämonen« der ursprünglich neutralen Sexualkraft.

Natürlich sind diese Dämonen nichts anderes als Energien und Kräfte, die uns daran hindern, so lustvoll und energetisch wie möglich zu leben, und die Psychoanalyse kennt jede Menge kompliziert klingender Namen dafür. Da wir aber in Bildern sehr viel besser denken und vor allem fühlen können, heißt dieser Übungs-Zyklus ganz absichtlich »Dämonen-Tanz«. Schließlich ist es amüsanter, von einem Dämon namens »Neid« zu sprechen als von einem doch sehr anonymen Neid-Komplex. Außerdem führt das gelassene Akzeptieren der eigenen »Haus-Dämonen« sehr viel eher zu deren Verschwinden als eine Analyse unserer Psychosen, Neurosen und Komplexe mit noch geschliffenem Intellekt. Viel Spaß also bei diesem neumodischen Mysterienspiel, das »alte Sündigkeit« durch »neue Sinnlichkeit« ersetzen soll.

Am ersten Abend geht es erst einmal wieder einen großen Schritt zurück. Wir rekapitulieren die erste Grundstufe: Selbstliebe – Atmen – Zentriertsein. Dann wenden wir uns dem erotischen Gehirn zu. Lassen Sie zuerst Ihr Gehirn atmen, danach wiederholen Sie das Sonne-und-Mond-Spiel und gehen später langsam und gemütlich zum Kreisen entlang der Lustbahnen über. Schließlich bauen Sie mit Hilfe von Sonne und Mond die Regenbogenbrücke in der Mitte Ihres Schädels auf, von der aus Sie dann direkt in die rechte Gehirnhälfte »hineinrutschen«. Dort stellen Sie sich am ersten Abend sich selbst noch einmal als die erotischste Person der Welt vor. Zum Schluss lassen Sie wieder einmal den Baum der Leidenschaft in Ihrer rechten Gehirnhälfte so richtig wonniglich wachsen.

Auch der nächste Morgen gilt diesen ersten Stufen, die Sie immer mehr verinnerlichen sollten. Aber lassen Sie sich dabei unbedingt Zeit. Versuchen Sie die Zeit wie am Abend zuvor auszudehnen, sehen und spüren Sie, wie Zeit mit Lust und Lust mit Zeit zusammenhängen.

Zweiter Tag:
Rückblick in die Kindheit

Dass wahre Lust Ewigkeit fordert, wusste schon Nietzsche. Machen Sie es ihm am zweiten Übungstag nach. Dehnen Sie wieder einmal die Zeit aus, dehnen Sie den Raum und dehnen Sie die Lust aus. Sie brauchen dazu keine Anleitung; Sie müssen sich nur bemühen, auch in Ihrem Lustballon alles so langsam und lustvoll wie möglich anzugehen.

Nach den ersten Stufen gehen Sie wieder zu den Gehirnübungen über. Haben Sie diese so langsam und erotisch wie möglich durchgespielt, machen Sie sich an eine völlig neue Form der Imagination. Bleiben Sie in Ihrer rechten Gehirnhälfte, lassen Sie aber vor Ihrem geistigen Auge eine Art »persönliches Theater« entstehen. Gestalten Sie den Bühnenraum ganz nach Ihren Vorstellungen. Dann lehnen Sie sich zurück, um den ersten Akt so ruhig und gelassen wie möglich zu betrachten.

Der Schauspieler sind Sie als kleines Kind. Versuchen Sie, sich selbst so deutlich wie möglich zu sehen, und beobachten Sie sich dabei, wie Sie das erste Mal masturbiert haben. Fallen Sie jetzt beim Lesen aber nicht gleich vor lauter Schreck vom Diwan: Das Spiel, das wir in dieser Woche spielen, heißt nicht ohne Grund »Dämonen-Tanz« – und einer der Dämonen, die wohl uns allen noch im Nacken sitzen, ist die unschuldige Selbstbefriedigung in unserer Kindheit. In beinahe allen Fällen fühlten wir uns dabei sündig, und diesen »Sünden-Dämon« gilt es zu verstehen. Beobachten Sie daher an diesem Abend Ihre ersten Versuche mit der Sexualität ganz genau. Bewerten Sie dabei aber nichts, versuchen Sie nichts zu analysieren, lehnen Sie sich einfach zurück und werden Sie zum Zuschauer bei Ihren ersten erotischen Spielen.

Am nächsten Morgen rücken Sie das eventuelle Schuldgefühl weit in den Hintergrund und sagen sich, dass solche Selbsterkundungs-Trips notwendig und wichtig sind. Dann genießen Sie mit dem Kind vor Ihrem inneren Auge noch einmal ganz entspannt das Streicheln Ihrer Geschlechtsorgane.

Dritter Tag: Liebe zu sich selbst

Haben Sie Ihr ganz persönliches Theater auch besonders originell eingerichtet? Wenn nicht, holen Sie dies heute nach.

Nicht nur, weil es jetzt eine ganz besondere Vorstellung gibt, sondern vor allem auch, weil Sie in diesem Theater sich selbst bei jeder Gelegenheit schnell auf die Bühne zaubern können. So lassen Sie heute nach dem anfänglichen Einschwingen in Ihren Lustballon alle Dämonen ausgesperrt und sehen sich in Ihrer jetzigen Verfassung und in Ihrem heutigen Alter auf der Bühne.

Machen Sie sich dann klar, wie negativ der Begriff »Masturbation« besetzt ist und wie hübsch Wörter wie

»Selbstliebe«, »Solosex« oder »Autoerotik« klingen. Wählen Sie einfach jenes Wort aus, das Ihnen am besten gefällt, und visualisieren Sie dann, wie Sie auf der Bühne in einem herrlichen Bett liegen. Inmitten seidener Kissen beginnen Sie sich selbst zu streicheln, Sie stimulieren Ihre erogenen Zonen, und die Lust steigt immer mehr an.

Stellen Sie sich vor, wie die winzigen Lustsensoren, die über Ihre ganze Haut verteilt sind, darauf reagieren, wie Ihre Geschlechtsorgane zu pulsieren beginnen und sich dieses Pulsieren über den ganzen Körper ausbreitet. Malen Sie sich dabei in allen Einzelheiten aus, welche Berührungen Ihnen am meisten Spaß machen, welche Streicheleinheiten die Energie in Ihrem Körper ansteigen lassen – aber vermeiden Sie einen Orgasmus. Noch befinden wir uns auf der Stufe des Dianismus – und dieser bezieht sich auch auf die Liebe zu sich selbst.

Am nächsten Morgen spielen Sie dasselbe Spiel, machen sich dabei aber klar, wie man auch beim Solosex die Energie anregen und steigern, sie gleichzeitig jedoch aufsparen kann, wenn man bewusst Höhepunkte vermeidet.

Vierter Tag: Wunschphantasien

Sex ohne zumindest ein winziges »Schuldteufelchen« im Nacken gibt es kaum – dafür haben schon die letzten zweitausend Jahre der Verteufelung der Schlange gesorgt. Nach Baudelaire besteht die höchste Wollust in der Liebe sogar in dem Wissen, dass man etwas Böses tut; trotzdem vertragen sich Begriffe wie »das Böse« oder »Schuld« schon deshalb nicht mit echter Erotik, weil das Gehirn unter dieser Voraussetzung gar keine hundertprozentige Lust zulassen kann. Darum gehört der vierte Abend jener Form der Sexualität, die auf diese oder jene Art noch immer mit Schuld beladen ist.

Nach den Einstimmungsübungen lassen Sie heute Abend in Ihrem magischen Theater all jene erotischen Situationen auftauchen, bei denen Sie sich schuldig gefühlt haben. Wiederum gilt die Devise, dass nichts bewertet und hinterfragt werden soll. Schauen Sie nur zu, manchmal hilft das genaue Hinsehen mehr als die raffinierteste Analyse.

Aus der Vergangenheit gehen Sie dann in die Gegenwart und in die Zukunft. Zaubern Sie all das auf Ihre Bühne, was Ihnen eigentlich Spaß machen würde, wozu Sie aber zu wenig Mumm haben. Malen Sie sich all Ihre sexuellen Wunschphantasien so bildlich wie möglich aus; sehen Sie sich die Verwirklichung all dessen genau an, was Sie bis heute für verboten gehalten haben. Lassen Sie in der Phantasie dabei keinen Wunsch offen, betrachten Sie auch all das genau, was Sie bis heute als »abartig« oder »schmutzig« angesehen haben. Zum Schluss aber vergessen Sie nicht, die Lust in Gedanken über den ganzen Körper zu verteilen – in die Arme und Beine ebenso wie in den Kopf – und in die ganze Aura, die Sie mittels des Lustballons ohnehin umgibt.

Am nächsten Morgen vermeiden Sie zwar solche nächtlichen Orgien, erinnern sich aber an jenes Gefühl der intensiven Lebenslust, das immer dann entsteht, wenn wir die alten »Schattenkräfte« aus unserer Kindheit befreien. Es gibt keine »gute« und »schlechte« Sexualität; was zählt, ist die Frage, ob wir bewusst mit den Kräften des Eros in uns umgehen. Und die Frage, welche Form des Sexus uns neue und bessere Energien schenkt.

Fünfter Tag: *Wilde Dämonen*

Der fünfte Abend gehört den »wilden Dämonen«. Diese sind jedoch, wie uns die Mysterien zeigen, gar keine direkten, sondern indirekte Abkömmlinge des Sexus. Es geht dabei um die negativen Eigenschaften in uns, die dann entstehen, wenn der Fluss der erotischen Energien in uns behindert wird. Bei den wilden Dämonen handelt es sich also um all jene Kräfte, die sich nach außen stürzen und an der Außenwelt dafür rächen wollen, dass in uns selbst nicht alles in Ordnung ist.

Diesen Dämonen müssen wir uns schon deswegen stellen, weil sie die Wächter vor dem Tor aller tantrischen Liebestempel sind. In gewisser Weise ähneln sie den feurigen Cherubim vor dem Baum des Lebens, und genau genommen handelt es sich dabei tatsächlich nur um negative Energien, die die positive Kraft des Eros in uns schwächen. Wenn wir wütend sind, können wir nicht liebevoll sein; wenn wir gierig nach außen blicken, fehlt uns das Gefühl für jede Form der Selbsterotik; wenn wir krampfhaft nach der Lust suchen, kann sie nicht in uns einströmen.

Also lassen wir heute Abend, nachdem wir uns in unseren imaginativen Lustballon und in den Lustgarten unseres Gehirns versetzt haben, all unsere wilden Dämonen auf der Bühne aufmarschieren und betrachten sie so amüsiert wie möglich. Bei den einen wird es vor allem der Dämon der Rechthaberei sein, bei anderen der der Wut, bei wiederum anderen der Dämon der Gier, bei manchen auch all diese Dämonen zusammen. Lassen Sie Ihren Dämon sein Spielchen treiben, lassen Sie sich zeigen, wie er Sie beherrscht, lachen Sie aber dabei. Einstmals galten diese Dämonen als sündig, heute lassen wir den Begriff Sünde weit hinter uns – die Dämonen sind nichts anderes als jene bis heute unerlösten negativen Energien, die uns nicht in unseren eigenen erotischen Paradiesgarten vordringen lassen.

Beobachten Sie die Gier oder die Rechthaberei auf der Bühne, und dann betrachten Sie Ihren ausgeruhten erotischen Körper in Ihrem Lustballon. Sehen Sie sich die Gesten von Macht, Zorn, Wut genau an! Sie haben ein Leben lang versucht, sie zu verbergen, und ihnen damit »unterirdische« Macht gegeben. Wie oft haben Sie sich gesagt: »Ich will nicht mehr zornig sein« – und wie oft wurden Sie aus dem geringsten Grund wieder rückfällig? Sobald man gegen etwas ankämpft, geht das Pendelspiel weiter, aus den besten Absichten wird oft das Gegenteil. Bleiben Sie diesmal in der Mitte, spielen Sie den Beobachter – dabei werden Sie zur dritten Kraft des alles verbindenden Eros. So richtig ironisch und liebevoll können Sie dann das nächste Mal Ihren Zornteufel begrüßen: »Hallo, mein Zorn-Dämon, da bist du ja wieder mal!«

Sie werden staunen, wie rasch der Zorn verfliegt und wie schnell sich jenes erotische Gefühl in Ihrem Körper ausbreitet, das immer dann aufkommt, wenn es uns gelingt, eine Spannung erfolgreich abzubauen. Genau auf diese ironisch-liebevolle Art verabschieden Sie heute Abend alle Ihre Gespenster.

Am nächsten Morgen lassen Sie Ihren Haupt-Dämon noch einmal auftauchen. Versichern Sie ihm, dass Sie ihn akzeptieren, dass er wahrscheinlich für Ihren Werdegang notwendig war, dass Sie in Zukunft aber sehr viel lieber ein möglichst erotisches als ein anstrengend aggressives Leben führen wollen.

Sechster Tag:
Stille Dämonen

Einem ganz besonderen Dämonen-Spiel gilt der vorletzte Abend. Normalerweise sehen wir nämlich nur das als schlecht und als Untugend an, was sich in der Außenwelt als dämonisch erweist. Die wilden Dämonen aber haben wenig beachtete, oftmals jedoch sehr viel gefährlichere Geschwister – die stillen Dämonen.

So wird es an diesem Abend nach der üblichen Einstimmung auf Ihrer Bühne sehr viel ruhiger zugehen. Diesmal müssen Sie Ihr Double auf der Bühne die Rolle all jener inneren Stimmen spielen lassen, die Ihnen einflüstern, dass Sie nichts wert sind, dass Sie zu ängstlich, zu traurig, nicht hübsch genug, zu alt, zu jung oder zu dumm sind. Genau genommen könnte man all diese stillen Dämonen als den einen großen »Wenn-ich-nur-anders-wäre-Dämon« bezeichnen. Sie stehen für jene negativen Emotionen in uns, die uns quasi »zusammenschrumpfen« lassen, uns kleiner, wertloser und hilfloser machen – und auch von diesen Emotionen gibt es mehr als genug in uns.

Sie brauchen nur einen solchen stillen Dämon auf die Bühne zu rufen, und Sie werden seine Gefährlichkeit sehr bald erkennen. Während die wilden Dämonen regelrecht zu bersten scheinen, würden die stillen am liebsten ganz in sich verschwinden. Aber bei genauem Hinsehen und Hineinfühlen werden Sie entdecken, dass dieses Verschwinden beileibe nichts mit dem lustvollen In-sich-Gehen zu tun hat, das wir etwa aus dem Lustballon und vom hedonistischen Atmen her kennen – es ist nur eine andere Form der Aggression nach außen: ein Bestrafen mit der eigenen Hilflosigkeit, ein stiller Racheakt, ein Auf-sich-aufmerksam-Machen.

Als genau das betrachten Sie nun Ihren stillen Dämon auf der Bühne. Nehmen Sie ihn zur Kenntnis, aber reagieren Sie nicht auf ihn, vor allem jedoch bewerten Sie ihn nicht. Wie die wilden Dämonen würden auch deren leisere Brüder und Schwestern damit erst recht lebendig werden. Spüren Sie aber wieder möglichst intensiv den Unterschied zwischen den Haltungen und Posen des Dämons auf Ihrer Bühne und dem erotischen Selbstverständnis, das Sie als Zuschauer haben. In dieser Rolle verfügen Sie in Ihrem Lustballon über die ungeteilte Kraft des Eros; Ihre Imagination zeigt Ihnen jedoch sehr genau, wie Sie diese Energie normalerweise mindern oder einfach nach außen verschleudern.

Am nächsten Morgen beginnen Sie mit dem größten Ihrer stillen Dämonen ein inneres Zwiegespräch. Fragen Sie ihn in Gedanken, warum er Ihre Lebenskraft aussaugt, warum er Sie nicht immer so fröhlich, so optimistisch, so energievoll und charismatisch wie möglich sein lässt. Und wenn er dann wieder mit seiner uralten »Wenn-ich-nur-geliebt-würde-Litanei« anfängt, beginnen Sie einfach zu lachen. Lassen Sie ihn ruhig weiterjammern, und erinnern Sie sich daran, wie gut es Ihnen bereits gelungen ist, Selbstliebe und Ihr ureigenes erotisches Empfinden zu entwickeln. Und in Zukunft lachen Sie einfach immer liebevoll, wenn er wieder auftaucht und Sie in seine zutiefst unerotischen Fänge nehmen will.

Siebter Tag:
Erotik im Zeitlupentempo

Wenn Sie die ersten sechs Tage dieses neuen Zyklus hinter sich haben und am siebten Abend angekommen sind, wird Ihnen wohl klar werden, welch große Strecke auf dem Weg zum Lebensbaum Sie mit diesem Dämonen-Spiel bewältigt haben. Denn wenn wir unsere eigene Lust zu schätzen wissen und die Dämonen in uns kennen, gelangen wir vielleicht tatsächlich bald in jenes Paradies der Wonne, das nach uralten Überlieferungen schon immer in unserem Körper angesiedelt war. Diesem möglichen Paradies gilt daher die letzte Übung dieses Zyklus – und sie soll nach all den Aufregungen der letzten Tage so richtig vergnüglich werden.

Gehen Sie an diesem Abend wieder einmal mit dem Vorsatz in Ihren Lustballon, die Zeit auszudehnen. Nehmen Sie dabei wahr, wie Sie mit Hilfe der Visualisierung und des Zeitlupentempos nicht nur die Zeit ausdehnen können, sondern auch Ihren Körper. Die Wonne der

Ewigkeit hält Einzug in die kleinste Zelle, strömt bei den Nabelübungen in den Bauch, bei den Gehirnübungen auch in Ihr Gehirn.

Dann lernen Sie die Autoerotik auf eine andere Art kennen. Stellen Sie sich nach den Gehirnübungen vor, Sie würden noch einmal ganz bewusst hedonistisch atmen. Zigtausend Mal am Tag atmen Sie aus und hätten dabei die Möglichkeit, das Feuer in Ihrem Unterleib zu schüren – Sie denken aber zu selten daran. Diesmal tun Sie es! Stellen Sie sich die Erotik des Atmens im Zeitlupentempo vor, spüren Sie, wie Ihr ganzer Bauch, Ihr Solarplexus und Ihre Genitalien dabei zu schmelzen beginnen. Lassen Sie jede Bewegung zu einer Art Ekstase werden – jedoch wieder ohne auf einen Orgasmus zuzusteuern. Genießen Sie diese Erotik im Zeitlupentempo, solange es Ihnen Spaß macht.

Am Ende stellen Sie sich vor, Sie könnten all die erotische Energie, wie bereits geübt, im Nabel speichern: Ziehen Sie sie in einer Art Spirale in sich hinein. Dann schlafen Sie mit dem befriedigenden Gefühl ein, die vielleicht schwierigste Stufe auf dem Weg zu den *Sieben Gesetzen des Lebensbaumes* bewältigt zu haben.

Am nächsten Morgen erinnern Sie sich daran, dass die Eingeweihten in die Mysterien einst als »zweifach Geborene« bezeichnet wurden. In gewisser Hinsicht gehören auch Sie in Zukunft zu diesen Menschen. Ihre Form des Eros, Ihr ganzes Lebensgefühl wird in Zukunft nicht mehr von unbewussten Trieben und Instinkten gesteuert werden, ab jetzt sind Sie Frau oder Herr über die Dämonen und können sie so liebevoll wie möglich ignorieren.

Zusammenfassung

Damit Sie das Dämonen-Spiel im Fall des Falles auch wieder mit möglichst viel Vergnügen aufführen können, hier noch einmal die Stichworte, mit deren Hilfe Sie schnell Ihr eigenes Theaterstück inszenieren können:

1. Tag: Persönliche Haus-Dämonen
2. Tag: Rückblick in die Kindheit
3. Tag: Liebe zu sich selbst
4. Tag: Wunschphantasien
5. Tag: Wilde Dämonen
6. Tag: Stille Dämonen
7. Tag: Erotik im Zeitlupentempo

Das fünfte Gesetz:

Der Doppelgänger

*Der Mittelpunkt
des Baumes,
das Herz des
Heiligen Ortes.
Seine Lichter und Schatten
fallen mächtig über den Baum.
Im Traum sah ich dort
Mann und Frau
im strahlenden Licht
des Juwels.*

*D*er Mittelpunkt des Baumes, *das Herz des Heiligen Ortes* ... unwillkürlich fällt einem dazu sofort die Liebe ein. Nicht nur jene »große Liebe«, die – geht es nach Dichtern und Philosophen – die Welt im Innersten zusammenhält, sondern auch unsere kleine persönliche Liebe, die manchmal ganz schön groß werden kann.

Haben Sie sich je gefragt, was Ihre Welt in Schwung hält, was der Lebensmotor hinter Ihrem Alltag ist? Bei genauerem Hinsehen werden Sie wohl entdecken, dass es vor allem *ein* Bedürfnis ist, das uns in Trab hält: An allererster Stelle steht das Bedürfnis, geliebt zu werden – jenes Verlangen nach der romantischen Liebe, das sich durch die Geschichte der Menschheit zieht, ohne je ganz enträtselt zu werden.

Erinnern Sie sich noch an Ihre erste Liebe, hören und fühlen Sie noch das Herzklopfen? Im Nu wissen Sie, wo der *Mittelpunkt des Baumes* liegt, ebenso wie Sie spüren, dass dieses Herz all unsere Wünsche, unseren Alltag und unseren ganzen Lebensstil entscheidend beeinflusst. Erstaunlicherweise gehen unsere größeren oder kleineren »Lieben«, die Liebe zu

Menschen wie auch die Liebe zu Dingen, nämlich zuerst einmal von unserer Brust aus. Oft fühlen wir uns dabei ein wenig »high«, und gar nicht selten sind es Musikveranstaltungen, Kinofilme oder Partys, bei denen wir diese oder jene große Liebe treffen. Gerade der Musik gelingt es oft, uns ein Gefühl der Einheit und Intensität zu vermitteln, das wir im Alltag nur schwer erreichen.

Dieses außerordentliche Feeling ist das beste Sprungbrett für neue Romanzen, hängt doch Partnerschaft genau genommen immer von der augenblicklichen Schwingung jedes Partners ab. Gewöhnlich betrachten wir unseren Körper als ziemlich feste Materie und vergessen dabei, dass die Elektronen und Energien schwingen können. Am Beginn jeder neuen Liebe sind wir jedoch quasi »lichtdurchflutet«, wir fühlen uns groß und mächtig – und dies liegt vor allem daran, dass der Widerstand, den wir im Alltag gegen die Dinge aufbauen, plötzlich wie weggezaubert ist. Dann kann es auch passieren, dass die ursprüngliche Sexualenergie aufsteigt, zu Liebe wird und das Herzchakra erreicht, jenen geheimnisvollen Bereich, der nicht nur im alten Babylon als Sitz des Juwels galt, sondern auch in allen erotischen Geheimgesellschaften.

Das Herz als *der Mittelpunkt des Baumes* und als *Juwel* aller Dinge ließ sich also relativ schnell entschlüsseln; als ich aber an dieser Strophe der »himmlischen Tafel« weiter herumrätselte, war ich lange Zeit unschlüssig, was wohl *Mann und die Frau im strahlenden Licht des Juwels* bedeuten könnte. Auf den ersten Blick stellten sie das romantische Paar dar, das uns in allen Liebesgeschichten, in allen Filmen und bei allen Hochzeiten begegnet. Beim näheren Hinsehen wurde die Sachlage schon komplizierter. Die beiden lebten ja in keiner äußeren Welt, sie waren die Bewohner des *Mittelpunktes des Baumes*, und man *sah* sie dort nur *im Traum*. Als ich mich dann intensiver mit den Troubadouren und den Minnesängern zu beschäftigen begann, die bei uns im Westen den Grundstein zur romantischen Liebe legten, entdeckte ich eine eigenartige Parallele: Sie sprachen von einer »Frau der Imagination«, die sie in ihrem Herzen trugen.

Es galt also, den Spuren des männlich-weiblichen Wesens in uns allen nachzugehen. Daraus entstand schließlich das fünfte Gesetz, das des Doppelgängers; ein Gesetz, das, wie ich noch entdecken sollte, viele Geheimnisse der Liebe entschlüsselt, vor allem aber auch viele unserer Partnerschaftsprobleme erklärt.

Vordergründig betrachtet, ist das Gesetz des Doppelgängers ja nicht einmal ein Geheimnis. Wir brauchen nur unsere Vorstellungen von Traummännern und Traumfrauen mit der Realität unserer Wahl zu vergleichen, um zu sehen, dass zumindest der eine oder andere Aspekt sich in der Wirklichkeit niederschlägt. Menschen, die Blond bevorzugen, lassen sich kaum je auf Schwarz ein, ein lustiger Bierzeltbesucher sucht sich selten einen Kunstliebhaber aus, und so geht es endlos weiter. Wir kennen diese oberflächliche Partnertypisierung, denken aber selten daran, dass dahinter weit mehr als gewisse Vorlieben und Abneigungen stecken könnte. Denn Partnersuche ist nicht nur die Suche nach äußeren Merkmalen, sie ist immer auch die Suche nach einer bestimmten Frequenz – das Verlangen nach einem bestimmten Energiesystem, das unsere eigene Energie verstärken oder auch mindern kann.

Mann und Frau im strahlenden Licht des Juwels

In der Mythologie gibt es ein hübsches Beispiel für die Suche nach dem Doppelgänger in uns. Die Königstochter Psyche wurde dem Gott Amor vermählt, sie weiß aber weder, wer ihr Gatte ist noch wie er aussieht. Er besucht sie nur während der Nacht, so lange, bis Psyche neugierig wird, sich eine Lampe besorgt und so herausfindet, dass sie mit dem Liebesgott Amor vermählt ist. Auf sehr ähnliche Art ist unsere eigene Psyche mit etwas ihr noch Unbekanntem innigst verbunden, nämlich mit der eigenen Liebe, dem eigenen Doppelgänger. Sobald wir dessen Bedürfnisse jedoch kennen, brauchen wir nicht einmal mehr ein Gegenüber in der Welt, die Liebe zu uns selbst lässt uns ebenso unabhängig wie erotisch werden.

Schließen Sie für die nächsten zehn Minuten einmal die Augen, und stellen Sie sich vor, Sie würden es Psyche nachmachen. Genießen Sie es, in den Armen eines Liebesgottes oder einer Göttin der Liebe zu liegen, geben Sie diesem Gott oder der Göttin jedoch auf keinen Fall die Züge eines Ihrer Partner. Kosten Sie ganz einfach nur die Umarmung voll aus; dann aber holen Sie sich ebenfalls eine Lampe und schauen sich diesen Gott oder diese Göttin einmal sehr genau an. Wie haben Sie sich Ihren Traummann/Ihre Traumfrau vorgestellt? Wie sah er/sie aus, wie leidenschaftlich war er oder sie, wie intelligent, wie gefühlvoll? Wenn Sie Ihren Traumpartner oder Ihre Traumpartnerin so zumindest ein wenig kennen gelernt haben, versuchen Sie sich darüber klar zu werden, warum Sie ihn oder sie genau so haben wollen, wie er oder sie Ihnen gerade erschienen ist.

Als Nächstes schließen Sie noch einmal die Augen und fragen sich: Wie leidenschaftlich war ich selbst? Sehr leidenschaftlich? Eher lau und gelangweilt? Müde und distanziert? Lassen Sie die Antwort einfach im Raum stehen, machen Sie dann aber einen kleinen Versuch: Klopfen Sie sich langsam und zärtlich auf die Mitte Ihres Brustbeins, genau auf die Stelle, die Sie berühren, wenn Sie in einer uralten Geste die Hand aufs Herz legen. Hier befindet sich die Thymusdrüse, die für jene »höheren« Gefühle zuständig ist, die über einfache Begierden, Wünsche und Gelüste hinausgehen.

Was Sie jetzt spüren, haben Sie zuvor vielleicht vermisst. Dabei ist gerade dieses Gefühl das sicherste Anzeichen dafür, dass unsere Psyche wirklich verliebt ist, zugleich aber auch ein Zeichen für den Magnetismus, die Verliebtheit sein und die Liebe in den ersten Monaten einer Beziehung. Genau dieses Gefühl macht Liebesfilme so faszinierend für uns. Allerdings ahnen die wenigsten, dass wir dieses Liebesgefühl in uns auch ohne einen Partner aktivieren können.

Klopfen Sie ein zweites und ein drittes Mal zärtlich auf Ihre Brust, und Sie werden spüren, dass diese Drüse tatsächlich eine Art »biologischer Doppelgänger« der Liebe ist. Sie atmet, lebt und weitet sich in dem »höheren Gefühlspalast« nach Ihrem eigenen Liebesverständnis. Und genau dieses Liebesverständnis beeinflusst auch grundlegend Ihr Immunsystem, Ihre Gesundheit und Ihre Stimmung. Das Gefühl, verliebt zu sein, aktiviert unser Hormon- und unser Nervensystem und ist somit das beste »Gesundheitsmittel« schlechthin.

Sich selbst zu lieben und sich damit einen gesunden Körper und ein jugendliches Denken zu bewahren, war übrigens das Geheimnis der Troubadoure, aber auch der Alchemisten, die den Schlüssel zum ewigen Leben suchten.

Das Bedürfnis nach Liebe, nach Erfüllung und Vereinigung hat unsere ganz spezielle persönliche Färbung, vor allem aber auch verschiedene Ebenen, von denen bislang nur sehr wenige Menschen wussten. Die erste Ebene ist der Körper, der – wie wir heute aus der Kirlian-Photographie und anderen energetischen Untersuchungen wissen – eine ganz eigene Ausstrahlung hat. Entsprechend dieser Ausstrahlung sucht er die Frequenz eines Partners – und sehr oft ziehen sich dabei gerade Gegensätze an.

Die zweite Ebene bilden unsere Leidenschaften. Sich ihre Wechselbeziehung untereinander vorzustellen ist schon schwieriger, als sich die reine körperliche Anziehungskraft zwischen zwei Menschen vor Augen zu führen. Aber nach den bisherigen Übungs-Zyklen haben wir ja bereits ein Gefühl dafür entwickelt, dass unser Körper anders reagiert, wenn er in sich ruht, als wenn er außerhalb von sich diverse Lüste zu stillen sucht. Wir können uns also vorstellen, dass es in uns ein energetisches System gibt, das diese oder jene Frequenzen der Leidenschaft in sich speichert – und dass auch diese Frequenzen genau darauf abgestimmte Partner anziehen. Um den Magnetismus, das große »Auf- und Abladespiel der Liebe«, zu ermöglichen, scheinen sich auf dieser Ebene ähnliche Leidenschaften anzuziehen, was sich auch in den meisten Partnerschaften beobachten lässt.

Bei der dritten Ebene, unserem Gefühlskörper, dreht sich der Energiefluss dann wieder um: Hier passen Gegensätzlichkeiten gut zusammen; starke Frauen ziehen schwache Männer an, starke Männer schwache Frauen. Hilflose blicken schutzsuchend zu großen »Übermenschen« auf, Unterdrücker suchen sich Partner, die immer nach Hilfe rufen. Die vierte Ebene schließlich bildet unser Denken, der Mentalkörper der Esoterik – und hier zieht wieder Gleiches Gleiches an.

Das Zustandekommen und der Verlauf einer Partnerschaft hängen also gar nicht von der Liebe auf den ersten Blick ab, auch nicht von all dem romantischen Drumherum, das wir gern in jede Liebe hineininterpretieren, sondern vor allem vom Wechselspiel zwischen unseren energetischen Ebenen. Auf der Ebene des Körpers und der Gefühle ergänzen sich die Partner im Idealfall in ihrer Gegensätzlichkeit, während die Leidenschaften und das Denken einander entsprechen und sich so gegenseitig steigern sollten. Erst dieses Wechselspiel führt zu jener magnetischen Form des Eros, die wir als »große Liebe« oft bewundern und ersehnen. »Elektrisieren« sich jedoch die Ebenen Körper, Leidenschaft, Gefühl und Intellekt nur gegenseitig, so bleibt es bei jener kurzen Form der Verliebtheit, die wir bis heute nicht so ganz verstehen.

Allerdings scheint es doch einen Ausweg aus dem uralten Verwirrspiel der Liebe zu geben: Wenn wir endlich begreifen lernen, dass jede Form von Liebe, die wir erleben, nicht in erster Linie vom jeweiligen Partner oder der jeweiligen Partnerin bestimmt wird, sondern von uns selbst, können wir eine Stufe über all diese Ebenen hinaus gelangen.

Im normalen Alltag agieren wir nämlich zumeist von einer sehr niederen Ebene – den drei unteren Chakren – aus. Chakren sind in der Esoterik eine Art »Energieräder«, die die Energie zwischen unseren energetischen Körpern und dem materiellen Körper weiterleiten. Nach all dem, was wir jetzt über den Fluss der Energien in uns bereits wissen, können wir uns solche »Räder«, die wie eine Art »Windmühle« die ursprüngliche Sexualenergie verteilen, durchaus vorstellen. Dabei wird diese Energie zuerst einmal zum Nabel weitergeleitet, den die Taoisten auch als »Tor des Lebens« bezeichnen; aus ursprünglichen Empfindungen werden so Bedürfnisse und Begierden. Von der Befriedigung dieser Bedürfnisse vor allem im Kindesalter hängt es ab, ob wir das »Rad im Nabel« gut zu gebrauchen wissen oder nicht. Das Nabelzentrum und der Solarplexus gelten als Zentrum unserer Selbstsicherheit, und die Erfahrung des hedonistischen Atmens zeigt uns vielleicht am deutlichsten, wie phantastisch die Energie im ganzen Körper verteilt wird, wenn wir in Eintracht mit uns selbst sind. Dann kann die Energie unbehindert zum Solarplexus aufsteigen, der unsere Beziehungen zur Außenwelt entscheidend beeinflusst.

Zumeist aber ist unser Zwerchfell verspannt, wir haben quasi einen Panzer zwischen uns und die Außenwelt gelegt – und dieser Panzer lässt die Energie nur selten bis zum Herzen aufsteigen. Wenn wir jedoch wirklich verliebt sind, öffnen wir uns so weit, dass die Energie zu fließen beginnt, den *Mittelpunkt des Baumes* erreicht und uns so zum Strahlen bringt, dass sich die Liebe kaum noch verheimlichen lässt.

Der Unterschied zwischen den unteren Chakren und dem Liebespunkt in unserer Brust macht sich aber auch im weiteren Verlauf unserer Beziehungen bemerkbar. Am Anfang, solange die Energie bis zum Herzchakra aufsteigt, lieben wir aus ganzem Herzen, wir »machen Liebe«; flaut die Energie ab, machen wir nur noch Sex. Das, was die ganze »Liebeslandschaft« letztendlich oft so eintönig und frustrierend macht, sind also nicht diese oder jene Gründe, diese oder jene Partner – es ist immer ein Mangel an Magnetismus in uns selbst.

Dieser Magnetismus hängt jedoch nicht nur von unserem Körper, unseren Gefühlen, unseren Leidenschaften und unserem Denken ab, die als eine Art »eigenständige Körper« in uns ihre eigenen Doppelgänger-Spiele betreiben, er wird auch noch von einem anderen Doppelgänger bestimmt. In uns allen lebt eine uralte Vorstellung vom Weiblichen oder Männlichen, die weit über unsere Träume vom idealen Mann oder der idealen Frau hinausgeht. So wie die alten Göttinnen quasi in jeder Miss-Wahl wieder aufleben, so gibt es in jedem Kulturkreis einen Archetypus von Weiblichkeit und Männlichkeit; wir haben die männlichen und weiblichen Vorbilder, die unsere Kindheit und deren sozialen Rahmen geprägt haben, wir haben die Männer und Frauen der Medienwelt, die täglich via Fernsehen in unsere Wohnzimmer marschieren. Entsprechend vielfältig können auch die Vorbilder für mögliche Partner sein.

Unsere romantischen Vorstellungen bilden aber nur einen sehr äußerlichen Rahmen für den Doppelgänger in uns. Wie Platon es beschreibt, sind wir ja tatsächlich alle weiblich-männliche Wesen mit androgynen Eigenschaften. Nur weil ein Teil von uns, nämlich unser Körper, ein bestimmtes Geschlecht hat, sind wir nicht unbedingt in allen Dimensionen unseres Denkens und Fühlens eindeutig Mann oder Frau. Wir alle tragen auch das Gegengeschlechtliche in uns – nach C. G. Jung die Anima, den weiblichen Geist im Mann, und den Animus, also den männlichen Aspekt, in der Frau.

Diesen Doppelgänger haben wir bis heute zumeist vernachlässigt. Auf der Suche nach dem fehlenden Teil zu unserer Ganzheit sind wir ständig nach außen gestürmt, um ihn in der Welt der alles beherrschenden romantischen Liebe zu finden. Die Vorstellung von der romantischen Liebe erweist sich aber früher oder später als ähnlich große Illusion wie die von den Freuden der Sexualität. Für ein paar Monate oder ein paar Jahre Glück nehmen wir zu lange Zeiten des Unglücks in Kauf. Die steigende Zahl geschiedener Ehen zeigt uns dies ebenso wie die Vielzahl anderer gescheiterter Beziehungen, ganz zu schweigen von dem Magieverlust, den beinahe alle Beziehungen nach den ersten Jahren als Folge der Gewöhnung in Kauf nehmen müssen. Die Frage nach der berühmten großen Liebe steht also ebenso im Raum wie die Frage nach einer neuen Form der Sexualität.

Eine mögliche Antwort darauf kann wohl nur im Bereich des Meta-Sex liegen. Denn jede Beziehung zwischen Mann und Frau wirkt energetisierend: Sie gleicht auf der einen Seite aus, auf der anderen Seite steigert sie vorhandene Fähigkeiten und erhöht das Energieniveau. Besitzen wir selbst sexuellen Magnetismus, so kann eine stimmige Partnerschaft diesen Magnetismus gewissermaßen »potenzieren«; haben wir jedoch den falschen Partner gewählt und lieben uns selbst zuwenig, so führt auch die größte Verliebtheit meist zur Katastrophe. Denn nicht nur *Lichter*, sondern auch *Schatten fallen mächtig über den Baum* – und niemand wusste dies besser als die Troubadoure, die im finstersten Mittelalter die westliche Welt an das große Geschenk der Liebe erinnerten.

Das Einmaleins des Doppelgängers

1. Nach den Gesetzen des erotischen Magnetismus kommt es bei jeder Beziehung zwischen zwei Menschen zu einem Austausch von Energien, die sich vereinen und unterstützen oder sich abstoßen und bekämpfen.
2. Diese Energien könnte man als unseren Doppelgänger bezeichnen, der – für uns meist unbewusst – unsere Partner auswählt und damit über unsere Freundschaften und unseren Erfolg entscheidet.
3. Auf den ersten Blick sieht es so aus, als ob wir nur einen Doppelgänger hätten, der von den gegengeschlechtlichen Kräften in uns bestimmt wird, vom männlichen Animus in der Frau und von der weiblichen Anima im Mann. Je besser wir also unsere eigene Androgynität verstehen, umso besser harmonieren wir mit dem anderen Geschlecht.
4. Auf den zweiten Blick aber stellen wir fest, dass wir gewissermaßen sogar mehrere Doppelgänger haben. Unser Körper hat seine ganz besondere Ausstrahlung. Unsere Leidenschaften ziehen ganz bestimmte Leidenschaften an. Unsere Gefühle stimmen sich genau auf andere Frequenzen ein; auch unsere Gedanken finden ihre ganz bestimmten Partner.
5. Um das Spiel des erotischen Magnetismus zu gewährleisten, ergänzen sich dabei im Idealfall Körper und Gefühle, während sich Leidenschaften und Denken gegenseitig steigern sollten.
6. Die große Liebe, die tiefe Freundschaft, unsere besten Beziehungen sind also keine romantischen »Hirnge-

spinste«, sondern wir verdanken sie der Fähigkeit, Energien zu vereinen, sie zu verstärken und zu verstehen.
7. *Trotzdem bleibt die Liebe ein Verwirrspiel, solange wir uns nicht selbst lieben. Erst durch die Liebe zu uns selbst vereinen wir alle bis heute unbewusst agierenden Doppelgänger, um gleichsam unser eigener Geliebter zu werden und von dieser Stufe aus nicht mehr polar, sondern verbindend zu wirken.*

Die Troubadoure

Die Romantiker unter den Lesern seien gewarnt: Bevor wir zu den berühmten »Liebeshöfen« in Frankreich vordringen, zu den Minnesängern und großen Liebenden, gilt es, die Kehrseite der ersten grenzüberschreitenden »Make-love-Bewegung« genauer zu betrachten. Dazu müssen wir uns ins finsterste Mittelalter zurückversetzen – an jenen Zeitpunkt in der Geschichte, zu dem die Macht der Schlange endgültig ihren fruchtbaren Einfluss verlor und somit zu einer äußerst zersetzenden Kraft wurde.

Die Zeiten der sinnenfreudigen Kulturen des Vorderen Orients, Griechenlands und des Ausschweifungen liebenden Römischen Reiches sind endgültig vorüber. Von den Kanzeln werden Askese, Buße und Höllenqualen gepredigt und die Sexualität verdammt. Dies lässt die Schlange heftig züngeln. Aus der einstigen Lebenskraft wird eine Todeskraft; das Mittelalter ist vom Tod ebenso besessen wie vom heimlichen Geschlechtsverkehr. Die unterdrückten Triebe machen sich bei den Kreuzzügen, bei der fanatischen Verfolgung von Ketzern und Hexen ebenso bemerkbar wie bei wüsten Orgien.

Die Sitten sind grausam und rüde. Während auf der einen Seite gefoltert, vergewaltigt und hingemetzelt wird, herrscht auf der anderen Seite wilde Promiskuität. Jungen Rittern werden einfache Mädchen aus dem Volk ins Bett gepackt, beim Baden herrscht ein heilloses Durcheinander; viele Mönche und Geistliche haben ihre oftmals verleugneten Ehefrauen, aber auch ihre Prostituierten. Nonnenklöster entpuppen sich als heimliche Bordelle für durchreisende Mönche, und die Äcker rund um die Klöster werden oftmals zu Friedhöfen für die ermordeten Babys von Nonnen. Wie kaum eine andere Zeit zeigt also gerade das Mittelalter, wie aus der bewahrenden, aufbauenden Kraft des Eros eine todbringende werden kann, sobald sie unterdrückt oder missverstanden wird.

Doch plötzlich taucht inmitten all dieser Gräuel eine neue Vision auf: die Sehnsucht nach der großen Liebe. Von Freude ohne Leid, von einer Liebe, die den Menschen entflammt wie Feuer das Holz, von schönen Frauen und ewiger Leidenschaft singen die Troubadoure. Bis heute sind sich die Historiker aber noch nicht ganz einig darüber, was sich hinter der »Hohen Minne« wirklich verbirgt.

Fest steht jedoch, dass die Bewegung der Troubadoure dem Westen einen Energieschub ganz besonderer Art vermittelte: Nicht nur in Frankreich, auch in Deutschland und ganz Europa schwärmte man an den Höfen bald von der großen Liebe. Zwischen 1150 und 1200 entstanden richtige »Liebeshöfe«, an denen die Kraft des Weiblichen besungen wurde – und das zu einer Zeit, zu der rundherum Frauen missachtet und geschändet wurden.

> »Ich bin so recht von Herzen froh,
> dass ich zu zaubern schon beginne.
> Vielleicht fügt es am End' sich so,
> dass meiner Herrin Liebe ich gewinne.«[7]

Dieses Herzensanliegen Walthers von der Vogelweide ist bezeichnend für den Wunsch vieler Ritter, sich ganz der Liebe und einer einzigen Frau zu ergeben. Diese Dichter und Musikanten stellten ihr Leben in den Dienst einer zumeist verheirateten Frau – sie verehrten sie, widmeten ihr Gedichte und Lieder, vermieden aber, zumindest nach der Überlieferung, jede körperliche Erfüllung dieser Liebe. Denn nach dem Ehrenkodex der Troubadoure wusste derjenige nichts von wahrer Liebe, der seine Herrin auch körperlich besitzen wollte.

Dieser »Eros aus der Ferne« war für das Mittelalter etwas völlig Fremdes – und auch heute kann man ihn wohl nur verstehen, wenn man auf die Meta-Sex-Ebene geht und hinter die Kulissen der normalen Sexualität blickt. Nicht ohne Grund wird vermutet, dass die Wurzeln der Minnesänger weit in die Einflussbereiche der uralten Macht der Schlange zurückreichen. Die Troubadoure könnten also die ersten

Tantriker des Westens gewesen sein. Manche sehen in dieser Entwicklung allerdings auch sufische Einflüsse, denn diese »Liebesbewegung des Islam« war sich schon immer der transformierenden Macht des Eros bewusst.

In jedem Fall geht sowohl das Wort für *Trouvères*, wie die Minnesänger im Norden Frankreichs genannt werden, wie auch das Wort *Troubadour* auf das französische Verb *trouver* für »finden« zurück. Das könnte ein Hinweis darauf sein, dass diese »Ritter der Liebe« ein ebenso altes Wissen fanden, wie es in den *Sieben Gesetzen des Lebensbaumes* dargelegt ist.

Eigenartigerweise erinnert das *strahlende Licht des Juwels*, in dem man *im Traum Mann und Frau* sehen kann, tatsächlich an das geheime Anliegen der Troubadoure. Durch die Verehrung einer unerreichbaren Frau schufen sie in ihrem Herzen zugleich ihre eigene »Frau der Imagination« und jenes Gefühl ewiger Liebe, das nur die Unerfüllbarkeit gewährleistet. Damit gelang ihnen ein ganz besonderes Kunststück: Sie vereinigten die weiblichen und männlichen Kräfte in sich selbst und schürten gleichzeitig fortwährend das Gefühl der Liebe. Anstatt der Ekstase des Geschlechtsverkehrs zu huldigen, wählten sie die Ekstase der ewigen Verliebtheit.

Dass diese oberste Regel nicht immer ganz eingehalten wurde, ist verständlich. Es gab sehr wohl Ritter, die der immerwährenden Sehnsucht dadurch entrannen, dass sie die Begierden der drei unteren Chakren unter den Frauen des Volkes stillten, die Sehnsucht des Herzens jedoch in die platonische Liebe zu einer

»hohen Frau« hüllten. Zweifellos gab es auch Troubadoure, die das Ziel des Geschlechtsverkehrs auch dann verfolgten und schließlich erreichten, wenn es eigentlich ein »Nicht-Ziel« war. Die große Mehrheit aber dürfte auf durchaus tantrische Art die Leidenschaft geschürt haben: Dabei wurde die Herrin entkleidet und stundenlang deren nackter Körper betrachtet, man presste sich eng aneinander, tauschte Zärtlichkeiten aus – schlief aber nicht miteinander. Oder aber man verstieß zumindest ein wenig gegen die Regel und übte nur den »Coitus reservatus« aus, ohne dabei jedoch endgültige Befriedigung zu finden.

In der energetischen Sprache des Eros könnte man sagen, dass es den Troubadouren dadurch gelang, für sehr viel längere Zeit auf einer äußerst hohen Frequenz zu bleiben, als dies beim normalen Geschlechtsverkehr der Fall ist. Vielleicht wussten die Minnesänger von einst inmitten des düsteren Mittelalters also tatsächlich weit mehr von den geheimen Energien des Sexus als wir heutigen Menschen inmitten unserer aufgeklärten Gesellschaft.

Dass es solch ein geheimes Wissen immer gegeben hat, zeigt uns etwa die Geschichte von König David, dem Schöpfer des *Hohen Liedes der Liebe*. Ihm wurden demnach noch im Alter Jungfrauen ins Bett gelegt. Der Grund dahinter war das Geheimnis jener »erotischen Strahlung« von Menschen, das einst nur einigen wenigen offenbart wurde. So galten auch die stundenlangen Umarmungen der Troubadoure als Lebenselixier schlechthin. Mancher Ritter berichtet davon, dass allein der Blick der Geliebten schlummernde

Kräfte in ihm erweckt hätte. Hinter all dem stand dazumal der Glaube, dass der weibliche Körper eine besondere Art von Magie besitzt – magische Kräfte also, die vor allem die Alchemisten entdeckt hatten. Die eigentliche »Schöpfungsarbeit« in allen Bereichen leistete ihnen zufolge die ruhende weibliche Kraft, die von der männlichen nur angeregt wurde. Beispiele dafür gab es ja genug: So fand jeder alchemistische Prozess in der Ruhe und Abgeschiedenheit eines geschlossenen Gefäßes statt – ebenso, wie jedes Kind im Mutterleib geborgen heranwächst.

Zugang zu dieser weiblichen Kraft fanden die Troubadoure sowohl durch die Verehrung der geliebten Frau in der äußeren Welt als auch dadurch, dass sie den weiblichen Aspekt mittels immer wieder hinausgezögerter Erfüllung der Leidenschaft auch in ihrer eigenen Brust zum Leben erweckten. In diesem Sinn könnten die Troubadoure also tatsächlich als die »Erfinder« des westlichen Romantizismus bezeichnet werden; in einem anderen, hintergründigeren Sinn aber gehörten sie auch zum kleinen Kreis der bewussten »Meta-Sex-Künstler«. Denn normalerweise erweist sich das Steigern der Sexualität leicht als Quälerei, wenn wir zu lange keine Befriedigung finden. Das gilt für die moderne Pornografie ebenso wie für das unbewusste Anstacheln der Gelüste in den Orgien des Mittelalters. Die meisten Menschen bleiben dabei erschöpft und enttäuscht zurück, ohne dass ihre Begierden wirklich gestillt wären. Wer die Glut des Eros entfacht, muss also auch damit umgehen können. Den Minnesängern gelang dieser Meisterstreich, indem sie das Feuer auf eine höhere Ebene, nämlich bis zum Herzchakra, hochflackern ließen.

Dass sie die Kräfte des Lebensbaumes kannten, zeigen ihre *Leys d' amors* – ihr »Liebeskodex«. Diese waren nämlich, wie ich im Laufe meiner Studien über das Geheimnis der »Liebes-Ritter« mit Erstaunen feststellte, nicht einfach in einem anonymen Gesetzbuch niedergeschrieben: Es waren Gesetze, die – Jahrtausende nach dem Baum der Leidenschaft in Babylon und der Genesis – ebenfalls in Verbindung mit einem Baum auftauchten. Ein bretonischer Ritter entdeckte den Liebeskodex damals nämlich auf dem goldenen Zweig einer Eiche, auf der sich der Falke von König Arthur niedergelassen hatte. Der Vogel des Bewusstseins fehlt also ebenso wenig wie der goldene Zweig, der an die ganz besondere *himmlische Tafel* erinnert, die einstmals im ersten Vers unserer Gesetze des Eros einem Auserwählten von der Göttin überreicht worden ist.

Der erotische Körper

Stellen Sie sich einmal Ihre Reaktion vor, wenn Ihnen jemand zusichern würde, Sie bekämen zwar nicht das, worauf Sie gerade Lust hätten, dafür aber etwas, das noch viel mehr Spaß macht – und dies in Sachen Sex. Es geht also nicht um einen Orgasmus, nicht einmal um einen ganz normalen Geschlechtsverkehr; Sie sollen das ganze Paket an kleinen Begierden und Gelüsten ausnahmsweise einmal beiseite legen und

Ihren Partner nur stundenlang umarmen und sich auf den gegenseitigen Energiestrom einschwingen. Versprochen wird als Belohnung eine völlig neue Form der Ekstase, ein umfassendes Glücksgefühl, das noch tagelang in Ihnen weiterschwingen wird.

Das klingt ungefähr so, als ob man Sie fragen würde, ob Sie jetzt gleich einen Volkswagen wollen oder unter der Bedingung darauf verzichten, dass Ihnen in ein paar Jahren ein Rolls Royce ins Haus steht. Allerdings wird Ihnen keine ganz so rigorose Entscheidung abverlangt. In der Kunst des Mega-Sex können Sie sich neben der ganz normalen Sexualität üben, und falls Sie diese alte babylonische Liebesschule mit Spaß absolvieren, werden Sie in jedem Fall zum Anhänger einer sehr kultivierten und luxuriösen Form der Erotik werden.

Dazu gilt es allerdings zuerst die Lektion der Troubadoure zu verstehen. Sie strebten nicht danach, die Lust so schnell und effektiv wie möglich einzusetzen, sie dehnten sie aus, um sie so zu intensivieren und im eigenen Körper zu speichern. Normalerweise liegen in unserem Körper vielerlei Gefühle und Empfindungen im Widerstreit miteinander, und unser gegengeschlechtlicher Doppelgänger spielt sein unbekanntes Spiel mit uns. Stimmt man sich jedoch auf den Eros und die Liebe im eigenen Herzen ein, so schafft man sehr bewusst jenen erotischen Körper, der die tieferen Frequenzen der Begierde schließlich hinter sich lässt. Dieses erotische Lebensgefühl auf einem möglichst hohen Niveau zu halten ist jedoch eine Kunst, die erst geübt sein will.

Wir scheinen uns indessen, ob wir es nun wollen oder nicht, ohnehin in einer ganz besonderen Art von »Liebesschule« zu befinden: Wir alle durchlaufen die verschiedenen »Schulklassen« der Sexualität. Zuerst lernen wir die weiblichen Energien der Mutter kennen, später sind wir mit den männlichen des Vaters verbunden; immer wieder spielen wir das Spiel der »Hohen Zeit« auf den Türmen Babylons, gehen Partnerschaften ein oder heiraten. Irgendwann beginnen wir dann zumeist nach den Mysterien der Sexualität zu suchen – leider erreichen die meisten jedoch nicht wirklich ihr Ziel. Zu viele machen bereits auf dieser Stufe enttäuscht kehrt und verlassen die Klasse, bevor sie das wahre Geheimnis des Sexus begreifen konnten. Erst nach der Stufe der Umkehr aber, auf der Stufe des Herzchakra, werden wir auch in das Mysterium eingeweiht, dass jede Form von Sexualität, der wir begegnen, unsere eigene ist; dass wir die ausgefallensten Spiele mit den ausgefallensten Partnern treiben können – dass es aber immer nur unser eigener erotischer Körper sein wird, der uns die totale Ekstase ermöglicht.

Betrachtet man die Liebesschule, die wir alle durchlaufen, einmal genauer, so lässt sich das ganze Spiel auf einen kurzen Nenner bringen: Wie alle Farben aus einem einzigen Strahl, aus der Grundlinie Weiß, entstehen, so fließt auch die Energie den Lebensbaum hinauf und nimmt dabei unterschiedliche Frequenzen an. Um des Überlebens willen müssen wir mit Angst, Wut, Schmerz, Zorn und all den unangenehmen Gefühlen umgehen lernen, die zwar unumgänglich sind, uns aber alles andere als glücklich machen. Irgendwann brandet schließlich eine ganz besondere energetische Welle heran, die höher und höher in den Baum aufsteigt und die wir dann Liebe nennen. Flaut diese Welle wieder ab, so bleibt uns zumindest ein Gefühl für diese höhere Energie erhalten, und wir suchen sie in Zukunft in Menschen ebenso wie in Dingen.

Nur die ganz Raffinierten, Leute wie die Troubadoure oder moderne Meta-Sex-Freaks, haben erkannt, dass man diese Energiewelle auch weiterhin nutzen kann. Denn letztendlich galt diese Energie schon immer dem Bild in unserer eigenen Brust, und letztendlich war es auch stets der eigene Körper, der diese Energiewelle durch seine erotischen Gefühle steuerte. Wollen wir die nächst höhere Schulklasse besuchen, führt kein Weg mehr an der Erkenntnis vorbei, dass wir echte Liebe nur dann bekommen, wenn wir sie selbst ausstrahlen.

Dazu brauchen wir jedoch einen durch und durch erotischen Körper, und wir brauchen ein möglichst klares Bild von unserem Doppelgänger. Außerdem müssen wir zu unserem eigenen Lehrer in der Schule der Liebe werden, denn nur wir selbst können die Superenergie des Eros auch wirklich für uns nutzen. Die geheimen Mittel dazu kennen wir: den Liebespunkt als *Herz des Heiligen Ortes*, den Baum als den Körper des Eros und die Androgynität, die geistige Zweigeschlechtlichkeit, die *das strahlende Licht des Juwels* erst aufleuchten lässt.

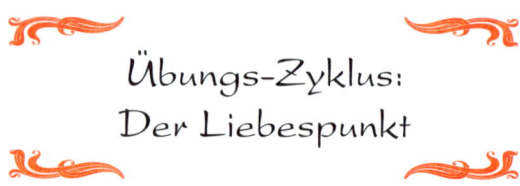

Übungs-Zyklus: Der Liebespunkt

Erster Tag: Das Mittelalter in uns

In vielen Geheimlehren gilt das Herz als Mittelpunkt des Lebensbaumes, von dem aus die verschiedensten Pfade Licht in den ganzen Körper leiten können. Der fünfte Siebener-Zyklus ist daher einem ganz besonderen Gefühl gewidmet: dem Gefühl der Liebe, das einst schon die Troubadoure anstrebten. Vielleicht gelangt man am schnellsten auf diese Gefühlsebene, indem man sich an seine erste große Liebe erinnert oder sich – wie in der vorigen Übung beschrieben – ganz zart auf die Brust klopft. So wird der Liebespunkt in uns aktiviert; allerdings können wir dieses Gefühl für längere Zeit erst halten, wenn wir darin bereits einige Übung haben. Vor allem müssen wir dazu aber auch bereit sein, alte Angewohnheiten abzulegen.

Der erste Abend ist daher einem langen Blick zurück gewidmet. Wir betrachten sozusagen unser eigenes »Mittelalter«, das Dämonische in uns. Versetzen Sie sich dazu wie immer auf die erste Stufe des Gefühls des Geliebtwerdens in Ihrem Lustballon, atmen Sie hedonistisch, und versuchen Sie ein Gefühl für Ihr Zentrum zu bekommen. Der nächste Schritt führt dann wieder in Ihr Gehirn. Sind Sie nach den dazugehörigen Übungen in der rechten Gehirnhälfte angekommen, ruhen Sie sich dort so richtig genüsslich aus.

Dann lassen Sie vor Ihrem inneren Auge Ihre Theaterbühne erscheinen. Bevor Sie dort wieder einmal all Ihre alten Gelüste und Begierden auftauchen lassen, machen Sie sich jedoch eines klar: Auch negative Gefühle sind kein unveränderbarer Zustand, den wir beibehalten müssen. Sie kommen und gehen; wenn wir ihnen allerdings Widerstand entgegensetzen, können wir sie nicht lange genug vor unserem inneren Auge betrachten, dass sie sich von selbst auflösen können. Wir sind polare Geschöpfe – zu jedem Gefühl gibt es ein »Gegengefühl« –, und schon aus diesem Grund werden immer wieder Dämonen auftauchen, selbst dann, wenn wir die liebevollsten und erotischsten Menschen sein wollen.

Lassen Sie daher jetzt alle ihre »mittelalterlichen« Dämonen auf der Bühne erscheinen; die Gier nach Sex ebenso wie mögliche Grausamkeit und was sonst noch dazugehört. Schauen Sie diesen Dämonen nochmals sehr genau zu, lassen Sie sie dann aber langsam verblassen. Stellen Sie sich im Anschluss daran vor, wie all die negativen Empfindungen, die diese Bilder in Ihrem Körper hervorgerufen haben, langsam durch den Bauchnabel ausgeatmet werden. Sie atmen auch noch den kleinsten Rest eines unerotischen Gefühls aus sich heraus – so lange, bis Sie sich wieder hell und klar fühlen.

Am nächsten Morgen lassen Sie die Theateraufführung weg, stellen sich aber sehr intensiv vor, wie Sie auch während des Tages jede Form von negativer Energie genau betrachten, sich fragen, ob Sie sie wirklich mit sich herumtragen wollen – und dann einfach ausatmen.

Zweiter Tag:
Das Dame-Spiel

Die Pflege von erotischen Phantasien hat eine lange Tradition. Sie reicht von einem Traumpaar im alten Babylon über die Troubadoure und Templer bis hin zu den großen christlichen Mystikern, die Jesus oder Maria in ihrem Herzen trugen. Von den Templern wird berichtet, dass jeder Ritter seine eigene »Dame des Herzens« hatte, die in der Phantasie liebevoll gehegt wurde. Machen Sie es ihnen am zweiten Tag nach! Erschaffen Sie – egal, ob Sie ein Mann oder eine Frau sind – die Dame Ihres Herzens. Zuvor aber nehmen Sie sich wie immer genügend Zeit; schließlich ist das Ganze ein Spiel und soll mehr Spaß machen als eine vertane Stunde vor dem Fernseher.

Wenn Sie sich nach den ersten Übungen so richtig schön in Ihre rechte, also die erotischere Gehirnhälfte eingeschwungen haben, fragen Sie sich einmal, was wohl das wichtigste Merkmal einer befriedigenden Sexualität sein könnte. Die Antwort darauf wird Ihnen im Lustballon und mit Hilfe der rechten Gehirnhälfte sicher leicht fallen: Es geht nämlich um die ganz einfache und doch so schwer umzusetzende Voraussetzung, dass man sich angesichts der eigenen Lust wohl fühlen sollte. Üben Sie auch das noch einmal, diesmal allerdings unter einem neuen Stichwort.

In dieser und in der morgigen Übung spielen wir nämlich das »Ritter-Dame-Spiel« auf eine neue Art. Heute stellen Sie sich vor, Sie wären die Dame und würden in Ihrem ganz persönlichen Theater in einem riesigen Himmelbett liegen. Genießen Sie es, einmal völlig passiv zu sein und somit den weiblichen Aspekt des Sexus voll zuzulassen. Alle Lust, die Sie in Ihrer Imagination auskosten, sollte also »empfangend« sein. Stellen Sie sich Ihren Körper vor, wie er die Streicheleinheiten eines imaginären Ritters genießt, lassen Sie das Gefühl des sexuellen Magnetismus Ihren Körper umhüllen – vermeiden Sie aber noch immer einen Orgasmus.

Wenn Sie am nächsten Morgen aufwachen, versuchen Sie sich so intensiv wie möglich an dieses Gefühl des erotischen »Aufgeladenseins« zu erinnern. Verteilen Sie diese Energie über den ganzen Körper, und denken Sie daran, dass wahre Erotik nur dann aufkommen kann, wenn sich das Lustgefühl über den gesamten Körper erstreckt und von diesem quasi »ausstrahlt«. Dieser Magnetismus wird Sie in den Tag hinein begleiten; er wird Sie erotischer und anziehender machen als je zuvor.

Dritter Tag:
Das Ritter-Spiel

Wer seinen eigenen Körper nicht liebt, wer nicht das passive, aber auch das aktive Gefühl des Eros in seinen Zellen gespeichert hat, wird einen anderen nie richtig lieben können. Er wird nie ganz gesund sein, und es kann nie zu jenem magnetischen Austausch von Energien kommen, der das Geheimnis jeder wirklichen Vereinigung ist. Wenn Ihnen dies in den letzten Wochen so richtig klar geworden ist, werden Sie auch verstehen, warum der dritte Abend nicht nur der Gleichberechtigung wegen dem Ritter gehört.

Egal, ob Sie ein Mann oder eine Frau sind, versuchen Sie heute Abend, sich in die Gedanken, Gefühle und Wünsche eines Ritters hineinzuversetzen. Wenn Sie die Grundstufe Selbstliebe – Atem – Zentriertsein eine kleine Ewigkeit lang genossen haben und so lustvoll wie möglich durch Ihr Gehirn gewandert sind, lassen Sie wieder einmal den Baum der Leidenschaft vor Ihren Augen in die Höhe wachsen. Stellen Sie sich vor, er würde immer leidenschaftlicher, dann lassen Sie ihn zu einem Ritter werden, dessen Liebe zu seiner angebeteten Herrin immer größer wird. Sobald Sie nur ein wenig von dieser Liebe spüren, schlüpfen Sie in die Haut des Ritters und übersiedeln in Ihr lustvolles Phantasie-Theater. Dort lassen Sie Ihren Doppelgänger mit seiner Angebeteten im Bett landen. Stellen Sie sich vor, wie seine Finger das Streicheln genießen, schmiegen Sie sich mit ihm an die hohe Dame, die er verehrt.

Lassen Sie Ihrer aktiven sexuellen Phantasien freien Lauf. Denken Sie aber daran, dass es oberstes Gesetz der Troubadoure war, die Energie und das Verlangen in der eigenen Brust zu bewahren. Darum vermeiden Sie sogar in der Phantasie jede Form eines möglichen Höhepunktes. Worauf es ankommt, ist allein die aktive erotische Erfahrung – egal, ob Sie nun eine Frau oder ein Mann sind.

Der nächste Morgen gehört dann dem Vergleich. Machen Sie es sich in Ihrem Energieballon vor dem Aufstehen noch einmal eine Viertelstunde so richtig gemütlich, und vergleichen Sie in Ihren Gedanken, vor allem aber auch mit all Ihren Sinnen, Ihre aktiven und passiven Erfahrungen als Ritter und als Dame. Sie werden entdecken, dass wahre sexuelle Freiheit ein Geschlechtsleben voraussetzt, in dem wir männlich und weiblich zugleich sein können und dies auch voll zu genießen verstehen.

Vierter Tag:
Das Aufschließen des Nervensystems

Bevor Sie am vierten Tag mit der Übung beginnen, halten Sie einmal längere Zeit inne. Stellen Sie sich vor, in welchem Ausmaß Sie sich in den letzten Wochen Ihren Körper wieder zu eigen gemacht haben. Sie haben ihm seine Lust zurückgegeben, Sie haben gelernt, wie man seine Dämonen vertreibt, Sie haben männliche und weibliche Gefühle und Eigenschaften kennen gelernt. All dies gibt Ihnen eine völlig neue Macht, die Sie dazu einsetzen können, das Feuer der Sinnlichkeit von nun an sehr bewusst am Brennen zu halten.

Am vierten Tag konzentrieren wir uns deshalb wieder ganz auf unseren Körper. Falls Sie nicht das Gefühl haben, dass irgendwelche Dämonen vor dem Tor zum Paradies lauern, brauchen Sie diesmal kein Dämonenspiel aufzuführen. Auch die speziellen Phantasieübungen in Sachen Selbstliebe machen Sie in Zukunft nur noch dann, wenn Sie es für nötig halten oder Lust und Laune dazu haben. Diesmal geht es nämlich eine gewaltige Stufe höher hinauf auf dem Lebensbaum: Wir schaffen unseren erotischen Körper.

Stellen Sie sich dazu nach den Einschwingübungen vor, wie Ihre Geschlechtsorgane wie eine zarte Blume zu pulsieren beginnen. Atmen Sie dabei hedonistisch, und bleiben Sie in der rechten Gehirnhälfte. Gleichzeitig aber führen Ihre Geschlechtsorgane in Gedanken winzige Bewegungen aus, auch sie erlernen sozusagen das hedonistische Atmen. Das Einatmen gleicht dem Vorspiel, das Ausatmen dem Orgasmus – und diesmal sind wir sogar am Hauptschauplatz der Handlung selbst angekommen. Strengen Sie sich aber nicht an! Tun Sie nichts anderes, als sich das Pulsieren Ihrer Klitoris oder Ihres Phallus gefühlsmäßig vorzustellen. Das Ziel dieses äußerst zarten und genussvollen Pulsierens ist nicht wie üblich ein Orgasmus, es geht um das »Aufschließen« des Nervensystems, das unseren Geschlechtsorganen am besten gelingt.

Ist Ihnen das Pulsieren, das genüssliche »Mini-Atmen« an dieser Schlüsselstelle gelungen, lassen Sie es langsam höher steigen. Es verwandelt sich in winzige blaue Flammen, die zuerst Ihren ganzen Bauchraum ausfüllen und dann weiter aufsteigen, über den Solarplexus bis zur Brust. Dort machen Sie Halt. Stellen Sie sich vor, wie die Flammen Ihren Liebespunkt umzüngeln, wie Sie sich immer liebevoller fühlen. Wenn Sie so weit sind, dass Sie die ganze Welt umarmen möchten, lassen Sie sich sanft in einen Traum hinübergleiten, in dem vielleicht auch Sie *Mann und Frau im strahlenden Licht des Juwels* sehen werden.

Wenn Sie am nächsten Morgen wieder aufwachen, versetzen Sie sich in genau dieses Gefühl zurück und lassen sich von ihm in den Tag begleiten. Sie können dies ja bereits, und mit jeder weiteren Übung wird es Ihnen noch besser gelingen, den Liebespunkt auch selbst zu aktivieren.

Fünfter Tag:
Den Liebespunkt aktivieren

Erinnern Sie sich noch an das erste sanfte Klopfen auf Ihr Brustbein ziemlich am Anfang dieses Kapitels? Heute, am fünften Tag des fünften Zyklus, haben Sie bereits ein viel besseres Gespür für diesen Liebespunkt als damals. Darum gönnen wir uns auch eine kleine Ruhepause. Wir wiederholen die Übung von gestern, das Einschwingen unserer Sexualorgane, das Überfluten des Körpers mit erotischen Energien. Dann halten wir längere Zeit beim Liebespunkt inne. Genießen Sie ihn, halten Sie das so oft angestrebte und so oft wieder verloren gegangene Gefühl der Liebe fest, solange Sie können. Natürlich ohne es zu »fesseln« – im Gegenteil: Stellen Sie sich vor, wie auch aus Ihrer Brust eine herrliche Lotosblume sprießt, die ebenfalls beginnt, sich beim hedonistischen Atmen auszudehnen. Zuerst ganz, ganz langsam, dann wird sie immer größer – bis sie Ihren gesamten Körper einhüllt und dabei mit einem herrlichen zartblauen Licht umgibt. In diesem liebevollen Licht schlafen Sie ein.

Bevor Sie morgens aufstehen, um wieder einmal in den Alltag hinauszugehen, denken Sie an etwas sehr Wichtiges, das Ihnen vor allem die letzte Übung gezeigt hat: Wir alle bestehen in gewisser Hinsicht gar nicht aus dem festen Körper, für den wir uns häufig halten, sondern aus einem »Netz« von Energien, die sich in diesem Körper zwar verbergen, aber dennoch sehr intensiv ausstrahlen. Auf diese Weise schaffen wir eine Beziehung zu allem, was wir tun. Zu sehr vielen Dingen und Anforderungen stehen wir aus Gewohnheit jedoch in einer eher negativen Beziehung, was unseren Alltag häufig trist erscheinen lässt.

Versuchen Sie ab heute doch einmal, all Ihre Tätigkeiten als »Beziehungen« zu sehen. Das Heben eines Glases mit Orangensaft oder Bier kann eine liebevolle oder auch eine sehr verachtungsvolle Beziehung herstellen. Auch das nächste Einsteigen in einen Bus oder in ein Auto kann auf eine stressige oder auch auf eine sehr erotische Art erfolgen. Alles, was wir tun, ist geprägt von unserer Beziehung zu den Dingen. Beginnen wir also, selbst das kleinste Vorhaben liebevoll anzugehen, wird sich die Form unseres Eros, aber auch die Qualität aller unserer Beziehungen in ungeahntem Maß zum Positiven hin verändern.

Sechster Tag:
Die Lotosblume der Gesundheit

Einstmals prophezeiten die Minnesänger all jenen das hohe Alter von hundert Jahren, denen es gelingt, sich die Freude und den Genuss an der Liebe zu erhalten. Dass daran zumindest einige Körnchen Wahrheit sein könnten, haben uns die Übungen der letzten Tage gezeigt. Darum befassen wir uns am sechsten Abend auch mit der Thymusdrüse und mit unserer Gesundheit.

Wiederholen Sie also noch einmal alle vorherigen Liebespunkt-Übungen: das Anfachen der sexuellen Gefühle mittels des eigentlich nur imaginierten hedonistischen Atmens Ihrer Geschlechtsorgane, die Flammen der Sinnlichkeit, die bis zu Ihrer Brust aufsteigen, die Lotosblume, die wächst und wächst und Ihren Körper ganz in Liebe einhüllt. Zuletzt stellen Sie sich vor, dass von der Mitte dieser Lotosblume, genau von Ihrem Liebespunkt aus, heilende Energien durch und um Ihren ganzen Körper strömen. Energien, die Sie fit und gesund machen und Ihren gesamten Körper erfassen.

Haben Sie irgendwo Schmerzen oder bestimmte gesundheitliche Probleme, lassen Sie die liebevolle Energie einige Zeit lang genau diesen Bereich durchfluten. Nehmen Sie sich aber Zeit, denn auch bei der Selbstheilung gilt die Devise: Je mehr Heilkraft und Liebe Sie auf das Konto Ihres Körpers einzahlen, umso reicher und energetischer wird er sich fühlen. Zum Schluss verteilen Sie die Energie wieder um den ganzen Körper und ziehen sie wie eine Spirale in die Tiefen Ihres Liebespunktes ein. Dort können Sie sie ebenso speichern wie im Bauchnabel.

Erinnern Sie sich am nächsten Morgen daran, dass es Ihre Energie ist, Ihre Kraft der Liebe, die Sie selbst geschaffen haben – und dass es auch während des Tages viel Spaß macht, immer wieder auf sie zurückzugreifen.

Siebter Tag:
Stichwort »erotischer Körper«

Am Ende des fünften Siebener-Zyklus sind wir beinahe schon Meta-Sex-Meister. Zumindest wissen wir jetzt bereits genau, dass wir über die Frequenzen, den Eros, die Liebe und die Gesundheit in unserem Körper selbst bestimmen können. Dieses Wissen wird heute zwar oft gepredigt, es sich in einem »erotischen Lehrgang« aber auch selbst zu eigen zu machen ist eine ganz andere Sache. Wir müssen uns jetzt nur noch einen Trick einfallen lassen, um jederzeit zum *Mittelpunkt des Baumes, zum Herzen des Heiligen Ortes* vordringen zu können.

Versetzen wir uns dazu noch einmal in unseren Lustballon. Als gelehrige Eros-Schüler genießen wir alle Anfangsstufen so ausgiebig wie möglich. Vor allem denken wir auch wieder an das erotische Zeitlupentempo. Die Lebenskraft in unseren Genitalien wird in Zeitlupe angeregt, in Zeitlupe fließen die Wogen der Sinnlichkeit zum Herzen – und auch dieses pulsiert so liebevoll und genussvoll, als hätten wir alle Ewigkeit zur Verfügung. Genießen Sie diesen Zustand eine Weile, und versuchen Sie dann herauszufinden, was der Unterschied zwischen den Gefühlen in Ihren Genitalien und den Gefühlen in Ihrer Brust ist. Spüren Sie Ihren Empfindungen sehr genau nach, fühlen Sie einmal nach unten, einmal nach oben, verfolgen Sie den Weg dazwischen – und irgendwann werden Sie anfangen zu lachen.

Denn genau genommen besteht kaum ein Unterschied. Die Liebe verkörpert nur den Eros auf einer sehr viel höheren Stufe des Lebensbaumes – das so heiß ersehnte Gefühl der Liebe ist also dasselbe Pulsieren wie in den Geschlechtsorganen, nur dass es jetzt in einem offenen Herzen stattfindet.

Lachen Sie ruhig ein wenig weiter über all die wirren Spiele, die wir bis heute mit dem Gefühl der großen Liebe gespielt haben – ohne eine Ahnung davon zu haben, dass sie sich in uns selbst versteckt hat. Dann aber fixieren Sie das Gefühl und versuchen die Empfindungen Ihres ganzen Körpers sehr genau wahrzunehmen. Speichern Sie dieses Gefühl, und legen Sie es in Ihrem Kopf unter dem Stichwort »erotischer Körper« ab. Genau mit diesem Gefühl eines durch und durch erotischen Körpers schlafen Sie dann ein.

Am nächsten Morgen probieren Sie den Trick aus, dieses Gefühl sofort und jederzeit abrufen zu können. Atmen Sie tief ein, sagen Sie in Gedanken zu sich »erotischer Körper«, und stellen Sie sich bei Ausatmen vor, wie die Kraft des Eros von Ihrem Scheitel bis zu Ihren Fußsohlen strömt. Wie ein Springbrunnen hüllen die erotischen und liebevollen Energien, die Sie immer wieder in Hülle und Fülle selbst produzieren können, Sie ein.

Zusammenfassung

Am Ende der fünften Übungswoche haben uns unsere eigenen Erfahrungen gezeigt, dass unser Körper von einem feinstofflichen Energienetz durchzogen ist, das Ströme von Energie durch unseren Körper schickt, die wir als positiv, negativ oder auch als sehr widersprüchlich empfinden. Der Wunsch nach einer »schnellen Nummer«, das Gefühl einsam und verlassen zu sein, ruft in uns andere Empfindungen hervor als wahre Erotik oder das Gefühl, sich selbst zu lieben. Denken Sie noch einmal an das Stichwort »erotischer Körper«, und Sie werden spüren, wie schnell sich Ihr Körper entspannt, ein Gefühl der Lust ihn durchströmt.

Dieses Gefühl können Sie ab heute so oft und so ausgiebig wie möglich nutzen. Bei einiger Übung lässt es sich sogar so schnell abrufen, wie beim Klicken der Maus auf einem Computerbildschirm genau das gewünschte Programm erscheint. Auf dieses gedankliche »Einklicken« auf einen erotischen Körper sollten Sie allerdings auch während des Tages nicht verzichten. Es vermittelt neue Kraft, macht optimistischer und kreativer – und es gibt Ihnen immer dann Ihren Magnetismus zurück, wenn der Pegel Ihrer erotischen Energie wieder drastisch zu sinken beginnt.

Damit Sie auch in Zukunft wissen, welche Wege am schnellsten zum Liebespunkt führen, hier noch einmal die Übungen in Kurzform:

1. Tag: Das Mittelalter in uns
2. Tag: Das Dame-Spiel
3. Tag: Das Ritter-Spiel
4. Tag: Das Aufschließen des Nervensystems
5. Tag: Den Liebespunkt aktivieren
6. Tag: Die Lotosblume der Gesundheit
7. Tag: Stichwort »erotischer Körper«

Das sechste Gesetz:

Das Energie-Recycling

*Im Baum leben
Götter und Dämonen,
Leben und Tod.
Möge das Licht
der Freude gefallen
und Leidenschaft sie vereinen.
Die Fürsten des Baumes
entrinnen dem Reich des Todes.*

Im Baum leben Götter und Dämonen ... mächtige Bewohner also, die wir heute, Jahrtausende nach der Niederschrift dieser Verse, ganz anders bezeichnen würden. Vielleicht als Leidenschaft und Depression, als Gesundheit und Krankheit, vielleicht auch als Jugendlichkeit und Älterwerden. Wir können unter vielerlei Bezeichnungen für die alten Götter und Dämonen wählen. Fest steht jedoch, dass alle »göttlichen« Varianten mit mehr Leben, mehr Freude und mehr Lust verbunden sind, alle »dämonischen« dagegen mit einem Raubbau an diesem Leben, an seiner Freude und seiner Lust.

Just zu dem Zeitpunkt, als ich am sechsten Gesetz herumzurätseln begann, las ich, dass Wissenschaftler die Alarmglocken läuten: Die Leidenschaft am Leben ginge allerorten mehr und mehr verloren, ein großer Teil der Jugend würde vor lauter Übersättigung der Sinne bald zu keinem Orgasmus mehr fähig sein. In Illustrierten und Zeitungen wiederum kämpfte man bereits eifrig gegen die allgemeine »Un-Lust« an. Sexprofile wurden erstellt, Statistiken der Libido; Sinnlichkeit wurde getestet, Experimentierfreude und Sex-akrobatik abgefragt. All dies jedoch mit eher zweifelhaftem Erfolg, denn immer mehr Frauen sprachen von Frust statt Lust, und immer mehr Männer klagten über Impotenz.

Inmitten all dieses Lamentierens stand vor mir der einfache uralte Satz: *Möge das Licht der Freude gefallen und Leidenschaft sie vereinen.* Und plötzlich war gerade er es, der einen Sinn ergab: Die Depressionen, die immer weiter ansteigende allgemeine Unlust und die zunehmende Anfälligkeit für Krankheiten könnten ein Anzeichen für ein zu niedriges Energieniveau in unserem Gehirn sein. Unser Gehirn aber wird von der Leidenschaft der unteren Energieebenen des »Baumes« genährt.

Die Bedeutung des achten Verses – der *Götter und Dämonen,* aber auch der *Fürsten des Baumes* – wurde mir mit einem Mal klar: Das Wechselspiel zwischen unserem Körper und unserem Gehirn kann uns auf Kreativität, Gesundheit, Leidenschaft, sogar auf ein langes Leben »programmieren«; dämonisch wird es dann, wenn wir diesen Energiekreislauf nicht verstehen und Unlust, Übersättigung und triste Gedanken in uns einziehen lassen – vor allem aber von Eros selbst nichts mehr hören wollen.

So hängen etwa die Auswirkungen der »Altersuhr«, die in uns allen tickt, nach neuesten Erkenntnissen eng mit der Funktion der Sexualdrüsen zusammen. Wiedergewonnene Sexualenergie macht uns energetischer und kann sogar Schmerzen lindern. Auf jeden Fall fördert die Kraft des Eros jedoch auch die Intelligenz. Man weiß heute, dass viele große Künstler, hervorragende Erfinder und Denker sexuell sehr aktiv waren. Ihnen scheint das uralte Spiel gelungen zu sein: Sie haben ihre Sexualität in ihre Persönlichkeit und in ihr gesamtes Leben integriert.

Genau dieses Spiel war das Thema aller erotischen Geheimgesellschaften in der Geschichte. Und es könnte zum Thema einer neuen sexuellen Revolution werden. Denn wenn wir die Gesetze des erotischen Magnetismus zu verstehen und auch anzuwenden lernen, könnte dies zu einer völligen Erneuerung des Menschen mit Hilfe der Erotik führen. Lassen Sie sich diesen so theoretisch klingenden Satz einmal »auf der Zunge zergehen«, und versuchen Sie ihn dann im ganzen Körper zu spüren: eine Erneuerung des Menschen, eine Erneuerung von uns allen mit Hilfe der Erotik ...

Eine Kostprobe von den Möglichkeiten einer solchen Erneuerung haben Sie in den ersten Übungs-Zyklen ja bereits bekommen. Die Kunst, die beiden Energie-Pole in uns allen zu einem echten Magnetismus »zusammenzuschließen«, ist der nächste Schritt aufwärts im Baum der Leidenschaft. Das sechste Gesetz »Energie-Recycling« zu nennen lag übrigens ganz im Trend der Zeit: Papier, Glas, Dosen – alles wird heute wieder verwendet. Was Recycling in Bezug auf die eigenen Energien bedeuten kann, ist aber erst den wenigsten bewusst.

Möge Leidenschaft sie vereinen

Nach uralten Überlieferungen bilden die beiden Partner bei einem Geschlechtsakt eine Art »Kanal« für kosmische Energien. Die Frau gleicht dabei der Mondkraft, der Mann wird als Sonnenkraft angesehen. Im Augenblick eines bis ins Detail ritualisierten Orgasmus verschmilzt die Psyche des Paares. Durch diese Energie »öffnet« sich das Nervensystem, und die Kundalini-Kraft kann in beiden Partnern aufsteigen. Auch das bekannte, später näher erläuterte »Maithuna-Ritual« basiert auf dieser Vorstellung.

Bevor wir jedoch zu den bis heute sorgsamst gehüteten Geheimnissen der Erotik vordringen, machen Sie sich sozusagen als »Einübung« klar, dass das Feuer der Erotik nicht nur den ganzen Menschen erfassen kann, sondern als Schwingung auch weitergegeben wird. Schließen Sie die Augen, und legen Sie eine Hand auf Ihr Herz, die andere auf Ihre Genitalien. Stellen Sie sich dabei vor, beide Körperbereiche würden einen Dialog führen – einen Dialog, dessen Sprache so erotisch ist, dass sich beide miteinander verbinden.

Dann imaginieren Sie einen möglichen Partner bzw. eine Partnerin. Fühlen Sie in der Phantasie seine oder ihre Schwingungen, und stellen Sie sich Ihre eigenen Schwingungen in diesem Augenblick vor. Bündeln Sie diese Energien, und lassen Sie sie in Ihrer Imagination auf den Partner übergehen. Lassen Sie Ihrer Phantasie dabei freien Lauf.

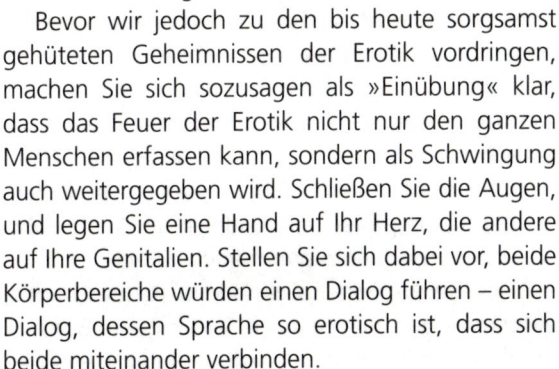

Sie können sich vorstellen, wie Sie nebeneinander liegen, die Hände auf dem Bauch des anderen, um sich gegenseitig zu magnetisieren. Oder Sie sehen sich einander gegenübersitzen und legen die rechte Hand auf den Liebespunkt Ihres Partners. Vielleicht reiben Sie aber auch nur auf eine völlig neue und erotische Weise die Köpfe aneinander und stellen sich vor, wie aus der Stirn des einen Energie in den Kopf des anderen fließt. Dabei werden Sie spüren, wie Ihr Energiepegel ansteigt – vom Bauch in die Brust und weiter hinauf bis in den Kopf.

Sobald Sie ein Gefühl dafür entwickelt haben, wie intensiv Lebensenergien zwischen zwei Menschen hin- und herfließen können, können Sie das gegenseitige Magnetisieren auch in der Wirklichkeit üben. Denken Sie dabei daran, dass sich im Tantrismus Partner zuweilen gegenseitig wie Götter anbeten, weil sie wissen, dass unsichtbare Energien zwischen den Menschen hin- und herfließen. Je mehr Liebe, Lust und Leidenschaft man dabei schenkt, umso mehr kommt auch zurück.

Falls Sie im Augenblick keinen Partner haben, zentrieren Sie ganz einfach Ihre eigene Gefühlsenergie. Lassen Sie eine Hand auf Ihren Genitalien liegen, und legen Sie die andere zuerst auf den Bauch, dann auf die Brust, später auf die Stirn. Stellen Sie sich vor, Sie wären in sich selbst verliebt und würden dort Energie speichern. *Möge ... Leidenschaft sie vereinen*, heißt es im achten Vers.

Bevor es ans kompliziertere Energie-Recycling geht, sollten Sie ein Gefühl dafür entwickeln, wie

Sie Ihren eigenen Magnetismus und den von anderen steigern können. Denn genau dies ist wohl das einzige wirklich wichtige Geheimnis der Schlange: Unser Körper verfügt über einen riesigen Vorrat an Kräften, auf die wir jedoch nur in Notsituationen oder bei wenigen Gipfelerlebnissen zurückgreifen. Aber diese Kräfte können wir entfachen, sie in unsere Partnerschaften ebenso einfließen lassen wie in unsere Jobs, in unseren Alltag und in unsere Beziehungen zu allen Menschen.

Einstmals war dieses »Recycling«, das Zurückdrehen des Rades zu seinem Anfang – *Cycle* bedeutet auf Englisch unter anderem »Rad« oder auch »Kreislauf« –, das streng gehütete Geheimnis der Taoisten und Tantriker. Ihnen gelang es aufgrund ihres Wissens, die verschiedensten sexuellen Praktiken als eine Art »geistigen Raketenantrieb« einzusetzen.

Genau dies will auch das Gesetz des Energie-Recyclings bewirken. Rein theoretisch betrachtet, verläuft das Rad der erotischen Energie dabei so, dass erotische Phantasien und Wünsche in der Zirbeldrüse und in der Hirnanhangdrüse wie ein Zündfunke wirken und dann einen »einbahnigen« Prozess auslösen: Er endet bei den Sexualdrüsen, in den Sexualorganen und in einer nach außen abfließenden Sexualität. Diese Energie wiederzugewinnen würde bedeuten, den Kreis zu schließen und die schöpferische Energie wieder zum Gehirn aufsteigen zu lassen. Hier könnten die Sexualenergie, aber auch biochemische Stoffe, die auf diesem Weg einen Kreislauf durch den Körper vollziehen, ihrerseits wieder die Hirnanhangdrüse und die Zirbeldrüse energetisieren. Beide Drüsen sind zuständig für das körperliche Wachstum, für ein Zusammenspiel der Organe, aber auch für die sexuellen Energien. Erreichen diese Energien durch ein gelungenes Recycling eine sehr hohe Frequenz, wirkt sich dies ungemein positiv auf unser ganzes Leben aus: Wir beginnen die uralte Erkenntnis aller Tantriker zu verstehen, dass die wahre Essenz des Lebens die Leidenschaft ist – und dass wir in uns selbst immer mehr von dieser Leidenschaft entfachen können.

Der Tantrismus gilt als uralt, er hat denselben Ursprung wie alle großen Lehren in der Geschichte der Menschheit. Seine frühesten Wurzeln reichen wohl bis in die Steinzeit, also in die Zeit der Großen Göttin, zurück. Dies spiegelt sich auch in seinen Hauptthemen wider: Dazu gehört die Verehrung des Weiblichen als Schöpferkraft schlechthin ebenso wie die Wertschätzung des Phallus als auslösendes Prinzip, das die späteren Zeiten der Götter kennzeichnete. Die Tatsache wiederum, dass der Tantrismus die sexuelle Vereinigung von Mann und Frau als »Sakrament« ansieht, erinnert uns an den »Hieros gamos«, die Heilige Hochzeit auf den Türmen Babylons, den feierlichen Vorläufer unserer Hochzeiten.

Im Verlauf der geschichtlichen Entwicklung wurde der Tantrismus ebenso wie die Mysterien im Vorderen Orient zu einer geheimen Gegenbewegung gegen die strenge und frauenfeindliche Gesetzgebung der arischen Brahmanen. Still und heimlich kämpfte damals die »Nicht-Religion der Leidenschaft« gegen die Religion der Herrschaft. Dennoch feierte der Tantrismus in Indien und in den angrenzenden Ländern im elften und zwölften Jahrhundert ungeahnte Triumphe. Wie grundlegend die sexuelle Lust damals das Leben bestimmte, können wir noch heute in indischen Tempeln bewundern. Die Liebesakte der Göttinnen und Götter waren den Indern damals ebenso heilig wie dem westlichen Mittelalter sein gestrenger Gott.

Allerdings konnte sich der Tantrismus innerhalb des asketischen Hinduismus nur für kurze Zeit als eine Art »Nebenreligion« halten. Die tantrischen Götter versprachen Lust statt Schmerz, Ekstase statt Einschränkung, Liebe statt Strenge. Eine solche Weltanschauung, die die Sexualität als etwas Heiliges betrachtet und nicht mit dem Schatten der Sünde belegt, stellte und stellt jedoch für jede Form der Gesellschaft eine Bedrohung dar. So wurde der Tantrismus sehr bald wieder in den Untergrund abgedrängt. Heute erlebt er jedoch als Neo-Tantrismus eine ungeahnte Blütezeit – obwohl es auch jetzt wieder nur einige wenige sind, die verstehen, welch ungeheure Dimensionen die Sexualität haben kann.

Einer, der diese Dimensionen sicherlich kannte, war der Schriftsteller D. H. Lawrence, der Verfasser von *Lady Chatterley*, einer der großen Verfechter einer neuen sinnlichen »Religion der Fleischeslust«. Er spricht nicht ohne Grund von einer »Rute«, die uns alle mit den Sternen verbindet. Genau in diesem Sinne beten die Tantriker den Shiva Lingam an, jedoch auf weniger sexistische Art als D. H. Lawrence: Sie bringen dieselbe Verehrung auch der Yoni, der Lotosblüte der weiblichen Genitalien, entgegen.

Beide verbindet auch eine ähnliche Philosophie: Lawrence forderte eine Sinnlichkeit ohne irgendwelche Phrasen, um den Geist zu läutern; die Tantriker wollen mit Hilfe des Sexus Nirwana erreichen. Es geht also um eine völlig neue Weltsicht, darum, dass der Körper vom Eros auf eine neue Stufe der Geistigkeit gehoben wird. Der Griff nach den Sternen ist die Suche nach jenem »transpersonalen Ich«, das uns immer wieder dann begegnet, wenn wir bei ganz besonderen Höhepunkten plötzlich zu einem völlig anderen Menschen werden. Dann fühlen wir uns wie die *Götter im Baum*, wie die *Fürsten*, die das Werden und Vergehen, das Geborenwerden und Sterben überwunden haben. Und der Höhepunkt, der uns einen solchen Griff nach den Sternen am ehesten in Aussicht stellt, ist der Orgasmus.

Im menschlichen Leben gibt es zwei beziehungsweise drei Ereignisse, die eine tiefgreifende körperliche Verwandlung auslösen: Das eine ist der sexuelle Höhepunkt, das zweite der Tod – ein Grund dafür, warum der Orgasmus auch oft der »kleine Tod« genannt wird. Frauen haben noch eine dritte Chance: die Geburt. Der am meisten genützte und trotzdem noch immer geheimnisvollste Verwandlungsritus aber ist und bleibt der Orgasmus. Im Griechischen einst *Klimax*, also »Leiter« oder im weitesten Sinne auch »Himmelsleiter« genannt, war er ursprünglich das beste Mittel, um über die Grenzen des Ich hinauszugelangen. Heute, in einer orgasmusgetriebenen und Orgasmen zählenden Welt, die die Sexualität immer mit möglichen Höhepunkten gleichsetzt, ist von solch einer Himmelsleiter allerdings nicht mehr die Rede. Schon eher hat sich der Baum aus dem sechsten Gesetz zu einem »Baum der Dämonen« entwickelt – von möglichen »Fürsten der Leidenschaft« ganz zu schweigen.

Ein Heilmittel dagegen zu finden erweist sich als ebenso leicht wie schwierig: Wahre Hilfe ist nämlich weder von der Askese noch von all den übersättigenden ausgefeilten Sexualpraktiken zu erwarten. Denn ein richtiges Heilmittel wirkt, wie wir heute aus der alternativen Medizin wissen, homöopathisch. Was beim gesunden Menschen die entsprechenden Krankheitssymptome auslösen würde, kann – in genau abgestimmter Dosis verabreicht – den kranken heilen.

Es geht also um die alte Kunst, auf dem »Tiger zu reiten«, sich von einer gefährlichen Kraft nicht verschlingen zu lassen, sondern sie beherrschen zu lernen. Genau genommen reiten wir mit den bisherigen Übungs-Zyklen schon geraume Zeit auf dem Rücken des Tigers: Wir verwandeln vorher unbewusste Triebe und Begierden in unsere eigene Form der Erotik. Kaum etwas anderes besagt das Wort *Tantra*: Die Sanskritwurzel *tan* bedeutet »Faden« oder »Gewebe«. So symbolisiert der Begriff »Tantra« also sozusagen das »Erweitern« alter Lebensauffassungen, steht gleichzeitig auch für »Webstuhl« und für »Ritual«. Davon war jedoch in gewisser Weise auf den ersten Stufen des Lebensbaumes ebenfalls die Rede: *In sieben mal sieben Tagen* sollte man sich *von der Erde zum strahlenden Glanz des Himmels erheben,* also mit Hilfe eines Rituals gleichsam einen »neuen Körper weben«. Diesen »erotischen Körper« zu schaffen ist uns inzwischen bereits recht gut gelungen; jetzt geht es darum, die Macht der Schlange auch wirklich verstehen zu lernen.

Wem es dabei kalt über den Rücken rieselt, der sei getröstet. Das Bild der Schlange ist und bleibt das beste Symbol für die Sexualenergie, für den »Transport« von Hormonen, für das Lebendigwerden des gesamten Nervensystems. Wir sollten es aber ebenso wenig wortwörtlich nehmen wie viele der tantrischen Ideen, die auch in ihrer modernsten Form immer nur als »Kinder ihrer Zeit« zu verstehen sind.

Das Grundprinzip der Kundalini-Kraft hat dann seine Berechtigung, wenn wir davon ausgehen, dass das Zentralnervensystem in unserer Wirbelsäule Energien ausstrahlt, die noch immer als »esoterisch« gelten, für die es aber bereits die ersten wissenschaftlichen Nachweise gibt. Tantriker sprechen dabei vom *Sushumna* als dem Hauptkanal, der im Zentralkanal der Wirbelsäule angesiedelt ist, und von den beiden Nebenkanälen *Pingala* und *Ida*. Pingala führt vom linken Eierstock der Frau oder vom linken Hoden des Mannes zum rechten Nasenloch; Ida beginnt auf der rechten Seite der Hoden oder Eierstöcke und endet im linken Nasenloch.

Zwischen den Augenbrauen, im berühmten »dritten Auge«, vereinen sich die beiden Kanäle in einem dreifachen »Knoten« mit dem Zentralkanal. Diese zwei »Schlangen« stehen, wie wir bereits gesehen haben, zumindest in einem engen Zusammenhang mit dem sympathischen und dem parasympathischen Nervensystem – wenn es sich dabei nicht sogar um dessen energetische Ausstrahlungen handelt.

Das erste Geheimnis der beiden Schlangen, die sich zur *einen* Schlange der Kundalini-Kraft vereinen sollen, haben wir übrigens längst gelüftet: Jeder hedonistische Atemzug, jedes orgastische Ausatmen in den letzten Wochen hat uns gezeigt, dass der Fluss der Energie in uns von der Art unseres Atmens abhängt.

Da dieses Atmen immer mit dem augenblicklichen Körpergefühl zusammenhängt, steigt die Energie umso höher, je glücklicher wir uns fühlen. Und da wir uns bei einer erotischen Handlung immer besser fühlen als bei einer unerotischen, beginnt die Energie stets dann aufzusteigen, wenn irgendwo der »Gott der Götter« im Spiel ist. Die Schlange beißt sich dabei tatsächlich in den Schwanz: Wir konzentrieren uns auf etwas Erotisches, dieser Gedanke überträgt sich auf unsere Gefühle, diese Gefühle lassen uns sehr viel ruhiger atmen, und dieser ruhige Atem aktiviert wiederum die geheimnisvolle Kundalini-Kraft. Das zweite Geheimnis besagt also, dass Erotik oder die Liebe zu sich selbst in ihren vielfältigen Formen die beste Möglichkeit ist, um die Schlange zu aktivieren.

Das dritte Geheimnis ergibt sich beim Sex selbst. Das Mysterium hinter allen tantrischen Lehren ist nämlich im Grunde sehr einfach. Normalerweise schalten wir in Sachen Sex auf das parasympathische Nervensystem um; wir geben unserem Körper grünes Licht für totale Entspannung, und nirgendwo blinkt das rote Warnlicht des sympathischen Nervensystems

»Achtung: Gefahr!«, was normalerweise ständig der Fall ist. Auch das macht Sex für uns so begehrenswert.

Die wenigsten aber wissen, dass es zumeist ein zu schnelles »Aus« für dieses grüne Licht gibt. Vor dem Orgasmus kommt es im Körper nämlich zu jener Anspannung, die das Entladen in der Ekstase erst ermöglicht. Das Nervensystem schaltet also kurz auf Rot um, wechselt zum sympathischen Strang über, bevor wir erschöpft zurücksinken. Wird jedoch der übliche Orgasmus vermieden und die Energie nicht nach außen abgeleitet, beginnt das ganze Nervensystem wach zu werden; die Kundalini-Kraft steigt durch die verschiedenen Energiefelder des Körpers, durch die Räder oder Chakren auf und erhebt sich zur »tausendblättrigen Lotosblüte« im Kopf.

Die wenigsten von uns werden je in alle geheimen Künste des Tantra eingeweiht werden. Aber die Geheimnisse der Göttin kennen zu lernen und mit Hilfe der Gesetze des Eros *strahlend* zu werden bedeutet, die Welt mit den Augen der Leidenschaft zu sehen und so teilzuhaben an jener Leidenschaft, die den Tantrikern aller Zeiten eigen war und ist.

Das Einmaleins des Energie-Recyclings

1. *Viele alte tantrische und taoistische Meister wurden als wahre »Methusalems« gerühmt. Ihr Geheimnis war es, die Lebensenergie so lange bewusst zu steuern, wie sie nur wollten.*

2. *Auf einen kurzen Nenner gebracht hieß ihre Formel: richtiges Denken – richtiges Atmen – richtiges Lenken der Sexualkraft.*
3. *Richtiges Denken bedeutet, sich bewusst zu machen, dass in unseren Gedanken eine ungeheure Macht liegt. Allein die Vorstellung von Gesundheit kann uns gesund machen, weil unser Körper weit eher einer Art Energie- und Informationsfeld gleicht als fester Materie.*
4. *Denken Sie an den Geschmack einer Zitrone und nach ein paar Sekunden an Lust! Allein diese zwei gegensätzlichen Vorstellungen zeigen Ihnen, wie sehr unsere Gedanken und Gefühle sogar die Chemie des Körpers beeinflussen.*
5. *Den Lebensbaum macht jedoch nicht nur seine Krone aus: In der indischen Yogalehre und im Tantrismus gilt das »Sakrum«, der »heilige Knochen« der Lendenwirbelsäule, als Wurzel, von der aus »sakrale«, also heilige Nerven über das Rückenmark als Stamm zu den Zweigen, Blättern und Blüten des Baumes und damit zum Gehirn verlaufen.*
6. *Das energetische Zusammenspiel des Gehirns basiert also auf den Wurzeln des Baumes. Andererseits ist es wiederum das erotische Selbstverständnis dieses Gehirns, das darüber bestimmt, ob wir nur Sex betreiben und die Sexualkraft dabei nach unten abfließen lassen oder ob wir sie zurück zum Scheitelpunkt leiten.*
7. *Drei Faktoren entscheiden also letztendlich über Ihren Gesundheitszustand ebenso wie über Ihre Lebensdauer: Ihr persönliches Gefühl für Erotik, die Kunst, den Atem zu entspannen, und die Art und Weise, wie Sie Ihre Lust kontrollieren und durch den Körper leiten können.*

Tantrismus als Sprengsatz für Körper, Geist und Seele

Eine wunderschöne tantrische Parabel erzählt von einem einsamen Asketen, der auf der Suche nach der Wahrheit durch die Welt zog. Alle Formen der Kasteiung hatte er bereits ausprobiert, alle nur möglichen Meditationsarten, alle nur denkbaren Konzentrationsübungen. Eines Nachmittags kam er völlig frustriert an einem Fluss an, in dem gerade eine tantrische Meisterin badete. Diese verführte den Asketen, und indem sie seinen Sinnen die höchsten Ebenen erschloss, fand er endlich die Wahrheit, die er so lange gesucht hatte.

Das Schöne an dieser alten Parabel ist, dass sie auf sehr einfache Weise zeigt, dass der konsequenteste Weg der Wahrheitssuche immer zu den Wurzeln zurückführt. Das Wissen, dass in jeder Form der Erotik eine Vereinigung des männlichen Bewusstseins mit dem weiblichen Unterbewusstsein stattfindet, war daher nicht nur das Geheimnis der Alchemisten, sondern wohl auch des innersten Kreises aller Religionen. Das bekannte Mantra *Om mani padme hum* der Buddhisten, das heute überall auf der Welt zu hören ist, weist auf die metaphysische Bedeutung des Sexus hin. »Das Juwel ist in der Lotosblüte« heißt nichts anderes als der »Bodhisattva hat sich mit seiner Gefährtin vereinigt«. Dabei haben sowohl das *Mani* als auch das *Padme* eine Doppelbedeutung; ersteres steht für Juwel sowie für das Prinzip des Phallus, »Padma« ist die Bezeichnung für die Lotosblüte, aber auch für die Yoni, das weibliche Geschlechtsorgan. Auf unzähligen Statuen und in vielen Filmen wird Buddha unter dem Kopf einer riesigen Schlange, einer Kobra, dargestellt – ein Hinweis darauf, dass sich in ihm eine Vereinigung des Männlichen und Weiblichen vollzogen hat, eine Transformation mit der Hilfe des Eros.

Im Christentum könnte man den Mystikern gewissermaßen die Rolle von sehr stillen Tantrikern zuschreiben; es gibt aber auch Hinweise darauf, dass Jesus selbst ein Initiierter uralter Mysterienkulte war. Maria Magdalena, seiner engsten Weggefährtin und der eigentlichen Verkünderin der Frohbotschaft der Auferstehung, wurden dem Neuen Testament zufolge sieben Teufel ausgetrieben. Solch eine Dämonenaustreibung aber war vor allem in den Isis-Kulten üblich. Die Frau an der Seite des Begründers des Christentums könnte also auch eine Isis-Priesterin gewesen sein und Jesus in die Geheimnisse der Sexualität eingeführt haben.

Im orthodoxen Russland der Wende vom neunzehnten zum zwanzigsten Jahrhundert predigte der für seine Machenschaften am Zarenhof berühmte und berüchtigte Rasputin in der Sekte der Chlysten, die orgienartige Messen feierten:

»Ich bin gekommen, um euch die Stimme unserer heiligen Mutter Erde zu bringen und euch das seligmachende Geheimnis zu lehren, das sie mir mitgeteilt hat, nämlich das Geheimnis von der Heiligung durch die Sünde.«[8]

Das metaphysische Geheimnis, dass der Weg des Eros am schnellsten zur Befreiung und zur Wahrheit führt, dürfte im innersten Kreis aller Religionen schon immer bekannt gewesen sein. Dort aber wurde es streng gehütet – zu groß war die Gefahr, dass ein allgemeines sexuelles Chaos ausbrechen würde. Die *Götter des Baumes* wussten schon immer um die *Dämonen*.

Zu diesen Dämonen zählte man bis vor nicht allzu langer Zeit den Weg des »linkshändigen Tantra«. Das Wort links deutet bereits an, dass es um ein »entgegengesetztes« Tun geht, um die Missachtung aller Gesetze, die bekanntlich zu den Techniken vieler Meta-Sex-Bewegungen gehört. Der »Weg der rechten Hand« ist sehr viel weniger bekannt; er wird vielleicht dann am ehesten verständlich, wenn man den Unterschied zwischen dem Weg Buddhas und der Aussage von Rasputin betrachtet: Buddha vervollkommnet sich mit Hilfe seiner eigenen Energien, Rasputin hofft auf die Heilung durch die Sünde.

Dass zwischen beiden Wegen oft nicht so genau zu unterscheiden ist, zeigt das berühmt-berüchtigte Maithuna-Ritual, das lange Zeit von Geheimnissen umwoben war und sich auch heute nur schwer beschreiben lässt. Trotzdem lohnt sich der Versuch, denn kaum ein Ritus zeigt uns die Sprengkraft des Eros deutlicher als dieses Ritual.

Am besten stellen Sie sich vor, Sie würden ein Jahrtausend in der Zeit zurückwandern, einen wunderschönen Vorhang anheben und als geheimer Beobachter bei den noch weit geheimeren Hochzeiten des Tantrismus zusehen. Im Indien des elften Jahrhunderts gibt es keine leicht zugänglichen Ablenkungen wie unsere pornografischen Filme im Fernsehen. Die Erotik ist eine Kunst und eine Geheimwissenschaft, die nur in ganz bestimmten Kreisen gepflegt wird. Ein solcher Kreis trifft sich nun zu einem genau festgelegten Zeitpunkt im Hause eines tantrischen Gurus. Dort herrscht eine ganz besondere Hochstimmung. Zwölf Menschen, sechs Paare, haben einen Tag und eine Nacht lang gefastet, meditiert, gebadet, sich gesalbt und gedanklich auf das ekstatische Erlebnis eingestimmt.

Am Abend nehmen alle gemeinsam das tantrische Mahl der fünf »M« ein: *Mudra* – geröstete Körner, *Madya* – Wein, *Matsya* – Fisch und *Mamsa* – also Fleisch. Das fünfte »M« steht für *Maithuna* – die sexuelle Vereinigung. Das Mahl hat eine dreifache Funktion: Zum einen soll es die Teilnehmer erfreuen; andererseits besteht es aus Dingen, die ein Hindu normalerweise nicht zu sich nimmt – somit entspricht es also auch der Missachtung aller üblichen Gesetze der »linken Hand« des Tantra. Die dritte Bedeutungsebene bezieht sich auf die Sexualität: Der Wein gilt dabei als Symbol für den transzendentalen Zustand, zu dem die Sexualität führen soll, aber auch für den Samen und für die vaginalen Ausscheidungen der Frau. Das Fleisch steht für den Lingam und das männliche Prinzip des Bewusstseins, der Fisch für die Yoni und den weiblichen Pol des Körpers. Die gerösteten Körner sind das Symbol für die Reibung von Yoni und Lingam.

Die Feierlichkeit dieses Mahls der fünf »M« wird durch Räucherwerk, wahrscheinlich auch durch Haschisch und natürlich durch die Erregung aller Teilnehmer noch unterstrichen. Dann erheben sich die Paare. Sie salben sich gegenseitig von Kopf bis Fuß mit farbigen Pasten – immer eingedenk dessen, dass der Partner kein gewöhnlicher Sterblicher ist, sondern eine Inkarnation des Gottes oder der Göttin. Der sexuelle Gruppenakt selbst wird im Kreis vollzogen. Die Männer setzen sich in einer Art Lotossitz auf den Boden und ziehen ihre Partnerinnen auf den Schoß. Durch eine besondere Schulung, durch bestimmte Imaginations- und Atemübungen gelingt es den männlichen Teilnehmern, stundenlang die Erektion aufrechtzuerhalten, ohne zu einem Orgasmus zu kommen. Niemand verspürt die Begierde der normalen Sexualität; die Frauen verkörpern die Göttin Shakti, die Männer den Gott Shiva – und so wird die Lust als göttliche Ekstase empfunden. Zu dieser Ekstase kommt es, obwohl oder gerade weil sich die beiden Partner nicht bewegen sollen.

Die Vereinigung hat neben dem hoch energetischen Zustand der Ekstase jedoch auch noch ein anderes Ziel: Sie soll die *Rajas*, die farblosen vaginalen Sekrete der Frau, zum Fließen bringen. Diese galten einst als Ursprung des Lebens und wurden bei einigen Ritualen auf Blättern aufgefangen, um dem Gott und der Göttin dargeboten und später vom Mann verzehrt zu werden. Der Tantrismus in seiner höchsten Form ist also eine Art »sexuelle Messe«, eine im höchsten Maß ritualisierte Weise, kosmische Lust zu nutzen.

Die Geheimnisse der linken Hand gingen aber noch weit darüber hinaus. Die Tantriker waren nämlich die ersten, die nicht nur der weiblichen Ejakulation, sondern auch dem männlichen Samen größte Beachtung schenkten. Ursprünglich galt der Samen, *Bindu* genannt, als heilig und als das männliche Lebenselixier schlechthin. Kein Tropfen davon sollte vergossen werden. Kam es während eines Maithuna-Rituals doch zu einer Ejakulation, wurde der Samen sofort auf die Stirn gerieben, um dadurch die Kräfte des dritten Auges zu aktivieren. Normalerweise aber standen den Teilnehmern raffinierte Techniken zur Verfügung, um das Ausströmen von Bindu zu verhindern. Der Trick dabei war zumeist das Ausüben von Druck auf bestimmte Akupunkturpunkte im Körper.

Andererseits gab es aber auch eine tantrische Richtung, deren Ziel gerade die Vereinigung der ejakulierten Substanzen war. Erst der Austausch dieser Körperflüssigkeiten und der magnetischen Energien der Partner führte nach dieser Anschauung zu den wahren Vorteilen der sexuellen Vereinigung. So erlernten viele Yogis und Tantriker die Technik des *Vajroli Mudra*, bei dem der »tantrische Königstrunk« von Sperma und weiblicher Ejakulation vom Mann durch die Harnröhre in den Körper zurückgesaugt wurde.

Dahinter stand wohl der Gedanke, dass Rajas und Bindu das Endergebnis höchster Körperenergien seien. Auf biologischer Basis kann durch den Geschlechtsverkehr neues Leben geschaffen werden – solch eine Erneuerung erhoffte der Tantriker sich auch auf einer anderen Ebene. Das Recycling von Samen und weiblicher Ejakulation als eine Art »Verjüngungsspritze« für den Körper, in deren Genuss Frauen normalerweise immer kommen, hat heute auch einen wissenschaftlichen Hintergrund. So haben Untersuchungen ergeben, dass frischer Samen antibiotische Eigenschaften aufweist und aus großen Mengen von Mikronährstoffen besteht.

Die Frage nach dem schöpferischen Hintergrund des Sexus stand aber auch hinter anderen tantrischen Techniken. So halten sich in den beliebtesten tantrischen Stellungen beide Partner aufrecht, um durch das Bewegen des Lingam in der Yoni wie in einem umgekehrten Kelch gleichzeitig orgastische Gefühle und das Aufsteigen der Kundalini zu ermöglichen. In der berühmten »Vereinigung der Liane« wiederum sitzt die Frau als Verkörperung der dynamischen Schöpferkraft der Shakti auf dem Mann. Sie praktiziert das Spiel der »klammernden Vagina«: Sie aktiviert und hält den Penis fest, während der Mann sich nur stimulieren lässt. Der Eros wird dabei gezügelt; es kommt nicht zum üblichen Orgasmus, sondern die Energie wird im ganzen Körper verteilt.

Dieses Anstreben der Verwirklichung aller menschlichen Kräfte war zwar das Hauptthema des Weges der rechten Hand, ist aber als Grundidee auch in allen anderen Richtungen des Tantrismus zu finden. So gilt oraler Sex als eine Verbindung von oben und unten, von männlichem und weiblichem Pol. Der Mund, der bei Fellatio oder Cunnilingus die Genitalien liebkost, soll das Bewusstsein entgegengesetzter Körperregionen zusammenfließen lassen und so zu einem höheren Bewusstseinszustand führen. Der Abscheu vor oralem Sex, der im Westen noch immer verbreitet ist, war den Tantrikern völlig fremd. Für sie setzten gerade die Genitalien die stärkste Energie frei. Nicht ohne Grund liegt also unserem so technisch klingenden Wort *Vagina* – dem lateinischen Begriff für »Schwertscheide« oder »Scheide« – das Sanskrit-Wort *van* für »lieben« und »verehren« zugrunde.

Auch für den analen Geschlechtsverkehr hatten die Tantriker einen alle Gegensätze überwindenden Grund: Der Anus galt bei ihnen als der Sitz der Kundalini, die Hauptenergien des Nervensystems sind in dem direkt damit verbundenen *Muladhara-Chakra* beheimatet, außerdem die berühmte »Kundalini-Drüse«. Die Aktivierung dieser Drüse regt die beiden Zweige des Nervensystems an. Sie wurde im Tantrismus durch den analen Geschlechtsverkehr, aber auch durch andere Übungen wie das Rollen auf einem Ball oder das Aufschlagen des Gesäßes auf dem Boden stimuliert. Dadurch werden quasi an den »Wurzeln des Lebensbaumes« Energien freigesetzt, die durch den Rückenmarkskanal nach oben fließen und das Gehirn aktivieren können.

Fasst man die Hauptrichtungen des Tantrismus also kurz zusammen, so geht es immer wieder um das Recyclen von Energie. Sexuelle Gefühle werden nicht unterdrückt – im Gegenteil: Eros wird zum Sprungbrett, um auf die Meta-Sex-Ebene zu gelangen, um Ebenen zu erreichen, die weit über die übliche Sexualität hinausgehen.

Die bekannte tantrische Yab-Yum-Figur, die einen Gott und eine Göttin in sexueller Vereinigung darstellt, symbolisiert für viele Tantriker das sorgsam gehütete Geheimnis, dass der Mensch dann göttlich ist, wenn er alle Gegensätze überwindet. Und der Eros ermöglicht es dem Menschen, bereits auf Erden die Freuden der Götter zu genießen.

Das Geheimnis der Unsterblichkeit

»Unsterblich« würden viele gern sein. Nach neuesten Umfragen wünschen sich die Menschen in unserer hochindustrialisierten Gesellschaft nichts sehnlicher als ein möglichst langes und gesundes Leben – und dies aus durchaus verständlichen Gründen. Fast alles ist inzwischen »machbar« geworden, die Dauer unseres Lebens und unser Gesundheitszustand aber scheinen noch immer von einem ominösen Schicksal bestimmt zu werden. Wir mögen über Wissen, Reichtum und Macht verfügen – noch immer sind wir aber nicht zu *Fürsten des Baumes* geworden, die *dem Reich des Todes entrinnen.*

Dennoch nimmt der uralte Menschheitstraum von der Unsterblichkeit immer mehr Gestalt an. »Unsterbliche« tauchen in unseren Filmen auf; Menschen lassen sich bereits nach ihrem Tod einfrieren, Gehirne werden auf Eis gelegt. Auf den Gedanken, dass auch diese angestrebte »Unsterblichkeit« immer nur in uns selbst gefunden werden kann, kommen jedoch nur wenige.

Dabei gibt es bei taoistischen Meistern eine berühmte Tradition – zwar nicht körperlicher Unsterblichkeit, aber zumindest extremer Langlebigkeit –, von der wir auch heute noch einiges lernen könnten. Demnach wäre das mit der Unsterblichkeit eigentlich sehr einfach: Wir alle werden mit einer Unmenge an Primärenergie geboren, die die Taoisten *Jing* nennen. Diese Jing-Energie ist die eigentliche Fortpflanzungsenergie, die Eizellen, Samen und Hormone produziert. Dieselbe Ursprungskraft steht auch hinter der Lebenskraft *Chi,* die unsere Gesundheit erhält und unsere Organe ihre Funktion erfüllen lässt. Und sie kann zur *Shien-*Energie werden, die als Energie des Geistes gilt. Am Anfang unseres Lebens, als Kinder, strotzen wir nur so von Primärenergie. Je älter wir jedoch werden, umso mehr Energie verbrauchen wir, um mit Ängsten, Sorgen und Stress fertig zu werden. Dieser Energieverlust mindert nicht nur unsere Lebenskraft, das Chi, sondern auch die ursprüngliche Sexualenergie Jing.

Die Möglichkeit, diesen schleichenden Prozess des Krank- und Altwerdens zumindest hinauszuzögern, lag für die »Unsterblichen« von einst daher zwangsläufig im harmonisierenden Atem und im Recycling der Lebenskraft. Das eigentliche Geheimnis hinter dem »goldenen Elixier«, der »goldenen Blüte« oder der »goldenen Pille« war die Kunst, die Sexualenergie im Körper ständig bewusst zu steuern – so lange, bis mit Hilfe des Eros eine Art »unsterblicher Fötus« im Unterleib geschaffen wurde. Dies galt als Symbol für die Geburt des Selbst. Demjenigen, der das »Kreisen des Lichts« übte, sollte es gelingen, einen neuen feinstofflichen Körper zu schaffen, der völlig frei von alten, oft negativen Gefühlen und Empfindungen war. Dieses neue Energienetz sollte sich wiederum auf den Körper verjüngend und regenerierend auswirken. So wurden denen, die ihre Zeugungskraft richtig einsetzten, sogar neue Zähne prophezeit, das Haar sollte wieder nachwachsen, die Haut glatt und jugendlich werden – und natürlich wurden denjenigen, die die Lebenskraft zu speichern wussten, auch ungeahnte sexuelle Kräfte zugesprochen.

Diese Kräfte wurden oft dazu eingesetzt, sich noch ein Stückchen mehr Unsterblichkeit zu sichern. Wie bei vielen Tantristen diente und dient auch bei den Taoisten der Geschlechtsverkehr einer Magnetisierung in höchster Potenz. Der Mann nimmt also die weiblichen Energien seiner Partnerin auf, die Frau die männlichen ihres Partners. Aber auch dabei fließt die Energie nicht nach unten ab, sondern beide Partner lassen sie nach oben steigen und im Körper kreisen. Durch den Austausch der beiden biomagnetischen Kreisläufe verbinden sich die Energien der beiden Liebenden und werden zu einem großen Kreislauf. Naht der Orgasmus, wird das »Emporziehen« der Energie praktiziert, und so kommt es zu jenen berühmten »Tal-Orgasmen«, die, obwohl nie der Gipfel erreicht wird, mit jedem Mal noch intensiver empfunden werden. Allerdings darf man das orgastische Empfinden dabei nicht mit dem gewohnten Orgasmus gleichsetzen. Es wird zu jener sanften Wellenbewegung, die noch größere Freuden und größere Intensität schenkt als der gewohnte Höhepunkt. Gleichzeitig steigert sich bei jedem Emporziehen die Sexualenergie und verjüngt dadurch den ganzen Körper, seine Drüsen und Organe.

Die Kunst, die Liebes- und Lebenskraft zu steigern, war im alten China sehr weit entwickelt. Unzählige Geschichten über Kaiser und Kaiserinnen, die die verschiedensten sexuellen »Künste« einsetzten, um ein hohes Alter zu erreichen, zeugen noch heute davon. Da ist die Rede von »Jadestengeln« und »Jadegrotten«, vom »weißen Tiger« als Samen, der gebändigt werden soll, aber auch vom Körper als Land und von der Zeugungskraft als dem dieses Land bestellende Volk. Jenseits der vielen erotischen Geschichten und aller speziellen Techniken war es aber immer das Bewusstsein, dem die Vereinigung von Geist und Lebenskraft gelang. Und die vielleicht wichtigste Botschaft, die uns die legendären »Unsterblichen« von einst übermittelt haben, besagt, dass es in uns allen eine sexuelle Energie gibt, die als Schöpferkraft auch heilen kann. Wenn wir sie in uns zu speichern verstehen, kann diese Kraft Krankheit, Alter und vielleicht sogar einmal den Tod besiegen.

Übungs-Zyklus: Der Energiekreislauf

Erster Tag: Der kleine Energiekreislauf

Die Sexualkraft kann die beste Medizin und der wirkungsvollste Jungbrunnen sein. Genau dies ist die Botschaft des achten Verses: Im Baum leben zwar *Götter und Dämonen*, der Tod wohnt neben dem Leben, aber die *Fürsten des Baumes* entrinnen dem Tod, wenn ihnen *das Licht der Freude gefällt*. Dieser Vers ist vor allem auch ein Aufruf dazu, die Kraft der Kundalini mittels des Energiekreislaufes in uns zu erwecken. Was wir auch immer bis heute über die Macht der Schlange gehört haben, das sechste Gesetz zeigt uns sehr deutlich, dass diese Kraft eine psycho-sexuelle Energie ist: Die Macht der Leidenschaft unserer sexuellen Organe wird durch unsere Vorstellungen, durch die Freude der Psyche zum Leben erweckt. Einen Eindruck davon hat uns die erste einführende Magnetisierungsübung in diesem Kapitel bereits vermittelt, endgültig davon überzeugen wird uns aber wohl der »kleine Energiekreislauf«.

Wenn Sie heute Abend wieder in Ihrem energetischen Lustballon schweben, gehen Sie also wie immer die drei wichtigsten Energie-Stufen durch. Zuerst schwingen Sie sich auf das Geliebtwerden ein, dann beginnen Sie hedonistisch zu atmen, um später alle negativen Energien aus Ihrem Nabel sanft auszuatmen. Auf der nächsten Stufe lassen Sie wieder Sonne und Mond vor der linken und rechten Gehirnhälfte erscheinen und dann beide durch die Lustbahnen Ihres Gehirns kreisen. Danach erwecken Sie das Corpus Callosum, die Regenbogenbrücke zwischen linker und rechter Gehirnhälfte, um dann in der inspirierenden rechten Gehirnhälfte zu »landen«. Die dritte Grundübung gilt dem Liebespunkt. Konzentrieren Sie sich zuerst auf die Lotosblume in Ihren Genitalien, und schließen Sie durch die winzigen Atembewegungen Ihr Nervensystem auf. Sind Sie stark genug energetisiert, lassen Sie die Energie in unzähligen blauen Flammen zum Liebespunkt aufsteigen. Dort wird die Lotosblume des Herzens immer größer; Sie lassen sie atmen und den ganzen Körper von der Liebe der Blume einhüllen. Dann klicken Sie das Stichwort »erotischer Körper« an.

Wir haben auf diesen ersten Stufen eigentlich genau dasselbe getan, was schon das Anliegen der alten Taoisten war: Yin und Yang, der weibliche und der männliche Pol, wurden miteinander verbunden. Nun kanalisieren wir diese Energie. Machen Sie sich dazu klar, dass wir eigentlich alle eine Art »Kanal« sind, durch den und um den die wichtigsten Energien kreisen; der Körper ist um den »Stamm des Lebensbaumes«, um unsere Wirbelsäule herum aufgebaut. Schließen Sie daraufhin die Augen, und stellen Sie sich vor, wie eine ganz besondere Energie von den Geschlechtsorganen den Damm hinauf bis zum Steißbein strömt und von dort weiter aufsteigt bis zum Nacken und zum Scheitel. Von diesem höchsten Punkt aus lassen Sie die Energie dann über die Zunge und den Hals wieder zum Nabel und zu den Geschlechtsdrüsen zurückkehren.

Wenn Sie dabei zuerst nur wenig oder gar nichts spüren, machen Sie sich nichts daraus; lassen Sie die Energie in Ihrem Geist nur so genussvoll und so langsam wie möglich auf- und absteigen. Halten Sie dabei zwischendurch einmal inne, und versuchen Sie mit Hilfe Ihres Denkens die Energie genau auf die Stelle einwirken zu lassen, an der sie sich zur Zeit gerade befindet. Genau dies ist nämlich der Kernpunkt: Sie können dabei am eigenen Leib spüren, wie es Ihrem Geist tatsächlich gelingt, Energie zu transportieren. Denn die bewusste psycho-sexuelle Kundalini-Kraft ist Ihre eigene Schöpfung – und an Ihnen liegt es, wie oft und wie gekonnt Sie sie einsetzen, um Gesundheit und ein langes Leben zu erlangen. Lassen Sie jetzt das Kreisen immer langsamer werden; stellen Sie sich vor, dass die Energie Sie sanft in den Schlaf hinübergleiten lässt.

Am nächsten Morgen setzen Sie dieselbe Energie dann ein, um aktiv und tatkräftig den Alltag anzugehen.

Zweiter Tag: Der Sitz der Schlange

Am zweiten Abend denken Sie noch einmal an die psycho-sexuelle Kundalini-Kraft, deren Energieniveau von Ihrer Vorstellung abhängt. Dann erinnern Sie sich daran, dass Sie auf eine ähnliche Art schon Ihren erotischen Körper geschaffen haben. Heute geht es darum, mit Hilfe der Kundalini-Kraft gewisse Zentren in diesem Körper zu energetisieren. Nach dem Einschwingen im Lustballon, nach den »Gehirnspielchen« und dem Anpeilen des Liebespunktes gehen Sie wieder auf den Befehl »erotischer Körper«.

Wenn Sie dann dieses ganz besondere Energienetz aufgebaut haben, erinnern Sie sich daran, dass Sie drei der wichtigsten Energieräder im Körper bereits ganz gut handhaben können: das Nabelchakra, das Sexualzentrum und das Herzchakra. Diesen drei »Lotosblumen« im Körper fügen wir jetzt noch die restlichen hinzu, die für das Energie-Recycling notwendig sind.

Die vorerst wichtigste ist der Sitz der Kundalini-Schlange. Der Tradition nach liegt unsere Lebens- oder Sexualenergie wie eine Schlange zusammengerollt im Muladhara-Chakra, das sich genau zwischen dem After und den Genitalien befindet. An dieser Stelle fließt viel Sexualenergie nach unten ab, wenn wir es nicht verstehen, den PC-Muskel (Pubogoccygeus), der vom Schambein bis zum Steißbein führt, zu kontrahieren. Dieser Muskel arbeitet wie ein Ventil, das alle drei Körperöffnungen in unserem Unterleib schließt und öffnet: unsere Sexualorgane, die Muskeln des Afters und die Muskeln, die wir zum Entleeren unserer Blase benötigen.

Der PC-Muskel spielt beim Geschlechtsverkehr eine große Rolle, aber auch im kleinen Energiekreislauf. Das Pulsieren der Geschlechtsorgane hat Ihnen vielleicht bereits eine Ahnung davon beschert, dass das Training des PC-Muskels einer Frau die Möglichkeit bietet, die Übung der »klammernden Vagina« immer besser beherrschen zu lernen; beim Mann bewirkt die Kontraktion des PC-Muskels eine sehr viel längere und schnellere Erektion und verhindert die Ejakulation. Aber auch in jeder Form der Autoerotik sollten wir den PC-Muskel einsetzen können. Gerade alleinstehende Menschen verlieren häufig sehr viel Energie, weil diese Muskulatur im Laufe der Zeit durch Bewegungsmangel erschlafft und so die wertvolle Sexualenergie nicht im Körper aufsteigen kann.

Stellen Sie sich daher jetzt am Perineum, genau zwischen Ihren Sexualorganen und dem After, ebenfalls eine wunderschöne leuchtend orange Lotosblume vor. Lassen Sie sie einige Zeit nur leuchten, dann beginnen Sie in Gedanken, auch diese Blume atmen zu lassen. Sie dehnt und schließt sich ganz sanft, fast unmerklich, und dabei bekommen Sie ein Gefühl dafür, dass genau diese Blume die Wirbelsäule öffnen und verschließen kann. Genießen Sie dieses Gefühl des Weiter-Werdens so lange, bis Sie einschlafen.

Am nächsten Morgen lassen Sie aus dieser Blume dann sehr zarte, aber doch munter machende Ströme durch Ihren Lebensbaum aufsteigen.

Dritter Tag: Das verborgene Ventil

Eigentlich kommt das Geheimnis der Kundalini-Kraft ja überall deutlich zum Ausdruck. Der schlangenumwundene Äskulapstab in allen Apotheken und in vielen Arztpraxen weist immer wieder darauf hin, dass es in uns allen ungeahnte und allzu oft auch unentdeckte Kräfte gibt. Trotzdem waren es nur wenige, die im Laufe der Geschichte dieses Geheimnis gelüftet haben. Doch interessanterweise scheint die uralte Tradition des Tantra zur selben Zeit entstanden zu sein, als irgendwo in Babylon der achte Vers niedergeschrieben und damit in sehr versteckter Form auf das Kreisen der Energien hingewiesen wurde.

Heute können wir entspannter an dieses Geheimnis herangehen. Denken Sie darum am dritten Abend nach Ihrem ganz persönlichen Einschwingen einige Zeit an Ihren erotischen Körper, dann lassen Sie langsam an Ihren Genitalien eine Lotosblume sprießen. Diese Blume wird größer und größer, wächst weiter bis zum Perineum und wird schließlich so groß, dass sie den gesamten Bereich zwischen Ihren Beinen – vom Schambein bis zum Steißbein – einschließt. Genießen Sie diese Blume einige Zeit. Lassen Sie sie in allen nur möglichen Farben erstrahlen; lassen Sie sie atmen, sich öffnen und schließen.

Dann drehen Sie in Ihrer Vorstellung die Blume um. Sie öffnet sich nun nicht mehr nach außen in Richtung Liebesballon, sie wächst quasi in Ihren Leib hinein und beginnt die Blütenblätter nach innen zu öffnen und schließen. Stellen Sie sich vor, diese Blüte wäre ein verborgenes Ventil, das Energien in Ihrem Körper weiterleiten kann – und dies auf die lustvollste Art und Weise. Denken Sie zurück an das hedonistische Atmen, an das Vorspiel und den Orgasmus bei jedem Atemzug, und übertragen Sie diese winzigen Atmungsorgasmen auf ihren Unterleib, der die Funktion eines Ventils am Anfang der Wirbelsäule mehr und mehr begreift und ausfüllt.

Mit dieser lustvollen Übung beginnen Sie auch den nächsten Tag.

Vierter Tag:
Der Strohhalm

Am vierten Abend wird es ernst mit dem wirklichen Energie-Recycling: Nach dem üblichen Einschwingen versuchen Sie noch einmal, ein Gefühl für Ihren PC-Muskel zu bekommen, dann stellen Sie sich wieder die Lotosblüte vor, die nach innen wächst und zu einem äußerst lustvollen Ventil wird. Als Nächstes zaubern Sie mit Hilfe Ihrer Imagination einen riesigen Strohhalm in Ihren Körper und lassen die Blüte zwischen Ihren Beinen durch diesen Halm Luft einsaugen. Ihre Vagina oder Ihr Penis gleicht also einem weit geöffneten Mund, der einatmet, wobei die Luft im Strohhalm bis zum Scheitel hochgezogen wird.

Der Strohhalm füllt sich immer mehr mit Sexualenergie – so lange, bis diese Energie am Scheitel überquillt und langsam die Vorderseite Ihres Körpers hinuntergleitet. Versuchen Sie dabei nicht nur ein Gefühl für die Energie zu bekommen, sondern genießen Sie diese auch. Es geht schließlich darum, Leidenschaft und Freude zu vereinen. Verkrampfen Sie sich aber nicht, und versuchen Sie, auch Bauch- und Anusmuskulatur möglichst ruhig zu halten. Stellen Sie sich das Saugen der Blume nur so lustvoll wie möglich vor. Nach einiger Zeit werden Sie ein immer besseres Gefühl dafür entwickeln, wie die Energie allein mittels Gedanken beim Einatmen hochgezogen werden kann und beim Ausatmen an der Vorderseite des Körpers zurück zum Bauch und zu den Genitalien fließt.

Am nächsten Morgen wiederholen Sie die Übung zuerst in Gedanken in Ihrem Lustballon, gehen dann aber ausnahmsweise zur Praxis über. Beim nächsten Urinieren unterbrechen Sie zwischendurch den Fluss und spüren dabei genau, wie sich der Muskel zusammenzieht. Dann lassen Sie den Urin wieder fließen, um den Strom erneut zu unterbrechen. Wenn Sie diese leichte Übung auch ohne zu urinieren während des Tages öfter wiederholen, werden Sie ein Gefühl für das Anspannen und Entspannen des PC-Muskels entwickeln und entdecken, wie hilfreich dieses Ventil beim Geschlechtsverkehr, aber auch beim Verteilen der Sexualenergie über den ganzen Körper ist.

Fünfter Tag:
Das Aufsteigen der Energie

Am fünften Tag denken Sie nicht mehr groß an den Strohhalm und das Aufsaugen der Energie; stellen Sie sich diesmal einfach die Blüte zwischen Ihren Beinen als hochenergetisches Kraftwerk vor. Durch die lustvolle Bewegung der Blütenblätter wird die Energie der Sexualdrüsen in den Körper hinaufgepumpt.

Die erste Station dabei ist Ihr Steißbein. Lassen Sie die strahlende Sexualenergie zuerst einmal nur bis dorthin fließen. Sie atmen ein, kontrahieren die Blütenblätter fast unmerklich – dadurch steigt Energie auf. Dann atmen Sie leicht aus, ohne sich auf etwas Besonderes zu konzentrieren.

Wenn Ihr ganzer Unterleib bis zum Steißbein mit goldenem Licht gefüllt ist, ziehen Sie die Energie die Wirbelsäule hoch bis zum Liebespunkt mitten auf Ihrer Brust, der sich trichterförmig auch in die Wirbelsäule hinein erstreckt. Genau diesen Punkt »massieren« Sie liebevoll, indem Sie mit Hilfe des PC-Muskels beim Einatmen Energie hinaufschicken.

Sind Sie dann quasi bis zum Brustraum »erleuchtet«, kommt die dritte Etappe: Die Energie steigt in den Kopf auf – bis hinauf zum Scheitel. Lassen Sie in Gedanken sehr sanfte Wellen die Wirbelsäule zum Kopf hinauffließen, damit Sie gut einschlafen können.

Am nächsten Morgen lassen Sie Ihren Kopf wieder einmal von der Schlange energetisieren. Dann denken Sie daran, wie weit Sie bereits auf den Lebensbaum hinaufgestiegen sind – und vergessen Sie nicht, das Gefühl der Freude und der Leidenschaft auch im Kopf zu bewahren.

Sechster Tag:
Das Verteilen und Speichern der Energie

Am sechsten Abend überlegen Sie, welche Rolle Energieströme in den Übungen bisher gespielt haben. Zuerst war es der Lustballon, der uns als imaginatives energetisches Feld Sicherheit gab. Dann haben wir mit dem hedonistischen Atmen gelernt, den Lebensstrom des Prana bewusst zu lenken und die Energie im Nabelzentrum zu speichern. Schließlich wurde das Gehirn energetisiert, um dann den ganzen Körper mit Energie aufzuladen. Immer aber waren Sie selbst die Quelle der belebenden Energien.

Wenn Sie heute also das Licht in Ihrem Körper kreisen lassen, tun Sie dies ganz nach Lust und Laune. Wählen Sie die Methode, die Ihnen am meisten zusagt – den überquellenden Strohhalm, das Minikraftwerk der Blüte –, oder lassen Sie die Energie einfach nur kreisen. Stellen

Sie sich einen goldenen Energiestrom vor, energetisieren Sie gewisse Punkte besonders; lassen Sie sich dabei aber ganz von Ihren Vorstellungen leiten.

Denken Sie aber immer daran, die Energie vor allem dann über den ganzen Körper zu verteilen, wenn sie sich irgendwo zu stauen beginnt. Kopfschmerzen oder ein Stechen im Herzen sind ein Zeichen für zu viel Energie an dieser Stelle. Das lässt sich verhindern, wenn Sie die Energie über den ganzen Körper verteilen und sie zuletzt wie gewohnt im Nabel speichern.

Den nächsten Morgen beginnen Sie mit derselben Übung. Und während Sie genau spüren, wie Ihr Körper immer heller und leichter wird, erinnern Sie sich daran, welch eine Meisterleistung Ihnen bereits gelungen ist: Sie haben praktisch die ganze »Software« Ihres Körpers ausgewechselt. Mag er nach außen hin auch noch derselbe sein, so hat sich sein energetisches Innenleben doch völlig verwandelt.

Siebter Tag:
Heilende Strahlen

Am letzten Abend des sechsten Siebener-Zyklus sind wir schon fast in der Position eines Schöpfers, der nach sechs Tagen auf sein Werk zurückblickt, damit zufrieden ist und beschließt, sich nun erst einmal auszuruhen. Tun Sie das auch: Schweben Sie genussvoll in Ihrem Lustballon, kosten Sie das Atmen, die Gehirnübungen, Ihren neuen erotischen Körper voll aus – und dann spielen Sie einfach nur mit dem Energiekreislauf. Lassen Sie die feinsten Formen der Lust die Wirbelsäule entlang zum Gehirn hochsteigen und von dort sanft nach unten gleiten. Bekommen Sie ein Feeling dafür, wie erotisch wir alle sein können – und wie gut das unserem ganzen Körper tut.

Dann denken Sie an Ihre Gesundheit: Lassen Sie die Lust zu heilenden Strahlen werden, die durch Ihren gesamten Körper fließen. Wenn Sie Schmerzen oder gesundheitliche Probleme haben oder die ersten Anzeichen einer Krankheit spüren, dann schicken Sie die heilende Kraft der Sexualenergie beim Ausatmen genau zu dieser Problemzone im Körper. Als bereits einigermaßen Fortgeschrittener in Sachen Recycling brauchen Sie sich nur noch in Gedanken vorzustellen, Sie würden die Energie in die Höhe des Gehirns aufsteigen lassen und von dort aus als eine Art heilenden Strahl beim Ausatmen zu dem schmerzenden Körperteil schicken.

Natürlich macht auch hier »Übung den Meister«; es wird Ihnen aber immer besser gelingen, wenn Sie sich vorstellen, dass Gesundheit vor allem eine Sache der Harmonisierung von Energien ist – und dass die beste und wirkungsvollste Energie schon immer die Sexualkraft war.

Zusammenfassung

Am achten Morgen denken Sie zum Abschluss des vorletzten Zyklus noch einmal an die psycho-sexuelle Kraft, die Sie in der letzten Woche aktiviert haben. Sie kann vielerlei Gestalt annehmen. Manchmal äußert sie sich einfach als ein zutiefst erotisches Gefühl, ein andermal als das Empfinden intensiver Lebenslust, die sich im ganzen

Körper ausbreitet: manchmal gleicht diese Kraft der Schlange, manchmal nur einer sanften, lichten Woge, die sich ihren Weg durch den Körper bahnt.

Aber gleichgültig, in welcher Form sich Genitalien und Gehirn verbinden: Der Baum der Leidenschaft zeigt uns, dass jede Stufe, die wir höher klettern, uns mehr Energie, mehr Lebenskraft und bessere Gefühle schenkt. Wenn wir uns nach sechs Wochen des Übens mit dem Baum der Leidenschaft fragen, was der Unterschied zwischen dem alten »Baum der Erkenntnis« und dem »Baum des Lebens und der Lust« ist, so wissen wir bereits mit einiger Sicherheit, dass letzterer uns sexuellen Magnetismus beschert.

Diesen Magnetismus bekommen manche Glückskinder bereits mit in die Wiege gelegt. Viel vergnüglicher jedoch ist es, ihn selbst zu entwickeln; mit einer Mischung aus Lust und Verwunderung zu erleben, wie mit jeder Übung der Baum der Leidenschaft ein Stück höher wird. Dabei gleicht er wiederum dem Fötus der als »unsterblich« gerühmten taoistischen Meister – er zaubert ein neues Energienetz in unseren Körper. Damit Sie diese uralte und doch sehr moderne Kunst auch in Zukunft möglichst gut beherrschen, hier noch einmal die Stichworte zum sechsten Zyklus:

1. Tag: Der kleine Energiekreislauf
2. Tag: Der Sitz der Schlange
3. Tag: Das verborgene Ventil
4. Tag: Der Strohhalm
5. Tag: Das Aufsteigen der Energie
6. Tag: Das Verteilen und Speichern der Energie
7. Tag: Heilende Strahlen

Das siebte Gesetz:

Die magische Kraft

*Große Weisheit
gibt er ihnen.
Früchte, die in einem
Gott gereift sind.
Einen Ort zu ihrer Freude.
Die die sieben Stufen
des Baumes kennen,
sie sind die Mächtigen der Zeiten.*

Die die sieben Stufen des Baumes kennen, sie sind die Mächtigen der Zeiten ... Bevor ich am neunten Vers dieser uralten und vielleicht sogar »himmlischen« Tafel überhaupt herumzurätseln begann, waren es die *Mächtigen der Zeiten*, die mir schlagartig eines klar machten: Die sieben Gesetze, die Wege der Ekstase führen uns weit über alle Formen der Sexualität hinaus. Sie lassen uns nicht nur erotischer und magnetischer werden, liebevoller und intelligenter – die Ekstase und ihre Gesetze können uns auch zu jenen geheimnisumwitterten Alchemisten und Magiern machen, die die Menschheit schon immer fasziniert haben und die man im alten Babylon vielleicht die *Mächtigen der Zeiten* nannte.

Dann erinnerte ich mich daran, dass noch zu Zeiten Zarathustras die persischen Magier einigen Auserwählten rieten, »das Feuer in sich selbst zu wecken«. Das Feuer brannte damals in den Tempeln; es sollte aber auch auf die uralte Kunst des Energie-Recyclings verweisen. So begann ich mich natürlich zu fragen, ob diese zoroastrischen Magier nicht die Nachfolger jener Priesterinnen und Priester im alten Babylon gewesen sein könnten, die einstmals im *Garten der Göttin* gewandelt waren.

Das siebte Gesetz des Lebensbaumes verspricht *große Weisheit*, und so wie es schien, war es genau diese »Weisheit des Baumes«, die immer schon den Eros mit der Magie und die Magie mit dem Eros verbunden hatte. Im Laufe der letzten großen Epoche hatte die Magie ja dasselbe Schicksal erlitten wie die Sexualität: Viele waren davon fasziniert – nur sehr wenige aber fanden einen Zugang zu den Geheimnissen dahinter. Die wenigsten Menschen wussten also, was die persischen Magier erkannt hatten – dass nämlich die Geheimnisse des Sexus dieselben sind wie die der Magie.

Dabei dürfte dieses Wissen in der Menschheit intuitiv immer vorhanden gewesen sein. So kann man etwa in einer Höhlenmalerei aus der Steinzeit einen nackten Mann und eine nackte Frau bewundern, deren Geschlechtsorgane durch einen besonderen Kraftstrom verbunden sind. Dieser magische Strom sollte anscheinend zu einer erfolgreichen Jagd verhelfen, denn der Mann trägt einen Bogen, und sein Ziel sind einige Tiergestalten.

Die bekannte Schriftstellerin Anais Nin beschrieb sehr viel später dieselbe magische Macht mit weit ekstatischeren Worten:

»Diesmal wollte sie nicht umkehren, wollte ihm nicht entkommen. Leidenschaftliche Erregung hatte sie ergriffen, eine Vorahnung, dass sie nun jenen Gipfel des Entzückens erreichen würde, der sie ein für allemal aus sich selbst herausschleudern und einem Unbekannten überlassen würde. Sie kannte nicht einmal seinen Namen, noch er den ihren ...«[9]

Dieses »Aus-sich-selbst-Herausgeschleudert-Werden« gleicht dem »Über-sich-selbst-Hinauswachsen«, das sich der Steinzeitjäger wohl von der Kraft der Sexualität versprach – und es gleicht jeder magischen Handlung. Denn Magie, wahre Magie, steht ebenso wie die Sexualität immer in einem Zusammenhang zu Transformation, zum Umwandeln eines bestehenden Zustandes. Dieser Bezug geht so weit, dass Kenner sogar behaupten, magische Fähigkeiten seien nichts anderes als richtig angewandte Erotik.

Tatsächlich spielte bei vielen erotischen Geheimgesellschaften die Magie eine wichtige Rolle. In den Mysterien war ebenso von »verwandelnder Magie« die Rede wie im Tantrismus; die Troubadour-Bewegung war zu ihrer Zeit ebenso magisch wie die Heilige Hochzeit auf den Türmen Babylons. Den letzten Stein auf das Bauwerk der magischen Kraft des Eros setzte dann die Sexualmagie des Westens.

Einen Ort zu ihrer Freude

Einen Ort zu ihrer Freude verspricht der Lebensbaum jenen, die auf der siebten Stufe zu den *Mächtigen der Zeiten* werden. Eine Zeit lang sah ich in diesem Ort nur das Gehirn und seine Möglichkeiten, alles und jedes mit Erotik aufzuladen.

Man braucht jedoch nur fünf Minuten lang die Augen zu schließen und sich in den Lustballon einzuschwingen, um zu bemerken, wie unzulänglich diese Betrachtungsweise ist.

Falls Sie sich tatsächlich eine meditative »Pause der Lust« gönnen, in Ihrem Lustballon für kurze Zeit eine Ihrer Lieblingsübungen aus den vergangenen sechs Zyklen durchspielen, werden Sie feststellen, dass der Ort, der Freude verspricht, weder in Ihrem Gehirn noch in Ihrem materiellen Körper liegt. Es geht nämlich um jenen erotischen Körper, der viel tiefer, irgendwo in den weiten Gefilden Ihres Unterbewusstseins, angesiedelt ist. Die Konzentration Ihres Gehirns dient zwar als Auslöser, der »Ort der Handlung« aber ist jenes weite Land des Eros, das wir bis heute mehr und mehr erforscht haben.

Jeder weitere Schritt wird ein magischer Schritt sein. Sie brauchen nur noch einmal fünf Minuten die Augen zu schließen und wieder in den Ballon zurückzukehren. Stellen Sie sich dabei im Geist eine Skala vor, an deren Anfang das eher stumpfe Gefühl der normalen Sexualität steht, am Ende jedoch ungeahnte Ekstase. Versuchen Sie bei jedem Ausatmen die Lust ein wenig anzuheben – so lange, bis Sie auf der Skala der Lust sehr weit oben angekommen sind. So wie wir alle über eine Schmerzschwelle verfügen, gibt es in uns auch einen Gradmesser für die Lust. Dafür haben Sie in den letzten Siebener-Zyklen bereits ein besonderes Gespür entwickelt; jetzt versuchen Sie die Skala noch höher hinaufzuklettern, Sie »surfen« sozusagen auf den intensivsten Lustwellen. Genau in diesem Moment stellen Sie sich nun vor, nicht nur völlig erotisch, sondern auch einer der *Mächtigen der Zeiten* zu sein. Wenn Sie die Augen wieder öffnen, fragen Sie sich, wie Sie sich jetzt fühlen. Vor allem aber werden Sie sich der Tatsache bewusst, dass Sie damit Ihren erotischen Körper noch um ein ganzes Stück lustvoller und lebendiger gemacht haben.

Beide Übungen können Sie auch im folgenden großen Partnerspiel einsetzen: Gönnen Sie sich einen Abend, an dem alles und jedes lustvoll sein soll: Das erste gemeinsam getrunkene Glas Wein, die besondere Kleidung, die Sie tragen, die Musik, die Speisen, mit denen Sie Ihr Liebesspiel lustvoll unterbrechen können. Genießen Sie jeden Schluck, jeden Bissen, die Blumen, die im Zimmer stehen, die Töne, die durch den Raum hallen, Ihren Partner oder Ihre Partnerin, Ihre eigene Haut, Ihr eigenes Lustgefühl …Vor allem aber stellen Sie sich vor, selbst jemand zu sein, der über die Zeit gebietet und dem die Ewigkeit zur Verfügung steht. Denken Sie daran, dass Ihr Bewusstsein ein magisches Schwert ist, das jede Geste, jedes Streicheln erotisiert. Dehnen Sie daher schon beim einleitenden Gespräch, beim Essen und auch beim Vorspiel Ihre Lustkurve immer höher aus; verweilen Sie zeitweise in der Energie, um sie dann noch ein Stückchen ansteigen zu lassen.

Der Weg ist das Ziel, nicht der Orgasmus. Versuchen Sie diesen so lange wie möglich hinauszuziehen. Das gelingt Ihnen umso besser, je mehr Sie an die Ewigkeit denken, die Sie zur Verfügung haben; vielleicht auch daran, dass die Verschmelzung der feinstofflichen Kräfte von Mann und Frau frühestens nach einer halben Stunde möglich wird. Halten Sie inne, genießen Sie die Lust, und lassen Sie sich von dieser Lust wegtragen. Verlieren Sie dabei jedoch nicht das Bewusstsein, und stellen Sie sich sich selbst im Augenblick des Orgasmus als den erotischsten Menschen der Welt vor. Beim nächsten Mal gehen Sie aber noch einen Schritt weiter: Imaginieren Sie einen Plan, den Sie mit Ihrem Partner gemeinsam verwirklichen wollen. Damit haben Sie zu zweit bereits eine erste Stufe in Sachen Sexualmagie erreicht.

Das Reiten auf den Wellen der Lust und das Imaginieren von Plänen lässt sich dank der Übung, die Sie in den sieben Zyklen erlangen, übrigens auch allein in Ihrem ganz persönlichen Lustballon praktizieren. Als Single kann man also im Augenblick des Orgasmus die Zukunft in der Gegenwart ebenso »programmieren«, wie es einst vielleicht schon die alten Magier taten.

Wenn Sie sich jetzt zurücklehnen und sich fragen, was denn Magie oder eine magische Kraft nun eigentlich ist, wird Ihre Antwort vielleicht ebenso nebulös ausfallen wie die meine, bevor ich mich mit dem siebten Gesetz des Lebensbaumes und den *Mächtigen der Zeiten* zu beschäftigen begann. Dabei zeigt uns schon das uralte Wort Magie, warum der neunte Vers tatsächlich ein magischer ist und warum Kenner dieses Verses schon immer zu den *Mächtigen der Zeiten* und damit zu den Magiern zählten. Der persische Wortstamm von »Magie« – *magi* – bezeichnete ursprünglich nämlich einen Weisen, bedeutet aber ebenfalls »groß«, »Meister«, »mächtig«. Und nicht ohne Grund könnte man hier auch einen Bezug zu dem Begriff »Magnetismus« sehen, der in allen magischen Lehren eine Hauptrolle spielte. Magnetisch zu sein hieß, einer der Großen zu sein – dies ahnten bereits die Jäger der Steinzeit. Und noch heute erhofft sich jeder Liebende beim Liebesspiel größtmöglichen Magnetismus – mag man dieses Ziel inzwischen auch romantischer als »Gipfel des Entzückens« bezeichnen.

Magnetismus wiederum ist eine Gabe, die man entweder bereits in die Wiege gelegt bekommt oder sich später aneignen kann, wenn man das alte Geheimnis von der Umkehr von Ursache und Wirkung kennt. Der Jäger und seine Frau kannten dieses Geheimnis; sie liebten sich nicht erst nach der erfolgreichen Jagd, sie stärkten sich zuvor durch den Liebesakt, um erfolgreich jagen zu können. Auch die leidenschaftliche Frau bei Anais Nin sprach nicht erst nach dem Sexualakt davon, sich »aus sich selbst hinausschleudern zu lassen« – sie tat es zuvor und zielte damit zuerst auf die Wirkung ab, bevor sie die Ursache eintreten ließ.

Normalerweise wenden wir dieses geheime Gesetz der Umkehr von Ursache und Wirkung ganz unbewusst bei jeder neuen Liebe an und rufen dadurch selbst deren magische Wirkung hervor: Aus unseren

Traumpartnern werden Märchenprinzessinnen oder Märchenprinzen; später jedoch vergessen wir das – und so verlieren im Laufe der Zeit sogar die ausgefallensten Sextechniken ihren Zauber. Dass Zauberei dabei manchmal etwas völlig Natürliches sein kann, haben uns die ersten sechs Stufen und die ersten sechs Übungs-Zyklen gezeigt. Sie alle schufen mit Hilfe der Macht der Imagination ein zukünftiges Bild unserer Erotik, das sich erst im Laufe der Zeit kraft unseres Willens mit Leben erfüllt.

Magie zielt also nicht nur darauf ab, mächtig, weise und magnetisch zu werden, sie will vor allem auch Energieverbindungen herstellen: Verbindungen zwischen Zukunft und Gegenwart, aber auch Verbindungen zwischen Menschen. Schon deswegen hat die Verknüpfung von Sex und Magie eine uralte Tradition. Der Geschlechtsakt war schon immer der Mittelpunkt aller magischen Riten, schließlich bietet er die wohl einzige Möglichkeit im menschlichen Leben, über die eigenen Grenzen hinausgeschleudert zu werden, eine Beziehung einzugehen, die nicht von den »Panzern des Ich« abgeschirmt wird. Zudem erreichen wir dank der Ekstase während eines Orgasmus eine besonders hohe Gemüts- und Körperfrequenz, die uns jede Suggestion mit besonderer Empfänglichkeit aufnehmen lässt. Jeder gedankliche »Befehl«, der zu diesem Zeitpunkt gegeben wird, dringt tief in unser Unterbewusstsein ein – und hat daher die Tendenz, sich auch zu verwirklichen. Dieses Unterbewusstsein ist der wahre Schauplatz jeder magischen Macht und neben dem Magnetismus und der Umkehr von Ursache und Wirkung das wahre Geheimnis der Magie, aber auch der Erotik.

In Kreisen der Sexualmagier spricht man dabei vom »wahren Willen«, vom »Schutzengel«, vom »astralen Körper« oder auch vom »Sternenkörper«. Der erotische Körper kann uns eine Vorstellung davon vermitteln, dass wir tatsächlich Befehle geben können, die das Unterbewusstsein dann auf magische Weise in die Wirklichkeit umsetzt. Der *Ort zur Freude* könnte demnach die subtilste Ebene unseres Körpers sein, das Bewusstsein der Zellen, ein Bewusstsein, das tief in uns schlummert.

Dieses »subatomare Spiel«, das uns mit allem verbindet und alles bestimmt, kann *stumpf* oder *strahlend* sein. Es kann als Heimstatt sexueller Dämonen ein unruhiges und finsteres Reich sein; kontrollierte Lust dagegen kann uns hochenergetisch und ruhig wie glasklares Wasser machen. Das hängt allein davon ab, ob wir uns vom Sex verschlingen lassen oder als Magier auf den Wellen des Eros reiten. Entsprechend läuft auch dieses Spiel ab: Es reißt uns mit in das Reich unkontrollierbarer Leidenschaften, oder es stattet uns mit einer Art startbereitem Computer aus, der auf Hochtouren läuft und in den wir nur noch unsere Befehle eingeben müssen.

Nicht ohne Grund kommt das erste und wichtigste Geheimnis jeder Sexualmagie im berühmten sechszackigen Stern, im Siegel Salomons, zum Ausdruck. Die beiden Dreiecke, die sich als Hexagramm gegenseitig durchdringen, symbolisieren den männlichen und den weiblichen Pol; sie verkörpern aber auch die wichtigsten erogenen Zonen: das weibliche Dreieck die zwei Brustwarzen und die Vagina, das männliche die zwei Hoden und den Penis.

Diese beiden Dreiecke sind der Code, nach dem die magische Kraft arbeitet. Sie sagen uns, dass überall dort, wo Plus und Minus zusammenkommen, eine Empfängnis stattfindet – und zwar auf allen Ebenen. So wie die Vereinigung von Vagina und Penis biologisches Leben hervorbringt, so können auf höheren Ebenen »Gedankenkinder« entstehen. Die Qualität dieser »geistigen Kinder« ist aber immer nur so hoch wie die Schwingungsfrequenz der Partner. Eine Geschichte, die sich nach Ansicht mancher Magier übrigens auch im ganz normalen Fortpflanzungsspiel der Evolution beobachten lässt: So soll gelangweilter Sex kraftlose Kinder zur Folge haben, während hohe Frequenzen während der Zeugung auch den Magnetismus der Nachkommenschaft gewährleisten sollen. Genau solche hohen Frequenzen gezügelter Leidenschaft sollen in der Sexualmagie für jene berühmten »magischen Kinder« sorgen, die auch »Mondkinder« genannt werden und schon immer von Geheimnissen umgeben waren.

Die Sexualmagie

Die meisten Menschen überkommt, wenn von Magie die Rede ist, ein gewisses Unbehagen. Unter Magie verstehen wir zumeist noch immer irgendwelche obskuren Zauberkünste; nur wenige denken dabei an ein Geflecht aus Kräften, mit denen wir unser Schicksal selbst bestimmen können. Der Vergleich der Magie mit der »Meta-Programmierung« eines Computers zeigt uns aber, dass wohl wir alle auf die eine oder andere Art magisch handeln. Entweder hängen wir diesen oder jenen kleinen Gedanken-Programmen an, oder wir fassen alle Empfindungen, Gefühle und Gedanken zusammen, wie wir es in den ersten sechs Übungs-Zyklen getan haben, und schaffen auf diese Art ein »Meta-Programm«.

Einer, der die Sexualmagie des letzten Jahrhunderts mit solch einer Art »Über-Programm« maßgeblich beeinflusst hat, galt übrigens als einer der verrufensten Menschen dieser Zeit: Aleister Crowley, schon zu Lebzeiten als Magier des Sexus gerühmt, prägte jenes in diesen Kreisen verbreitete Bild, dass der Kopf eines Sexualmagiers die Yoni zu sein habe, die von der Wirbelsäule als Lingam befruchtet werden sollte. Lässt man die Begriffe »verrufen«, »Yoni« und »Lingam« einmal außer Acht und stellt sich einfach nur vor, dass der eigene Kopf einem durch und durch sinnlichen Sexualorgan gleichen und dazu vielleicht noch ganz und gar sinnlich denken könnte, gewinnt man den Eindruck, dass es nicht das Schlechteste ist, ein Magier oder eine Magierin des Sexus zu sein. Genau das strebten alle sexualmagischen Richtungen des Westens an, die in diesem Jahrhundert in die Fußstapfen der Tradition des Lebensbaumes traten.

Der wichtigste Zweig war wohl der Ordo Templi Orientis, kurz O.T.O. genannt, ein Orden der esoterischen Freimaurerei, von dem vermutet wird, dass seine Traditionen von tantrischen Richtungen Indiens abstammen und über die Sufis an die Templer weitergegeben wurden. Aleister Crowley war übrigens einer der führenden Köpfe dieses Ordens, und seine Vorstellung vom Energie-Recycling ist typisch für die Grundeinstellung des O.T.O.: Man ging davon aus, dass es im Körper des Menschen eine Menge ungenutzter Energien gibt, die man sich mit Hilfe des Sexus nutzbar machen kann.

Nicht ohne Grund galt das Kürzel O.T.O. unter den Eingeweihten auch als eine Art magischer Befehl, als »order to ov«. *Ov* bezeichnet im Griechischen eine Art Magnetismus, das »Ausscheiden« von Energien. Das Schüren und Konzentrieren erotischer Energien ist das oberste Gebot jeder Form von Sexualmagie. Die erste Stufe, die des Alphaismus, dient dazu, den Eros in sich selbst zu nähren; die zweite Stufe, die des Dianismus, erweckt spezielle Leidenschaften und die Liebe ohne direkte Kontakte. Die dritte Stufe aber gehört dem Orgasmus und dem magischen Kind, das dabei entstehen kann.

Diese drei Stufen entsprechen jenen drei Schichten des Eros, die bis heute noch immer zu den großen Geheimnissen der Eingeweihten zählen. Denn so wie Sex nicht Sex ist, ist auch Eros nicht Eros – und all diejenigen, die in der letzten Zeit die Nuancen ihrer Lust kennen gelernt haben, werden dies bestätigen. Der Eros, den wir in uns selbst erwecken, entspricht nämlich nur jener ersten Stufe, die von unserer sozialen Umwelt und unseren Vorstellungen geprägt ist. Die speziellen Leidenschaften liegen dann schon auf der nächsten

Stufe: Auf dieser Schicht des Eros leben unsere Gedanken, Gefühle, Begierden, Archetypen, aber auch eventuelle Erinnerungen an frühere Leben. Die dritte Stufe jedoch stellt die Welt der reinen Leidenschaft zwischen dem weiblichen und dem männlichen Pol dar. Dort herrscht die über alle Bestimmungen hinausgehende nackte Lust, bei der die Heldin von Anais Nin ausschließlich den »Gipfel des Entzückens« erreichen will, wobei weder die Heldin noch der Held den Namen des anderen kennt. Eros um des Eros willen, gleichzeitig aber auch jener Abgrund des Eros, dessen Vorstufe wir erahnen, wenn wir uns beim Orgasmus aufzulösen scheinen; in ihm kann man wie einst bei den großen Orgien Roms auf alle Zeit versinken, man kann diesen Abgrund aber auch nutzen.

Während die normale Sexualität auf der ersten Stufe stehen bleibt, streben Tantriker die zweite Stufe an und sehen im Partner den Gott oder die Göttin; Sexualmagier aber fassen die beiden ersten Stufen ins Auge, dringen während des Sexualaktes dann jedoch zur letzten Stufe des Sexus vor, zum kosmischen Spiel der Leidenschaft als reine Energie.

Darum sind sich bei sexualmagischen Handlungen die Partner oft ziemlich fremd. Die Praktiken mögen unterschiedlich sein, immer aber geht es vor allem darum, die höchsten Wonnen durch äußerste Konzentration zu kontrollieren, eventuelle Begierden in reine Energie umzuwandeln. Diese wird zum Vater oder der Mutter des zu schaffenden Mondkindes. Ob es sich bei diesem magischen Kind nun um einen besonderen Plan handelt, der verwirklicht werden soll, um übersinnliche Visionen oder um den Wunsch, den eigenen Magnetismus und die Gesundheit zu stärken, hängt allein vom Praktizierenden selbst ab. Die Grundvoraussetzungen aber sind die Beherrschung des Willens, die Fähigkeit, Befehle »auszustrahlen« und feste Bilder zu imaginieren; all das soll den Gedanken beim Orgasmus die notwendige Schubkraft geben.

Um dies zu erreichen, gilt es die drei Stufen der Sexualmagie ebenso geduldig hinaufzusteigen wie die Stufen des Lebensbaumes. Dabei lautet das erste Gebot: »Endecke deinen wahren Willen!« Das Ziel der magischen Handlung ist es, sich von allen Begierden zu reinigen – vom unbewussten Schatten ebenso wie vom möglichen Spiel des Doppelgängers –, wie wir es mit unseren ganz persönlichen Theaterstücken getan haben.

Das zweite Gebot verlangt, dass das imaginierte Mondkind einen ganz bestimmten Namen erhält – man muss also seine Absichten »personifizieren«. Will man zum Beispiel eine harmonischere Persönlichkeit entwickeln, muss man sich vorstellen, diese Person bereits zu sein – die Zukunft beginnt also, die Gegenwart zu transformieren.

Das dritte Gebot gilt der Reinigung und Weihe dieser Vorstellung. Das magische Kind soll von allen Komplexen frei sein, es soll den wahren Willen seines Schöpfers darstellen. Das Stadium des Vorspiels in einem Geschlechtsakt ist der Zeitpunkt, um die Konzentration ständig auf alle Möglichkeiten eines solchen Kindes in sich selbst zu richten.

Kommt es dann zur Vereinigung zwischen Mann und Frau, ist es Zeit, das vierte Gebot zu verwirklichen: »Imaginiere das Mondkind bei seinem Eintritt«, heißt der Befehl, und der Geschlechtsakt wird dabei der Zeit der Schwangerschaft bei einem wirklichen Kind gleichgesetzt. Die Imagination beider Partner und der Austausch zwischen weiblichen und männlichen Energien nährt dabei den Fötus.

Das fünfte Gebot des »Vollzugs der Ehe mit dem goldenen Ring« gilt dann dem Orgasmus als dem Zeitpunkt der Geburt des Gedankenkindes: Durch höchste Konzentration wird das Unbewusste neu programmiert und das Bild von der neuen, harmonischeren Persönlichkeit fest in ihm verankert.

Sexualmagie ist also in jedem Fall eine Art von »Verdoppelung« des eigenen Ich: Einerseits gilt es, die Ekstase der Sexualität zu steigern, andererseits braucht es dabei immer den Beobachter, der die Lust steuert und gleichzeitig einen magischen Befehl ausstrahlt. Diese »Doppelgesichtigkeit« brachte der Sexualmagie oft den Ruf der »schwarzen Magie« ein, und nicht ohne Grund stehen auch heute noch sehr viele Fragezeichen vor jeder Verbindung von Sex und Magie. Wahre Magier des Eros wissen jedoch, dass der Sexus die im Grunde untauglichste Waffe für schwarze Magie ist. Erotische Gefühle lassen sich nie mit hoch konzentrierten negativen Emotionen verbinden; zudem weiß jeder Sexualmagier, dass Hass- oder Wutgefühle immer wieder auf ihn zurückkommen werden.

Genau genommen ist Magie ja nichts anderes als »so zu tun als ob«, und zwar so lange, bis die gewünschte Vision auch eingetreten ist. Dieses »So-Tun-als-ob« aber zeigt uns besonders deutlich, dass wir im Grunde immer genau das bekommen, was wir wirklich wollen. Gleichzeitig macht es uns bewusst, dass wir eigentlich ständig Magie betreiben – jedoch ohne zu wissen, dass wir mittels der Macht des Eros zu noch weit besseren Magiern werden könnten.

Das Einmaleins der magischen Kraft

1. *Die magische Kraft ist jene Konzentration, die Neues schafft.*
2. *Normalerweise läuft in unserem Gehirn ein ununterbrochener innerer Dialog ab. Konzentration aber bewirkt, dass die Sexualkraft ungehindert den Lebensbaum hinunter- und hinauffließen kann.*
3. *Waren es zuerst die Abwehr gegen die Außenwelt im Bauchnabel und unser Gefühlspanzer rund um den Liebespunkt, die dieses Fließen beeinträchtigt haben, so kommen jetzt auch noch unsere unkontrollierten Gedanken hinzu, die schon im Kopf die ganze Energie verbrauchen.*
4. *Konzentrieren wir uns jedoch auf etwas Bestimmtes, oder gelingt es uns gar, die Gedanken ganz abzuschalten, kehrt die Energie automatisch zu ihrem Ausgangspunkt zurück, und das Recycling setzt ganz von selbst ein.*
5. *Dieses ungehinderte Fließen der Sexualenergie macht die energetische Anordnung in den Tiefen unserer Zellen lustvoll und »strahlend«.*

6. *Genau dies ist der Zeitpunkt, um mit Hilfe der Erotik noch ein wenig tiefer in die geheimnisvollen Schichten unseres Unterbewusstseins hinabzusteigen und den »Ort zur Freude« als den Schauplatz jeder Form von Magie zu entdecken.*
7. *Oberstes Gebot dabei ist der »Tod« im Orgasmus, die Auflösung aller Schranken mit Hilfe der Lust. In diesem Augenblick können wir »zaubern«: Wir erschaffen in Bildern die Zukunft, und unser Unterbewusstsein wird später dafür sorgen, dass »die Ursache der Wirkung folgt«.*

Befreiung oder Versklavung

Gibt es einen Trick, mit dem wir so erotisch wie möglich werden können – intelligent, geistreich, phantasievoll und bezaubernd zugleich? Die Antwort auf diese Frage haben uns die sechs bisherigen Übungs-Zyklen und die Entdeckung der magischen Kraft der Sexualität indirekt bereits gegeben: Es ist der Ritus, der uns jeden Abend ein wenig erneuert, unser Energieniveau anhebt, unsere Emotionen ausgleicht. Mit Hilfe des Rituals stehen wir dem Leben immer aufs Neue staunend gegenüber, während der normale Alltag uns eher abstumpft und desensibilisiert. Das Geheimnis dahinter liegt in unserem Bewusstsein verborgen, das sich dabei in zwei Richtungen gleichzeitig bewegt: Es sieht die Außenwelt und zugleich sich selbst. Normalerweise nehmen wir nur die äußere Welt wahr, unsere Sinne richten sich ausschließlich nach außen. Dies erschöpft jedoch unsere Energien so sehr, dass wir zu Sklaven dieser Außenwelt werden. Ein Ritual aber hatte schon immer den Sinn, äußere Geschehnisse mit den Innenwelten des Menschen in Einklang zu bringen und ihn so zumindest für kurze Zeit zu befreien.

Diese Konzentration auf zwei Richtungen zugleich hat das Ritual mit der Erotik und mit der Magie gemeinsam – genau genommen ist jedes Ritual erotisch und magisch, jede echte Erotik magisch und zugleich Ritual. Auch magische Handlungen werden von der beflügelnden Kraft des Eros angetrieben und sind zumeist in Rituale eingebettet.

Wie eng diese drei Begriffe zusammenhängen, wird uns bewusst, sobald wir versuchen, irgendeine eher nebensächliche Handlung möglichst erotisch auszuführen. Das Verspeisen eines vorzüglichen Menüs oder eine Teezeremonie kann so zu einem weit erotischeren Erlebnis werden als ein normaler Sexualakt. Erinnern Sie sich an die ersten Übungen mit unseren Sinnen: Das Gefühl, einen Stoff zu streicheln, kann ebenso erotisch sein wie die Vorstellung, selbst gestreichelt zu werden. Das eigentliche Geheimnis dahinter liegt nämlich in jenem Beobachter in uns, der auf die Welt nicht direkt reagiert, sondern den Eros als Vermittler benützt.

Normalerweise stürzen wir uns regelrecht auf die Welt; jemand erzählt uns eine Geschichte, und sofort stürmen nicht nur unsere Gedanken, sondern auch unsere Gefühle und Empfindungen auf die Geschichte und unser Gegenüber ein. Wir identifizieren uns damit und verwickeln uns, reagieren nur noch und agieren selten selbstständig. Geistreich, erotisch sprühend und phantasievoll wird die Kommunikation jedoch erst dann, wenn man es versteht, quasi hinter sich selbst zurückzutreten, den Partner und sich selbst zu überblicken und mit diesem Abstand auch noch ein wenig Spaß ins Gespräch einzubringen.

Selbst hier ist also zumindest ein kleiner ritueller und zugleich magischer Akt zugange. Man wird nicht von seinen Gefühlen und selbstständig agierenden Gedanken überschwemmt, sondern bleibt »Herr« oder »Frau« über diese. Der springende Punkt dabei ist ebenso wie bei der Sexualmagie die Konzentration. Erst durch sehr intensive Konzentration auf unseren Körper und unsere Gefühle wird Sexualität zur Erotik, und erst durch die Fähigkeit, die Aufmerksamkeit auf einen Brennpunkt zu lenken, wird die Sexualenergie zu einer magischen Kraft. Diese Kraft aber ist das Resultat eines langen alchemistischen Prozesses, der schon immer das bewerkstelligen sollte, was in der ersten Strophe der sieben Gesetze angekündigt ist. *Eine himmlische Tafel gab sie ihm, die strahlend macht, die Stumpfheit des Fleisches überwindet,* heißt es darin – und wenn wir genauer hinsehen, wird sich herausstellen, dass dies schon immer das Ziel jeder Transformation war.

Bei den sagenumwobenen Alchemisten galt das männliche Element als Schwefel, das weibliche als Lebenswasser und Quecksilber, das die erstarrten Formen auflösen sollte. Die Phase, in der der »König«, der das alte Bewusstsein verkörpert, stirbt und das »Werk im Schwarzen« vollbracht wird, ist in gewisser Weise auch auf jeder Stufe des Lebensbaumes zu beobachten: Wir mussten zuerst den weiblichen Pol des Körpers genießen lernen, um das ununterbrochen nach außen strebende männliche Bewusstsein harmonisieren zu können. Ebenso war es notwendig, den Liebespunkt im eigenen Körper kennen zu lernen, um den uralten Wust an verkitschten romantischen Liebesvorstellungen in uns auszuräumen. Auch das Denken muss beruhigt werden; dabei wirkt die Konzentration als Quecksilber, das alte Denkschemata auflöst. Als magische Kraft ist die Konzentration das letzte und wichtigste Mittel zur Transformation. Erst danach tritt die alchemistische Zeit des »goldenen Samens« oder auch des »Werkes im Weißen« ein.

So richtig erstaunt aber war ich erst, als ich entdeckte, dass auch die dritte Phase stark an die alchemistischen Texte erinnerte. Das wirkliche Ziel jeder Alchemie war es nämlich weniger, »äußeres Gold« zu schaffen, sondern jenen »goldenen Fötus«, um den es auch den Taoisten ging. Das »vollbrachte Werk« aber glich in verblüffender Weise den *Mächtigen der Zeiten*. Es wurde von einem König und einer Königin symbolisiert, die sich nackt umarmten und über denen Sonne und Mond schwebten. Von diesem androgynen Wesen hieß es, dass es »jede Macht besitzt« und unsterblich sei.

Die Früchte, die in einem Gott gereift sind, verkörpern also jenes Werk, dem es gelingt, alle männlichen und weiblichen Fähigkeiten in uns zu vereinen, die »Schlange des Mondes« und die »Schlange der

Sonne«. Der esoterischen Tradition zufolge sollen sich die beiden im dritten Auge treffen, dem Sitz der Zirbeldrüse, der auch die heutige Medizin besondere Fähigkeiten zuschreibt. Unsere Sexualität wird von ihr ebenso reguliert wie das Wachstum des Körpers und die Intelligenz. Das dritte Auge ist sozusagen eine Art »magischer Bewusstseinsknopf« unseres Körpers, der von der Energie der Genitalien gespeist wird, gleichzeitig aber selbst den »Samen des Goldes«, wie die Alchemisten die Sexualenergie nannten, aktivieren kann.

Auf den ersten sechs Stufen des Lebensbaumes waren wir also, ohne es zu wissen, sozusagen »Goldmacher«; wir haben mit der bis heute noch eher unbewussten Konzentrationskraft des dritten Auges unseren eigenen Traum von einer völlig neuen Form der Erotik geschaffen. Genau genommen war das bereits Sexualmagie.

Versetzen Sie sich einmal in die Zeit vor sechs Wochen zurück, und erinnern Sie sich an Ihre damaligen Vorstellungen von einem Orgasmus. Sie zielten in der Mehrzahl der Fälle auf ein eifriges »Dorthin-Eilen« ab, nicht auf jenes hedonistische »Da-Sein«, das der Höhepunkt heute für Sie verkörpert. Inzwischen wissen wir, dass der Weg zum Orgasmus allein schon mehr Freude bereiten kann als ein schnell erreichter Höhepunkt; die »Himmelsleiter« der Klimax kann von uns aber auch ohne jede genitale Berührung, allein durch die Vorstellungskraft, durch das hedonistische Atmen oder durch immer intensivere Gefühle erreicht werden.

Wir haben gelernt, die Energie wiederzugewinnen, zu steigern und sie dem Herzen und damit der Thymusdrüse, die unser Immunsystem maßgeblich beeinflusst, ebenso zuzuführen wie dem Gehirn. Diese Form des Energie-Recyclings können wir bei allem und jedem anwenden: beim Reden ebenso wie beim Bewegen, in unseren Diskussionen genauso wie bei unserer Sexualität. Unser gesamtes Leben ist das Resultat einer mehr oder minder gut gelenkten Sexualkraft – wovon die »Sklaven« dieser Kraft keine Ahnung haben, während die von der Begierde des Sexus »Befreiten« den Eros zu nützen wissen. Entweder werden wir von etwas angezogen und lassen uns von dieser Anziehungskraft beherrschen, oder wir setzen die magische Kraft des Bewusstseins gezielt ein. Ersteres lässt unsere Sinne immer wieder nach außen streben; die Finger, die Augen, die Ohren und natürlich auch unsere Genitalien als das wahrscheinlich verkannteste und zugleich größte Sinnesorgan werden unersättlich und wollen ständig mehr. Tun, tun und wieder tun heißt die Devise – und genau daran liegt es, dass viele von der gängigen Sexualität längst genug haben. Setzen wir den Eros aber als das magische Schwert ein, das er in der Mythologie schon immer war, so erlangen wir die »Weisheit großen Grades«, die irgendwann einmal im alten Babylon den Meistern des Eros versprochen worden ist.

Der Kunstgriff dabei ist eigentlich ganz einfach: Wir müssen nur in allem und jedem einen Grund zur Freude sehen. Wenn wir uns selbst lieben, wird alles zum Genuss – das Streicheln eines anderen Menschen ebenso wie unsere Art zu essen, uns zu kleiden, zu denken, zu argumentieren. Betrachten wir die Dinge nicht mit *stumpfen*, sondern mit *strahlenden* Augen, so lädt dies die Außenwelt mit unserem eigenen Magnetismus auf und verwandelt sie grundlegend.

Übungs-Zyklus: Das dritte Auge

Erster Tag:
Der Beobachter

Den Jesuiten, dem Eliteorden des Christentums, wird nachgesagt, dass sie mit magischer Macht die Verwirklichung des Glaubens erreicht haben sollen. Unsichtbare Dinge, heißt es, mussten berührt, geschmeckt, gesehen werden; jeder Jesuit hatte einen Ort zu entwerfen, den er bei Bedarf träumen oder auch in das alltägliche Denken übertragen konnte. Ignatius von Loyola, der – nebenbei gesagt – ein Schüler spanischer Rosenkreuzer gewesen sein soll und von der »Rose des Eros« gewusst haben dürfte, sah in grenzenlosen Phantasien eine Möglichkeit, dass der Schöpfer solcher Visionen erkannte, dass er die Welt nach seinen Vorstellungen prägt. Danach konnte er die Welt mit jener Losgelöstheit betrachten, die erst dem beschieden ist, der die Macht seiner Gedanken erkannt hat und dadurch zur wahren Konzentration fähig geworden ist.

Genau dasselbe können wir auf der siebten Stufe der Übungs-Zyklen tun. Nehmen Sie sich also heute Abend ausgiebig Zeit. Die Welt im Lustballon ist Ihre ganz besondere Schöpfung, auf die Sie sich nach Belieben konzentrieren, von der Sie sich jedoch jederzeit auch wieder lösen können. Und denken Sie weiterhin daran, nie auf das »Zeitlupenphänomen« zu verzichten; schließlich ist es nicht nur ein wichtiger Faktor für den Eros, sondern für jede Form von Magie. Schwingen Sie sich also in Zeitlupe auf die Grundstufe »Selbstliebe – Hedonistisches Atmen – Zentriertsein« ein. Ebenso geruhsam und immer als eine Art losgelöster Beobachter atmen Sie alle negativen Gefühle aus.

Danach gehen Sie weiter zum Gehirn. Lassen Sie es ebenso langsam und leicht atmen wie die Lotosblume im Nabel. Wiederholen Sie das Mond-und-Sonne-Spiel, kreisen Sie die Lustbahnen entlang, und rutschen Sie dann über die Regenbogenbrücke in die rechte Gehirnhälfte. Dort lassen Sie wieder einmal den Baum der Leidenschaft zu voller Höhe heranwachsen. Holen Sie sich von diesem Baum, der Ihre Schöpfung ist, alle Lust, Freude und Leidenschaft, die er Ihnen schenkt, und steigern Sie dieses Gefühl dann noch, indem Sie das Stichwort für den erotischen Körper geben.

Als Nächstes gehen Sie zum Energiekreislauf über. Lassen Sie die Energie einfach nur in Gedanken kreisen, verwenden Sie den Strohhalm, um die Energie hochzuziehen, oder stellen Sie sich die Lotosblume an Ihren Genitalien als Minikraftwerk vor, das das Energie-Recycling bewirkt. Egal, welche Methode Sie verwenden, bleiben Sie in Zeitlupe. Stellen Sie sich quasi hinter sich selbst, denken Sie daran, dass Sie als Beobachter alle Zeit der Welt haben – und lassen Sie die erotische Energie möglichst lustvoll durch Ihren Körper fließen.

Lernen Sie dabei sich selbst als Beobachter kennen. Genaue Beobachtung erfordert nämlich gar nicht jene angespannte Konzentration, die wir in diesem Fall normalerweise einsetzen, sondern ein lustvolles Zusehen, ein Gelöst-Sein und Spaß an der Rolle des Zuschauers. Das wird Ihnen bewusst werden, wenn Sie nach dem üblichen Übungs-Zyklus eine Ihrer Lieblingsbeschäftigungen im Lustballon imaginieren. Vielleicht am Anfang etwas ganz Einfaches wie das Streicheln von Samt und das Genießen dieses Streichelns. Streicheln Sie so genussvoll wie möglich, irgendwann aber wechseln Sie dann den Standort und »verdoppeln« sich sozusagen. Der Streichler oder die Streichlerin existiert weiter, dahinter aber gibt es jenen sehr viel größeren Beobachter, der das Ganze erst so richtig genussvoll macht, der Lust und Zeit gleichzeitig ausdehnt.

Am nächsten Morgen nehmen Sie dieses Dehnen der Zeit mit in Ihren Alltag. Es wird Ihnen helfen, das Gefühl des Losgelöst-Seins von den Dingen zu bewahren und diese dadurch besser genießen zu können.

Zweiter Tag:
Der Sonnenmond

Am zweiten Tag beginnen wir uns auf den »Laserstrahl des dritten Auges« einzuschwingen, womit wir einen sehr modernen mit einem uralten Begriff verbinden. Das dritte Auge galt schon immer als Symbol für jenen magischen »Bewusstseinsknopf«, an dem sich die zwei Schlangen des Eros treffen; der Begriff »Laser« aber ist die modernste Beschreibung für die Fähigkeiten dieses Konzentrationspunktes. Eine Vorahnung von diesen Fähigkeiten werden Sie heute Abend bekommen, wenn Sie nach dem üblichen Einschwingen auf den erotischen Körper wieder einmal in Ihr Gehirn reisen.

Konzentrieren Sie sich also diesmal auf die Stelle zwischen den Augenbrauen, lassen Sie die Sonne aus Ihrer linken Gehirnhälfte auf einer möglichst breiten Lustbahn dorthin wandern, und versuchen Sie sie in der Imagination festzuhalten. Verkrampfen Sie sich dabei jedoch nicht, versuchen Sie weiterhin hedonistisch zu atmen, und genießen Sie einfach das Strahlen der kleinen Sonne zwischen Ihren Augen. Stellen Sie sich vor, wie die Strahlen in Ihren ganzen Körper fließen und diesen beleben und verjüngen.

Nach einiger Zeit lassen Sie auch die Mondsichel aus Ihrer rechten Gehirnhälfte an diese Stelle zwischen den Augen wandern. Sie platzieren Sie ganz einfach in die Sonne hinein.

Die kleine Sichel in der etwas größeren Sonne imaginieren Sie dann am besten, wenn Sie sich wieder in die Rolle des Beobachters versetzen, der hinter Ihnen steht. Sie schauen also nicht direkt auf das Sonne-Mond-Bild, sondern betrachten es aus einer größeren Entfernung. Lassen Sie dabei Ihre Augen ganz weich werden, und werden Sie auch nicht nervös, wenn das männlich-weibliche Symbol einmal verschwindet. Es taucht ohne besondere Anstrengung wieder auf. Versuchen Sie die beruhigende Wirkung des Mondes und die wärmende Kraft der Sonne gleichzeitig zu spüren – später lassen Sie dieses harmonische Gefühl wiederum in Ihren ganzen Körper fließen.

Wenn Sie am nächsten Morgen die Augen öffnen, versuchen Sie sich an dieses Gefühl zu erinnern. Stellen

Sie es sich als eine goldene Flüssigkeit vor. Bei längerer Übung kann bereits ein »Tropfen« dieses Gefühls Sie munter, aktiv und höchst magnetisch machen. Eine Ahnung davon können Sie aber schon heute mit in den Tag nehmen.

Dritter Tag:
Wolken aus Lust

Mit der Erinnerung an die Lotosblumen in unserem Körper beginnt der dritte Abend. Schwingen Sie sich nach allen Grundübungen auf Ihren erotischen Körper ein, dann denken Sie an die Blüte in Ihren Genitalien. Lassen Sie sie genüsslich und natürlich wieder im Zeitlupentempo pulsieren, in allen nur möglichen Farben, in den lustvollsten Rhythmen. Danach gehen Sie zum Sitz der Kundalini-Kraft zwischen Ihren Genitalien und Ihrem After weiter. Auch dort lassen Sie die Lotosblume lustvoll atmen. Dabei wendet sich die Energie immer mehr nach innen und steigt zum Liebespunkt auf, den Sie aktivieren, bevor Sie sich dem Scheitel nähern. Stellen Sie sich vor, dass auch dort eine strahlende Lotosblume erblüht, die ebenso hedonistisch atmen kann wie Ihre Genitalien, Ihr Nabel- und Herzchakra.

Üben Sie dieses langsame erotische Atmen so lange, bis Ihr ganzer Kopf und später Ihr ganzer Körper in kaum spürbaren Lustwellen pulsiert. Bleiben Sie so entspannt wie möglich. Am besten gelingt Ihnen dies, wenn Sie sich wieder hinter sich stellen und Ihren Körper einfach nur beobachten.

Wenn Sie dann völlig entspannt und mit Energie aufgeladen sind, bleiben Sie Ihr eigener Beobachter. Dieser Beobachter lässt vor Ihrer Stirn den Sonnenmond von gestern auftauchen, und auch dieser pulsiert, atmet mit Ihnen goldene Lust ein und aus. Genießen Sie diese Vorstellung so lange wie möglich, dann lassen Sie den Sonnenmond in der Ferne verschwinden. Als Nächstes zaubert der Beobachter hinter Ihnen wunderschöne weiße Wolken genau vor Ihre Stirn. Sie sehen wie winzige Wattebäusche aus, sind ebenso weich und zart. Versuchen Sie dabei an nichts zu denken, nur die Wolken zu spüren. Auf diese konzentrieren Sie sich jedoch nicht zu genau, sondern lassen die Augen wieder ganz weich werden, während vor Ihrer Stirn weiße Wolken umherschweben.

Ist Ihnen dies einige Zeit gelungen, werden Sie spüren, dass Ihnen das Nicht-Denken und die winzigen Wolken ein ungeahntes Lustgefühl bereiten. Lassen Sie das Lustgefühl in den ganzen Körper hineinfließen, breiten Sie es aus. Dann lassen Sie auch die Wolken anwachsen; sie werden riesengroß, zu einer gewaltigen Wolkenwand aus Lust. In diese gehen Sie einfach hinein, baden in ihr, dringen immer weiter vor und genießen die Lust dabei mehr und mehr. Möglicherweise gelingt es Ihnen sogar, in dieser riesigen daunenweichen und wunderschönen Wolke einzuschlafen.

Am nächsten Morgen erinnern Sie sich vielleicht daran, was man in einem solch lustvollen nächtlichen Gefährt träumt. In jedem Fall aber speichern Sie die Erinnerung an die Wolke in Ihrem Körper und vor Ihren Augen. Auch sie lässt sich – wie so viele andere hocherotische Empfindungen – während des Tages relativ leicht abrufen.

Vierter Tag:
Atmen mit dem dritten Auge

Der vierte Abend gehört wieder ganz dem dritten Auge. Sollten Sie an dessen Existenz nicht glauben, denken Sie einfach daran, dass es bei der nächsten Übung um eine friedvolle Vereinigung des parasympathischen und des sympathischen Nervensystems geht. Gehören Sie jedoch auch nicht gerade zu den Fans der modernen Naturwissenschaft, sondern sind etwa von den alten Alchemisten fasziniert, stellen Sie sich vor, dass genau an diesem Punkt das berühmte alchemistische Gold »entzündet« wurde.

Dann wiederholen Sie alle Stufen dieses Übungs-Zyklus. Denken Sie an die erste Übung, bei der Sie zum ersten Mal den Beobachter hinter sich gestellt haben. Schwingen Sie sich vor seinen Augen wie üblich ein, machen Sie Ihre Atemübungen, zentrieren Sie sich; danach wandern Sie unter den Augen Ihres Beobachters ins eigene Gehirn. Lassen Sie Ihren ganzen Kopf wie auch Ihren ganzen Körper und seine Chakren hedonistisch atmen. Sie brauchen dazu keine besonderen Anleitungen mehr, Sie haben ja bereits Ihr eigenes System für solch ein Ganzkörper-Atmen entwickelt.

Dann stellen Sie sich den Sonnenmond vor Ihrem dritten Auge vor, später lassen Sie die Wolken der Lust auftauchen. Versuchen Sie dabei wieder einmal an nichts zu denken und ganz einfach die Wolken so lange und so lustvoll wie möglich vor der Stirn schweben zu lassen. Werden Sie nicht ärgerlich, falls Ihnen Gedanken dazwischenfunken. Diese wischen Sie ganz einfach weg, lassen sie still und heimlich hinter den Wolken verschwinden.

Wenn Sie das Nicht-Denken lange genug genossen haben, ist es ziemlich einfach, auch das dritte Auge ein- und ausatmen zu lassen wie alle anderen Chakren zuvor. Gehen Sie dabei so behutsam und entspannt vor, wie Sie nur können. Die Stelle zwischen Ihren Augen atmet in winzigen, nur vorgestellten Bewegungen Lust ein und atmet diese Lust in einem Miniorgasmus wieder aus. Auch dies geschieht im Zeitlupentempo aus der Position des Beobachters heraus, der alles im Auge behält. Das ermöglicht es Ihnen, sich dabei weder zu verspannen noch die Augen allzu sehr anzustrengen. Zum Schluss ziehen Sie all die helle Energie wieder in Ihren Körper zurück, erinnern sich aber auch weiterhin an das zutiefst erotische Gefühl, das von Ihrem dritten Auge in Ihre beiden physischen Augen übergegangen ist.

Mit diesem Gefühl versuchen Sie am nächsten Morgen aufzuwachen. Es gleicht einem Glitzern, das Sie mit ein wenig Übung bei jeder Gelegenheit zurückholen können und dem es nach einiger Zeit gelingt, ein wenig Sonne auch in den düstersten Tag zu bringen.

Fünfter Tag:
Das Laserschwert

Am fünften Abend heißt es abermals ein paar Schritte zurückzugehen. Nach dem anfänglichen Einschwingen versuchen Sie auf Ihrem Lieblingsweg wieder einmal in Ihr Gehirn zu kommen. Die Route bleibt ganz Ihnen selbst überlassen, auch die Zeit und die Lust kann Ihr Beobachter je nach Laune ausdehnen. Fest steht einzig und allein das Ziel, nämlich die Vorstellung des Sonnenmondes vor Ihrem dritten Auge. Vielleicht machen Sie zwischendurch eine kleine »Wolken-Pause« und denken einige Zeit einmal an gar nichts; dann aber zaubern Sie die Sonne vor Ihre Augen und lassen darin den Mond auftauchen. Dieses Bild versuchen Sie zu konkretisieren. Aus dem diffusen Lichtschein wird ein immer genaueres Bild der Sonne und des Mondes. Dieses Bild lassen Sie, sobald es ziemlich stabil vor Ihren Augen steht, wieder verblassen.

Jetzt schaffen Sie vor Ihrer Zirbeldrüse einen hell leuchtenden Stab. Stellen Sie sich dabei zuerst eine dünne Linie vor, die immer größer und kräftiger wird. Der Stab glänzt und funkelt, und Sie erkennen darin das magische Schwert des Bewusstseins. Lassen Sie diesen strahlenden Stab immer deutlicher werden, er gleicht einer Art Laserstrahl, den Sie später für vielerlei werden verwenden können. Inzwischen aber üben Sie so lange wie möglich die Imagination dieses Stabes. Lassen Sie ihn dünner und dicker werden, halten Sie ihn im Geist in Ihrer Hand, machen Sie den Stab vor Ihrem geistigen Auge ganz groß, dann wieder ganz klein, wenden Sie ihn nach rechts und nach links. Konzentrieren Sie sich dabei, ohne sich anzustrengen; genießen Sie dafür das funkelnde Licht mehr und mehr.

Dann lassen Sie den Stab verschwinden und noch einmal das Sonne-Mond-Symbol vor Ihrem dritten Auge auftauchen. Dies wird Ihnen dank der Konzentration auf den Laser jetzt noch ein Stückchen besser gelingen als zuvor. Wenn es Ihnen Spaß macht, üben Sie sich noch eine Weile in diesem abwechselnden Visualisierungsspiel: Die Wolken des Nicht-Denkens werden zum Sonnenmond, dieser zu den Wolken des Nicht-Denkens; aus diesen Wolken zaubern Sie wieder einmal den Laserstrahl. Diesen Ablauf lassen Sie jedoch von Ihrem Beobachter im Zeitlupentempo dirigieren – denn nur diese Zeitlupe garantiert wahre Lust. Gleichzeitig stärkt sie Ihre magische Macht und erfüllt den Körper mit neuer Lichtenergie.

Von dieser Lichtenergie des Laserschwertes lassen Sie sich am nächsten Morgen aufwecken. Vielleicht raunt das Schwert Ihnen auch gleich das Geheimnis zu, dass zeitweilige Gedankenstille der beste Fitmacher überhaupt ist und dass Sie mit etwas Übung mit dem Laserstab in Zukunft jeden Körperteil ein wenig verzaubern können. Wenn Sie sich einmal erschöpft, müde oder krank fühlen, richten Sie den Laserstab auf den entsprechenden Körperbereich: Die imaginative Energie, mit der Sie den Stab geschaffen haben, wird dann wieder in Ihren Körper zurückfließen.

Sechster Tag:
Die Hülle platzt

Am sechsten Tag des siebten Siebener-Zyklus ist es dann endlich soweit: nach Alphaismus, Dianismus und den ersten Versuchen mit orgastischen Stufenleitern steht heute der »Super-Orgasmus« auf dem Programm. Natürlich in Form jener Himmelsleiter, von der das Wort Klimax kündet.

Lassen Sie sich also wieder einmal von den höheren Frequenzen des Lustballons durchfluten, erklimmen Sie die erste Stufe, schwingen Sie Ihr Gehirn ein. Dann aktivieren Sie den Baum der Leidenschaft und Ihren erotischen Körper; schließlich lassen Sie die Chakren hedonistisch atmen. Falls Sie wollen, steigen Sie noch eine Stufe höher und fügen in Ihrer Vorstellung ein paar erotisierende Energiekreisläufe hinzu; aber all diese Methoden bleiben ab jetzt ganz Ihrer Lust und Laune überlassen. Nur das Ziel der siebten Übung steht fest: Es ist jener Super-Orgasmus, auf den Sie vielleicht schon lange Zeit warten. Heute wird er zu einer Art Abschlussprüfung, bei der nichts anderes verlangt wird als eine grenzenlose Bereitschaft zur Lust.

Lassen Sie also noch einmal Ihren Körper auf Ihre eigene Weise von den Wellen der Sinnlichkeit überfluten und dabei Ihre Lustkurve – wie in der ersten Übung dieses Kapitels – von Mal zu Mal ein Stückchen höher ansteigen. Stoppen Sie jedoch vor jedem Phantasieorgasmus, der jetzt einzig und allein Ihrem Fühlen und Empfinden überlassen ist, und bändigen Sie die Ekstase, um Sie beim nächsten Mal noch ein wenig höher zu treiben. Schaffen Sie dabei in Ihrer Imagination ein sehr genaues Meta-Sex-Bild von sich selbst. Stellen Sie sich vor, wie Sie in Zukunft Ihren Körper als eine Art »Verzückungs-Instrument« einsetzen wollen, wie Ihre Sinne zu »Verzückungs-Organen« werden, wie Ihr Körper Lust ausstrahlen und Lust aufnehmen wird.

Lassen Sie dieses hedonistische Bild von sich selbst immer klarere Formen annehmen – es strahlt voller Sinnlichkeit –, während Sie selbst sich dabei in Ihrem Lustballon jenem Super-Orgasmus nähern, der die energetische Hülle um Sie herum aufbricht und Sie in einen weiten Ozean der Ekstase hinausträgt. Lassen Sie sich dabei wirklich alle Zeit der Welt. Der Beobachter hinter Ihnen hat im letzten Siebener-Zyklus gelernt, dass mehr Zeit mehr Lust bedeutet – und alle Zeit der Welt somit alle Lust der Welt.

Wenn Sie am nächsten Morgen aus dieser Ewigkeit erwachen, hat der Super-Orgasmus Ihnen hoffentlich gezeigt, dass sich das Üben in der alten Mysterienschule des Meta-Sex gelohnt hat. Das hedonistische Bild Ihrer selbst, das Sie am vergangenen Abend in die Zukunft gezaubert haben, betrachten Sie von nun an als eine Art erotischen Talisman, der Sie überallhin begleiten wird.

Siebter Tag:
Ein tausendfacher Kuss

Der siebte Abend des siebten Zyklus gehört ganz Ihnen. Feiern Sie ihn in Ihrem Lustballon nach Ihren ganz persönlichen Vorstellungen. Denken Sie aber zuvor und auch in Zukunft immer daran, dass sich jede Zelle Ihres Körpers an Ihre abendlichen »Lustkurvereien« erinnert, dass Sie mit jeder zukünftigen Übung mehr und mehr Lust speichern, was Ihnen immer mehr Licht, mehr Erotik und ein völlig anderes Lebensgefühl schenkt.

Vielleicht nehmen Sie sich in Zukunft nach jeder Übung vor, in der Nacht von einem Orgasmus zu träumen. Dies kann Ihnen nicht nur ganz besondere Nächte bescheren, es zeigt Ihnen gleichzeitig auch, dass Ihr erotisches Empfinden tatsächlich viel stärker vom Gehirn als von den Genitalien bestimmt wird.

Am Ende Ihres Kurses in Sachen Selbstliebe machen Sie heute Abend, bevor Sie sich in den Lustballon einschwingen, aber die Probe aufs Exempel. Vor Wochen wurden Sie aufgefordert, es einem modernen Lied gleichzutun, das den bezeichnenden Titel »Go thousand kisses deep« hat. Heute – mit all Ihrem neu gewonnenen Wissen um die wahren Geheimnisse der Erotik, mit einer neuen Offenheit und einem völlig anderen Gespür für wahrhafte Ekstase – empfinden Sie diesen Kuss noch einmal. Versinken Sie in diesen Kuss, genießen Sie ihn, spüren Sie ihn bis in die kleinste Zelle – und dann beantworten Sie sich die Frage, ob sich Ihr Verständnis von Erotik in letzter Zeit verändert hat.

Zusammenfassung

Von einem alten Tantriker, der irgendwann einmal im modernen Amerika auftauchte, heißt es, dass er all seinen Zuhörern immer nur eine einzige tantrische Wahrheit verkündete: dass sich der »erste Stern« zwischen ihren Beinen befinde. Vor genau sieben mal sieben Tagen wäre Ihnen dieser Satz noch völlig obskur, wenn nicht sogar ordinär vorgekommen. Heute, mit Hilfe des Lebensbaumes und seiner Wurzeln und dank der Pflanze der Leidenschaft, haben Sie ein Gefühl dafür entwickelt, welch enormer Zündfunken die Sexualkraft tatsächlich ist. Allerdings muss man um diesen Zündfunken wissen und auch damit umgehen können. Erst dann kann der erste Stern auch alle anderen Sterne entzünden: unsere Selbstsicherheit, unser Gefühl für die Liebe, unsere Intelligenz, unsere Gesundheit und unseren Magnetismus.

Vielleicht gönnen Sie sich nach Abschluss des ersten »Durchgangs« das Vergnügen, all die Sinnesübungen noch einmal zu durchlaufen – diesmal jedoch als Fortgeschrittener, der mit den eigenen Energien auch umgehen kann. Jetzt können Sie all die erotischen Spielereien ja zu Ihrem ganz persönlichen Ritual machen. Einem Ritual, das Sie – je öfter Sie es aus Lust und Laune durchspielen – übrigens nicht nur mehr und mehr erotisiert, sondern Sie auch mit jedem Mal phantasievoller werden lässt.

Falls Sie die Lustgefühle des siebten Zyklus auch in Zukunft noch weiter vervollkommnen wollen, hier die Stichworte dazu:

1. Tag: Der Beobachter
2. Tag: Der Sonnenmond
3. Tag: Wolken aus Lust
4. Tag: Atmen mit dem dritten Auge
5. Tag: Das Laserschwert
6. Tag: Die Hülle platzt
7. Tag: Ein tausendfacher Kuss

Erotische Macht

Bevor ich begann, dieses Schlusskapitel zu schreiben, war ich einige Zeit regelrecht sprachlos. Die Ausarbeitung der sieben Übungs-Zyklen lag hinter mir, aber erst jetzt – am Ende – wurde mir richtig bewusst, wie konsequent sich die Tradition der Schlange durch die gesamte Geschichte zieht. »Meta-Sex« und »sexter Sinn« sind also keine neumodischen Schlagwörter, sondern genau zutreffende Bezeichnungen für eine Art »Gegenmacht« in der Geschichte.

Die Pflanze der Geburt ist allen gegeben. Die Pflanze der Leidenschaft nur den wenigen, heißt es in der zweiten Strophe der *Sieben Gesetze des Lebensbaumes*. Aber wie sich herausstellte, haben diese wenigen der Geschichte stets machtvolle »Liebesimpulse« gegeben und auch immer zu den *Mächtigen der Zeiten* gehört. Der Begriff »Macht« hatte bis zu diesem Zeitpunkt für mich einen negativen Beigeschmack; Macht konnte dazu missbraucht werden, andere zu unterdrücken, sie zu betrügen. An dieser dunklen Seite der Macht führt auch und gerade heute kein Weg vorbei; andererseits sollten wir jedoch, wie mich die *Mächtigen der Zeiten* lehrten, auch die andere, die helle Seite der

Macht nicht außer Acht lassen. Macht kann aggressiv, aber auch zutiefst erotisch und liebevoll sein; dies zeigt uns schon die kleinste Probe aufs Exempel.

Stehen Sie einfach nur auf, geben Sie das Stichwort für Ihren erotischen Körper, und fühlen Sie die Macht der Freude und der Erotik im ganzen Körper. Es ist ein völlig anderes Gefühl als das jener Macht, die verbietet, einschränkt und unterdrückt. Das Gefühl der Freude und der Erotik wird Sie wachsen lassen, es wird Sie größer und mächtiger machen und Ihnen jenen Magnetismus schenken, auf den die meisten von uns so lange verzichten mussten.

Diesen erotischen Magnetismus können wir in unser ganzes Leben einfließen lassen. Wir müssen nur endlich aufhören, über dies und jenes zu jammern, den Alltag der Negativität zu überlassen und zu glauben, dass uns Freude und Ekstase nur in ganz besonderen Momenten zustehen. Diese beiden Gefühle sind die Grundbausteine eines menschlichen Potentials, das noch lange nicht ausgeschöpft ist, das wir aber zu verstehen beginnen, wenn wir die erotische Macht in uns spüren.

Bis heute haben wir in einer Art »schwarzmagischem Spiegelkabinett« gelebt, das von der dunklen Seite der Macht bestimmt war. Uns wurde gesagt, dass dies und jenes Sünde sei – und unsere Sinne erschöpften sich darin, gegen diese Sünden anzukämpfen, sie aber gleichzeitig heiß zu begehren. Dies warf unzählige Schatten auf die Spiegel rund um uns herum. In den letzten *sieben mal sieben Tagen* haben wir jedoch diese Spiegel »poliert« und somit mehr und mehr unsere wahren erotischen Fähigkeiten entdeckt, die wir bis dahin nur ziellos »verstreut« hatten. Üben wir konsequent weiter, kann sich das schwarzmagische Spiegelkabinett völlig auflösen; wir werden uns die wahre Genussfähigkeit unserer fünf Sinne wieder zu eigen machen, vor allem jedoch die unseres alles umfassenden »Meta-Sinns«, des *sexten Sinns* der Erotik.

Wenn es uns gelingt, mit unseren sexuellen Energien ständig verbunden zu sein, den Magnetismus des Eros in jede Situation einfließen zu lassen, sind wir endlich auch sexuell selbstständig geworden; aus den *Larven* sind freischwebende Schmetterlinge, *bunte Falter* geworden. Dann können wir entscheiden, ob wir unseren erotischen Magnetismus einfach nur für uns selbst nutzen oder in die verschiedensten Beziehungen einfließen lassen wollen. Heterosex, Solosex, Homosex – all diese Bezeichnungen werden in Zukunft keine Rolle mehr spielen; es wird einzig und allein darum gehen, die Supermacht des Eros selbst auszustrahlen.

Dann wird auch der Magnetismus in unseren Beziehungen enorm zunehmen; denn ohne die Macht des Eros wird selbst die tollste Partnerschaft nach einigen Jahren zumindest schlichtweg langweilig – übrig bleiben dann zwei Menschen, die sich Sorgen ums Geld, ums nächste Essen, um die Noten der Kinder und die monatliche Miete machen. Das liegt vor allem daran, dass wir das Leben üblicherweise eigentlich zu ernst nehmen. Betrachten wir es aber als ein Spiel des Eros, das überall stattfinden kann, erhöht sich unsere eigene Frequenz, und damit steigt auch die Frequenz all unserer Beziehungen sprunghaft an. Wir sollten jedoch immer daran denken, dass wir nur das

Maß an Magnetismus zurückbekommen, das wir selbst in eine Beziehung stecken. Und daran, dass das Gesetz des sexuellen Magnetismus auf allen Ebenen gilt, beim Liebesspiel ebenso wie bei der nächsten Verhandlung in unserem Job.

Die möglichen Verfasser der Gesetze des Lebensbaumes im alten Babylon scheinen dieses energetische Wechselspiel genau gekannt zu haben. So versprachen sie vor Tausenden von Jahren, dass sich die *Pflanze der Leidenschaft in sieben mal sieben Tagen* zum Himmel erheben wird *für den, der die heiligen Gesetze kennt.*

Am Ende dieses Buches fasziniert mich diese Zeile noch immer. Sie zeigt uns nämlich, dass die phantastische Welt des Eros nicht erst heute richtig verstanden werden kann, sondern hintergründig schon immer vorhanden war und die größte Herausforderung für den Menschen darstellte. Der Weg des wirklichen Helden war in der Geschichte immer der Weg zu sich selbst – und dieser Weg führt zurück zu den ungeheuren Kräften unserer Sexualenergie. Dies zeigt uns nicht nur einer der größten Mythen der Menschheit, die biblische Erzählung vom Lebensbaum, sondern auch alle anderen großen Mythen weisen darauf hin. Immer geht es dabei auf diese oder jene Weise um die große »Wunde der Leidenschaft«, die wir alle in uns tragen und die sich nicht schließen wird, bis wir die Bedeutung dieser Leidenschaft wirklich verstehen.

Im Gralsmythos zieht der Gralskönig mit dem Schlachtruf »Amor!« in die Schlacht. Der Aufruf zur Liebe wird im Mittelalter aber nur von wenigen Eingeweihten vernommen, die die Gralsgeschichte auch auf einer zutiefst erotischen Ebene zu enträtseln wissen. Denn beim Kampf mit einem Heiden tötet der König diesen zwar, wird aber selbst dabei entmannt. So gelang es auch dem Judentum und dem Christentum zwar, die Macht der Schlange zu brechen, gleichzeitig aber »kastrierte« der Westen damit sich selbst. Er verzichtete auf jene gewaltige erotische Macht, die wir heute erst wieder entdecken müssen. Denn die Wunde der Leidenschaft wird sich erst schließen, wenn wir die Bedeutung des Kelchs und der Lanze des Grals in uns selbst enträtselt haben. Sie stehen nämlich für den weiblichen und für den männlichen Pol in uns allen und für die zutiefst erotische Vereinigung von Körper und Geist. Schon immer galt es dabei, die Lanze in die Wunde zu legen, die Leidenschaft des Körpers zu verstehen und zu lenken. Und schon immer führte der Weg zum Gral gleichzeitig auch zum Lebensbaum.

Aber der Gral war ebenfalls nur den wenigen bestimmt, die zwischen den Zeilen zu lesen wussten, und genau dies stimmte mich am Ende der langen Suche nach den Gesetzen des Eros eher optimistisch. Denn heute werden diese wenigen zu immer mehr Menschen, die die uralten Symbole enträtseln und auf ihr eigenes Leben anwenden wollen.

Wir müssen uns jedoch nicht einmal an die großen Mythen halten, die zu Zeiten erzählt wurden, als es noch keine sexuelle Revolution gegeben hat. Wir müssen uns nur die schlechtesten und die besten Früchte dieser Revolution anschauen: jenen wahllosen Sex, der zu viele von uns sexuell ausgebrannt hat –

und jenen Meta-Sex, den die ganz Versierten dabei entdeckt haben. Beim einen geht es um die uralte und bis zum Überdruss wiederholte Form des »elektrischen Sexus«, der nichts anderes ist als das Resultat uralter Gewohnheit, die immer wieder zwischen Askese und Orgie hin- und herpendelt. Beim Meta-Sex hingegen, dem Sexus hinter dem Sexus, geht es um Magnetismus. *Der sexte Sinn* verbindet die Leidenschaft mit der Kontrolle und schafft dadurch eine andauernde erotische Präsenz in allem und jedem.

Für diese erotische Macht scheint es heute höchste Zeit zu sein. Wir alle brauchen sehr viel höhere Frequenzen, um unsere Gesundheit zu erhalten, in unseren Jobs weiterzukommen, Beziehungen zu pflegen – vor allem aber, um die unablässig blutende Wunde der Leidenschaft endlich zu schließen. Wir alle lieben im Grunde nämlich nichts so sehr wie die Leidenschaft, wir wollen selbst möglichst leidenschaftlich leben – wir wissen jedoch noch nicht so richtig, wie dies zu bewerkstelligen ist.

Heute – Jahre, nachdem ich in Toledo in einem schmuddeligen Heft die *Sieben Gesetze des Eros* oder *des Lebensbaumes* entdeckt hatte – erscheinen mir diese Gesetze beinahe wie ein unsichtbarer Wink, der die Zeiten überdauert hat: eine Tafel, die die Essenz der Leidenschaft verkündet, die Richtlinien, nach denen die Pflanze der Leidenschaft zu wachsen beginnt.

Diese Leitlinien mit dem Wissen unserer Zeit zu ergänzen hat mir viel Kopfzerbrechen, aber mindestens ebenso viel Spaß bereitet. Denn das Geheimnis der Geheimnisse zu lösen lohnt sich immer.

Ihr Meta-Sex-Programm

Der Lustballon

1. Tag: Sich einen Lustballon schaffen
2. Tag: Lust- und Liebesgeld
3. Tag: Auf der Suche nach verlorenen Düften
4. Tag: Ein Körper aus Samt und Seide
5. Tag: Nektar auf der Zunge
6. Tag: Ganzkörpermusik
7. Tag: Eros in den Augen

Atem und Energie

1. Tag: Energie geht nicht verloren
2. Tag: Atem als Lebenskraft
3. Tag: Hedonistisches Atmen
4. Tag: Licht einatmen, Dunkelheit ausatmen
5. Tag: Hedonistisches Atmen im Vierer-Rhythmus
6. Tag: Energie speichern im Nabel
7. Tag: Energie im ganzen Körper verteilen

Lustbahnen im Gehirn

1. Tag: Selbstliebe – Atem – Zentriertsein
2. Tag: Das Gehirn atmet
3. Tag: Das Mond-und-Sonne-Spiel
4. Tag: Kreisen entlang der Lustbahnen
5. Tag: Die Regenbogenbrücke
6. Tag: Erotik in höchster Potenz
7. Tag: Ihr Baum der Leidenschaft

Der Dämonentanz

1. Tag: Persönliche Haus-Dämonen
2. Tag: Rückblick in die Kindheit
3. Tag: Liebe zu sich selbst
4. Tag: Wunschphantasien
5. Tag: Wilde Dämonen
6. Tag: Stille Dämonen
7. Tag: Erotik im Zeitlupentempo

Der Liebespunkt

1. Tag: Das Mittelalter in uns
2. Tag: Das Dame-Spiel
3. Tag: Das Ritter-Spiel
4. Tag: Das Aufschließen des Nervensystems
5. Tag: Den Liebespunkt aktivieren
6. Tag: Die Lotosblume der Gesundheit
7. Tag: Stichwort »erotischer Körper«

Der Energiekreislauf

1. Tag: Der kleine Energiekreislauf
2. Tag: Der Sitz der Schlange
3. Tag: Das verborgene Ventil
4. Tag: Der Strohhalm
5. Tag: Das Aufsteigen der Energie
6. Tag: Das Verteilen und Speichern der Energie
7. Tag: Heilende Strahlen

Das dritte Auge

1. Tag: Der Beobachter
2. Tag: Der Sonnenmond
3. Tag: Wolken aus Lust
4. Tag: Atmen mit dem dritten Auge
5. Tag: Das Laserschwert
6. Tag: Die Hülle platzt
7. Tag: Ein tausendfacher Kuss

Anmerkungen

[1] 1. Buch Mose 2, 5–9
[2] Feuerstein, Georg: *Gott und die Erotik*, S. 112
[3] ebenda, S. 114
[4] ebenda, S. 113
[5] Apuleius: *Der goldene Esel*
[6] ebenda
[7] Obermeier, Siegfried: *Walter von der Vogelweide*, S. 49
[8] zitiert nach: Julius Evola: *Metaphysik des Sexus*
[9] Anais Nin: *Das Delta der Venus*, S. 23

Literaturhinweise

Apuleius: *Der goldene Esel*. Frankfurt: Insel Verlag 1975
Crowley, Aleister: *Magick. Stein der Weisen*. Teil 2: *Zeremonielle Magick*. Bergen: Kersken-Canbaz Verlag 1987
Evola, Julius: *Metaphysik des Sexus*. Munzingen/Schweiz: Fischer Media Verlag 1998
Feuerstein, Georg: *Gott und die Erotik*. München: Knaur Verlag 1993
Lawrence, D. H.: *Lady Chatterley*. Zürich/Schweiz: Diogenes Verlag 2000
Nin, Anais: *Das Delta der Venus*. München: Scherz Verlag 1986
Nietzsche, Friedrich: *Also sprach Zarathustra*, 3. Teil, in Werke, 2. Band. München: Carl Hanser Verlag 1955
Obermeier, Siegfried: *Walter von der Vogelweide*. Reinbek: Rowohlt Verlag 1992
Platon: *Das Gastmahl*. Ditzingen: Reclam Verlag 1996